1 印尼爪哇猿人立像
2 印尼爪哇猿人
3 摩亨佐達羅復原想像圖
4 AI再造摩亨佐達羅祭司
　國王真實的面目

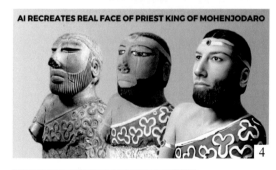

圖3：https://www.facebook.com/groups/232586783448507/?locale=nl_NL。
圖4：https://media.licdn.com/dms/image/D4D12AQGOGmAOQaV_Yg/article-cover_image-shrink_720_1280/0/1680525565301?e=2147483647&v=beta&t=biIr68qR4-Wz9q8T93o55P MXxSUpMkBH0mfE7Iqrco8。

1 伊朗波斯波利斯薛西斯之門前，巨大的人面牛身石雕

2 約旦佩特拉神殿正面

3 伊朗波斯波利斯西北十二公里處之帝王谷

4 於約旦佩特拉，為阿拉伯的勞倫斯乎？

5 對華人極為友善的伊朗人

1　俄羅斯聖彼得堡之冬宮正面
2　俄羅斯聖彼得堡之冬宮內景
3　弗拉基米爾聖母昇天大教堂
4　波蘭奧許維茲－比克瑙集中
　　營一號營區大門上的政治標
　　語：「勞動帶來自由」

集中營中槍決囚犯的角落　　　　　　集中營一角

二圖為奧地利維也納麗泉宮

奧地利維也納麗泉宮伊莉莎白皇后的大沙龍廳

圖3：http://dt.dragontr.com.tw/eWeb_dragontours/IMGDB/000899/00013736. JPG。

圖4：http://pic.yupoo.com/fotomag/741438f2/25619fd8.jpg。

圖5：http://pic.yupoo.com/fotomag/741438f2/25619fd8.jpg。

1 奧地利維也納麗泉宮宴會廳餐桌布置
2 奧地利維也納麗泉宮舉辦舞會與音樂
  會的大畫廊
3 奧地利維也納人民公園內，伊麗莎白
  皇后雕像
4 奧地利皇帝兼匈牙利國王法朗茲‧約
  瑟夫與伊麗莎白皇后畫像

圖1：https://www.funtime.com.tw/blog/wp-content/uploads/2018/08/144.jpg。
圖2：https://blogger.googleusercontent.com/img/b/R29vZ2xl/AVvXsEikbJjmI-mrH1lHqqsg
6_7LzIuKbCWrck-zrJlpWDUU1dNPMU0Ig9fFkN7xkBrNCr6jZccc0Aqv_xGnSnRVyx8C5i
WTIQQ-BNU2HnHfUEUqOQIIoOAVWW4cLUdyAoAqI6isTqzeeIdfK8uRaQXpkQoRqyR
XK9lr5tIrV42FKSPyrrSaYRVaKf7CaxyFzEntA-4NBg/s1111/ViennaErlachSchonbrunnInteri
or.jpg。
圖3：https://upload.wikimedia.org/wikipedia/commons/1/18/Empress_Elisabeth_monument_
Vienna_June_2006_409.jpg。
圖4：https://storystudio.tw/storage/upload/article/2019/07/%E3%80%90%E8%8C%9C%E8%
8C%9C%E5%85%AC%E4%B8%BB%E3%80%91%E3%80%8C%E6%88%91%E6%83%B
3%E7%8D%A8%E8%87%AA%E6%AD%BB%E5%8E%BB%E3%80%8D%E2%94%80%
E2%94%80%E8%8C%9C%E8%8C%9C%E5%85%AC%E4%B8%BB%E8%88%87%E5%
A5%A7%E5%9C%B0%E5%88%A9%E7%9A%87%E5%B8%9D%E7%9A%84%E6%9C%
80%E7%B5%82%E7%B5%90%E5%B1%80.jpg。

英國巨石陣

巨石陣俯瞰圖

巨石陣復原圖

阿布辛貝勒神廟側面，
皇后Nefertari小神廟

孟菲斯遺址博物館Amenphis二世
人面獅身像

圖1：https://mimihan.tw/wp-content/uploads/20180928001303_78.jpg。

圖2：https://www.tripbaa.com/travel/201704241144142FY/downloads/customer/20000/300
0/12619rhvgb/travel/plan_201704261355002_b.jpg。

圖3：https://media.gettyimages.com/id/89179677/photo/close-up-of-a-painting-of-ancient-civ
ilization.jpg?s=1024x1024&w=gi&k=20&c=5wZR65mUaOr-Fo3wb_vEPaMj-BKv7mFJ37_
TFpmLWmE=。

1 孟菲斯遺址博物館法老像
2 薩卡拉階梯金字塔,是古埃及第一座
　石材建築物,為被後世尊為工匠之神
　的Imhotep所設計
3 埃及博物館入口處
4 古埃及壁畫,可了解彼時的宗教信仰
　與象形文字
5 跟烈士紀念碑的衛兵合影
6 旅途中發現新鮮椰棗

復活節島鈔票，色彩繽紛，彰顯該島的文化特色

跟朝鮮平壤羊角島國際大酒店女服務生合影

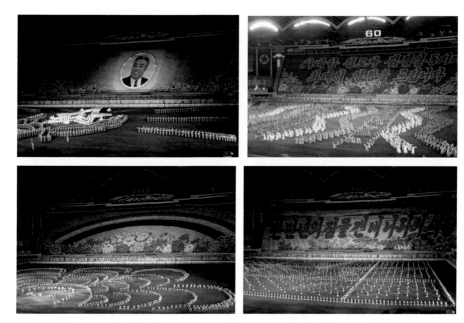

阿里郎節〈阿里郎團體操〉，是世界規模最大的體操表演

印尼峇里島的地標──海神廟入口處

印度教雕像

1 海神廟，退潮時才可通行

2 印尼校友會提供的舞蹈表演

3、4 表演舞蹈的小女孩，身穿印尼
傳統服飾

5 跟中國文化大學李天任校長合影

1 土耳其國父凱末爾畫像
2 安卡拉凱末爾紀念館外，巨幅的
　土耳其國旗
3 母親女神小雕像，公元前六千年
　前半期作品，用黏土燒成，高二
　十公分，如登基的女神，座位兩
　側有貓或豹頭，方便生產，兩隻
　動物象徵祭品
4 貼上金箔的頭骨
5 土耳其初民生活復原展示

圖1：https://3.bp.blogspot.com/-X4eSJB0tvmc/VjJBoVbB10I/AAAAAAAAHWM/88Y_Lv
vyeGY/s1600/DSC02019_Xn.JPG。

圖2：https://2.bp.blogspot.com/-g2yfKZ5B1xA/VjJBoSqyB-I/AAAAAAAAHWo/2bpNSqi
gBqM/s1600/DSC02006_Xn.JPG。

圖3：https://www.flickr.com/photos/tcp909/3570781067/。

圖4：https://2.bp.blogspot.com/-e9c_PEXLIhk/VjJBoWTsUSI/AAAAAAAAHWU/qG6Gs
VDKL50/s1600/DSC02126_Xn.JPG。

圖5：https://1.bp.blogspot.com/-uyWnLuKkyms/VjJBoUBpW6I/AAAAAAAAHVI/w1gvO
hikyho/s1600/DSC02120_Xn.JPG。

以色列耶路撒冷哭牆前　　　　　手持以色列國旗與女兵合影

塞德萊茨藏骨堂（Sedlec Ossuary），俗稱人骨教堂（Kostelk Vech savtych a kostnic），位於捷克布拉格以東約七十公里的小鎮庫納霍拉（Kutná Hora），建於十四世紀，CNN 列入世界最可怕的七大景點之一

下圖：https://travelissofetch.com/wp-content/uploads/2015/01/img_0130.jpg、https:// classic-blog.udn.com/kocj/171408950、https://vitomag.com/travel/lscp9k。

捷克布拉格舊猶太人墓園（Stary Zidovsky Hrbitov），需購票入內

布達佩斯瀕多瑙河畔的匈牙利國會

布達佩斯勝利廣場　　　　　　　　　匈牙利衛兵

1 芬蘭首都赫爾辛基，集市廣場上
中央的Keisarinnankivi紀念碑。
是赫爾辛基最古老的紀念碑
Czarina's Stone，一隻金色的雙
頭鷹站在金色的球體上，一八三
五年豎立，紀念俄國沙皇及皇后
首次踏上芬蘭。上方的鷹和球體
曾在一九一七年芬蘭獨立時被拆
除，後來恢復。

2 萬國旗

3 愛沙尼亞可兌換外幣的圖表

愛沙尼亞首都塔林市政廳　　　　　波蘭表演民俗舞蹈的舞者

身穿傳統服飾的波蘭帥哥和美女

立陶宛首都維爾紐斯的特拉凱城堡。左圖為韃靼人，右圖與中間圖為古老的突厥民族——卡拉特人

1 凡爾賽宮入口處
2 瑪莉‧安托瓦涅特皇后畫像
3 凡爾賽宮鏡廳

圖1：https://prosabrina.com/wp-content/uploads/2022/05/Palace-of-Versailles_Paris_France_marble-courtyard.jpg。
圖2：https://i1.kknews.cc/DE5EdtSk3mj7XYcmBYIXBUulhitGrFalss2uEKU/0.jpg。
圖3：https://i.imgur.com/4UblUj9.jpg。

文化生活叢書

世界遺產與文化巡禮

周 健 著

目次

圖版 ……………………………………………………………… 1

輯一　世界遺產

印尼爪哇島桑吉蘭原人遺址 ……………………………… 3

巴基斯坦哈拉帕與摩亨佐達羅考古遺址 ………………… 9

伊朗波斯波利斯 …………………………………………… 19

約旦佩特拉古城 …………………………………………… 31

以色列馬薩達 ……………………………………………… 39

俄羅斯聖彼得堡歷史中心及其相關古蹟群 …………… 49

波蘭奧許維茲－比克瑙集中營 ………………………… 57

奧地利維也納麗泉宮 ……………………………………… 65

英國巨石陣、埃夫伯里和相關遺址 …………………… 75

埃及金字塔、孟斐斯及其墓地遺蹟 …………………… 85

秘魯納茲卡線 ……………………………………………… 103

智利復活節島拉帕努伊國家公園 ……………………… 107

輯二　世界文化

（一）亞洲

朝鮮見聞實錄 ……………………………………………… 123

關於日本的二三事 ………………………………………… 141

西馬來西亞驚鴻一瞥 ·· 145

遨遊旅遊勝地——印尼峇里島 ···························· 151

土耳其安那托利亞文明博物館浮光掠影 ················ 159

以色列耶路撒冷哭牆的故事 ······························ 169

（二）歐洲

歐洲語文小常識 ·· 177

歐遊屐痕 ··· 181

歐遊隨筆 ··· 193

歐洲的魅力 ·· 211

歐洲墓園一瞥 ·· 213

馬路新聞 ·· 215

人生大事見聞錄 ·· 217

凡爾賽的奢華皇后瑪莉安東尼 ···························· 219

幣鈔傳奇 ·· 223

（三）德國

德國境內世界文化遺產巡禮 ······························ 225

德國之旅雪泥鴻爪 ··· 233

三訪德國隨筆 ·· 241

慕尼黑德意志博物館參觀記 ································ 251

輯三　附錄

遨遊伊朗及其歷史文化 ······································ 261

伊朗的世界遺產 ·· 269

超級大國——俄羅斯一瞥 ···································· 271

俄羅斯的世界遺產 ……………………………… 285

認識法國與法國人 ……………………………… 289

法國的世界遺產 ………………………………… 301

漫談英國人和英國歷史文化 …………………… 307

英國的世界遺產及其他 ………………………… 315

揭開文明古國──埃及神秘的面紗 …………… 319

埃及的世界遺產 ………………………………… 335

輯一
世界遺產

印尼爪哇島桑吉蘭原人遺址

生命與人類的起源，實為亙古的「謎中之謎」（enigma in an enigma）。演（進）化論（evolutionism）、創造論（神創論、天地創造說、靈魂創造說，creationism）與遷移論（migrationism）均各自成理，亦有部分重疊，並非完全對立。

古生物學者、生物學者、考古學者、人類學者和歷史學者，戮力重建早已消失於時空之中的生命萬象，迄今只有「點」和部分的「線」，而非完整的「面」，尚需長期的追蹤研究，方能捕捉真相的一二。而文物的出土對上古史的鋪陳帶來巨大的挑戰，隨時面臨被改寫的可能。因認知範疇的擴大，必定會修正部分傳統的價值觀。

中學歷史課本中出現東非猿人、北京猿人、爪哇猿人、尼安德塔人（Homo neanderthalensis, Neanderthal Man）、克魯麥農人（Cro-Magnon）等鼎鼎大名的「明星級」原始人名稱；而遊客對考古遺址通常缺乏興趣，旅行社亦多未排入行程，除非像草民這樣有戀屍症嫌疑，對活人不感興趣、只對死人情有獨鍾，見到骸骨則亢奮不已的「所謂」歷史學者，才會深陷其中而無法自拔。

人類起源說（anthropogenesis, anthropogeny）為「大哉問」的學問，對常思索人類起源問題的人，具有致命的吸引力。而人類地理分

人類演化示意圖

布學（anthropography）的重建，曠日廢時，爭議極多，究竟係一元論、三元論或多元論？至今仍無定論，所有的學說和假設，只是階段性的理論而已。

爪哇猿人的發現

印尼為世界最大的群島國，有一萬七千五百零八個島嶼，東西寬五千二百公里，南北長二千公里，其面積為一百九十一萬九千四百四十平方公里，占有東南亞最遼闊的範圍，在世界上排名第十六位，人口有二億七千六百萬，為世界第四（僅次於印度、中國、美國），世人卻不知其擁有數千年積澱的深厚文化底蘊。

桑吉蘭原人遺址（Sangiran Early Man Site），是位於爪哇島東北部的東爪哇省（Jawa Timur）、大城日惹（Yogyakarta）東北六十四公里的梭羅市（Surakarta）以北十五公里的梭羅河谷（Bengawan Solo，爪哇島最長的河流，長五四〇公里）、特里尼爾（Trinil）附近。面積五十六平方公里。該展覽館於二〇一一年十二月十五日落成，共收藏一萬三千八百零九件化石，只展示二千九百三十四件。入口處的牆上有 "Museum Manusia Purba Sangiran" 及 "The Homeland of Java Man"等文字。

展覽館內涵豐富，說明詳盡，可惜並無紀念品商店，連基本的簡介摺頁都付諸闕如，本想大肆搜購一番，作為往後撰文的主要參考資料，卻大失所望。該館

首位挖掘直立人──今稱爪哇猿人化石的杜布瓦

沿著圓型走廊設計，有三個陳列室：一為史前動物化石：展示人類早期的化石及進化的過程，尚有象、虎、鱷魚、河馬等大型動物的化石；二為展示早期人類立體的模型；三為展示直立人。

一八九一年在荷屬東印度群島，由荷蘭古生物學家兼醫師杜布瓦（Marie Eugène François Thomas Dubois, 1858-1940）首次挖掘出今稱爪哇猿人（Homo erectus erectus, Java Man）的直立人化石，這批一八九四年定名為直立猿人（Pithecanthropus erectus）的化石出土，共有頭蓋骨、臼齒（左側）二枚和股骨。杜布瓦亦為最早以科學系統研究人類化石者，因受德國博物學家海克爾（Ernst Haecke, 1834-1919）力主進化論的影響，公開宣布要尋找人與猿之間「缺失的環節」（missing link）。杜布瓦雇用當地五十名犯人，進行考古工作。

爪哇猿人又名爪哇人，是生活在更新世（洪積世，Pleistocene）中期的直立人，大約為一百五十萬至七十萬年前的人類，是第一具原人化石，後有巨猿人，又名直立人，亦稱直立猿人，為舊石器時代早期的人類。腦容量九百四十毫升，高於黑猩猩，低於現代人。為現代人的祖先，原來被認為是大長臂猿的頭骨，因地層中無石器及文物。一九二九年，因北京猿人的發現，才確認爪哇發現的化石是人類化石。

一九三六年至一九四一年，荷蘭古生物學家科尼革渥爾德（Gustav Heinrich Ralph von Koenigswald, 1902-1982）在桑吉蘭又發現頭骨和下頜骨，然而引起爭論，是否為畸形兒童或智障者的化石。共有五十具化石，幾乎占世界原人化石的一半。

從猿人聯想起

靈長類動物學（primatology）自然包括人類研究，而類人猿（anthropoid）是否跟人類有必然的關係？由於並非是熱門的觀光點，

研究人類演化的著名學者

遊客並不多。離去時,曾向該館的工作人員建議應出版相關的書刊,並多做自我推銷,可朝文化觀光園區方向規畫,以推向世界,不知是否多管閒事或撈過界?

草民三生有幸,曾在公車上見到相貌和身材,跟北京猿人相似度幾達百分之百的人,心中著實一驚,好像穿越劇,進入時光隧道,面對數十萬年前的老祖宗。憶古早以前,電視上的〈摩登原始人〉卡通,令人印象深刻,乃KUSO版的"living primitive"。考古學為十九世紀的顯學,所謂上流社會達官貴人官邸的客廳裡,必有骨骸和化石來當作擺設,以趕上時代潮流。人類歷史上的每個階段,皆有其流行文化。對某些人而言,如海邊逐臭之夫,費盡心力,不擇手段,就是要走在時代前端。

但流行文化和專業知識,以及知名度一樣,其折舊率極速,追逐時髦,有何實質的意義?今日在臺灣的高等學府之中,考古學與人類學成為冷門之中的冷門,其市場價值和歷史學相似,乃「無用之用為大用」。溫故才能知新,站在巨人的肩膀上方能看得更遠。馬齒徒增,深切感受「無所逃於天地之間」的恐懼與無奈。若不情願將與草木同朽,則必須發光發熱,對文化的層創進化,盡綿薄的一己之力,以使「一切明天會更好」(德國納粹黨的宣傳口號)。

考古學的美麗與哀愁

考古學猶如"dryasdust",乃邊緣科學(border science)的一員,

其重要的內涵，如（人）骨學（osteology）和頭蓋（骨）學（cranio-logy），似乎散發出發霉的味道。

太空星系展示圖

據說法醫看人都會想像腐爛以後的樣子，好像有「法眼」（X光眼），可透視一切。而考古學者則更深入，視活人不過是一具有血有肉的骷髏，遲早會變成森森白骨，此即職業病使然。

義大利哲學家維科（Giovanni Battista Vico, 1668-1744），曾對穴居的原始人的內心世界充滿好奇；彼等有無人生觀、人死觀（死亡觀，thanatopsis）與世界觀（Weltanschauung, world view）？靈魂遺傳論（traducianism）認為，靈魂和身體皆為父母遺傳；但追根究源，「第一（動）因」（first cause）來自何處？

人類如何從茹毛飲血的洪荒時代，蛻變成高度工業化的現代？即如何從「非理性」（irrationalism）走向「理性」（reason）？是否為基因被改造？涉獵考古學，可延伸縱剖面的認知，培養高瞻遠矚的眼光，並和歷史學一樣，知道萬事萬物真正的起源，乃人生一大樂事也。

瑞典著名的學者斯文赫定（Sven Hedin, 1865-1952），在新疆考古時，目睹美麗的樓蘭女屍，曾突發奇想，如果她能復活，跟她談一場轟轟烈烈的戀愛，該有多愜意。此種「神交古人」（沒有「心憂天下」），「發思古之幽情」的胸懷令人心動，卻隱含幾分恐怖。他是在希特勒眼中少數受尊敬的人物之一。

從亮麗光鮮、英姿煥發，到風燭殘年，奄奄一息，生命的成長到一定的臨界點，往往會突然「改朝換代」，令人措手不及。每次以觀

光客的身分，瀏覽博物館及考古遺址中的骸骨和化石，聯想咱們身後亦為如此的下場，「人死留名，虎死留皮」，當改為「人死留骨，虎死亦留骨（可當藥材）」，被陌生人看光光。宜忖度剩餘的時光，努力做些有益「國計民生」的大小事，才不致虛度此生，則天下人幸甚！欽此。

博物館招牌　　　　　　　　模擬爪哇猿人生活的場景

T恤上的人類演化示意圖

巴基斯坦哈拉帕與摩亨佐達羅
考古遺址

今日的印度，有世界最大民主國家的美譽，又身為四大文明古國之一，被稱為「宗教王國」、「世界精神之倉」、「智者心靈故鄉」、「白日夢王國」、「電影王國」、「歌舞之邦」。

哈拉帕

古印度文明的發源地——印度河（Indus）流域的遺址，以哈拉帕（Harappa）及摩亨佐達羅（Mohenjo-daro）為代表。兩個遺址相距四百哩（六四四公里）。哈拉帕是最早發現的印度河流域文明的遺址，故印度河流域文明又名哈拉帕文明。而對古印度文明遺址的考古挖掘，晚至二十世紀初才開始。

哈拉帕考古遺址，位於今巴基斯坦旁遮普（Punjab）省拉維河流域，省會拉合爾（Lahore）南方三十公里處，薩希瓦爾（Sahiwal）以西，約二十四公里處。現代哈拉帕的村落跟遺址相距約六公里。年代跨度為公元前三三〇〇年至一三〇〇年或公元前二五〇〇年至一七五〇年的青銅時代，公元前十八世紀沒落。

一九二六年，英國人馬松（Charles Masson, 1800-1853），在穿越旁遮普的沼澤林地時，意外發現一座坍塌的磚石城堡廢墟，對地貌有詳細的描繪，記載在日記裡。印度考古研究院院長卡寧漢（Alexander

Cunningham, 1814-1893），身為工程師，看過日記，一八五三年七月，找到哈拉帕。

一八五六年，英屬印度時期，修建從拉合爾到喀拉蚩（Karachi）的鐵路，因土質鬆軟，將廢墟的磚石，當作鋪軌石，即承托軌道枕木的道碴，破壞嚴重。

居民約二至三萬人，跟波斯灣和美索不達米亞地區貿易。哈拉帕文明的範圍廣達五十萬平方公里，東西寬一千五百五十公里，南北長一千一百公里，有二百五十多處遺址，超過同時限的兩河流域文明。整個印度河流域已有一千五百多座聚落被發現，是埃及與兩河流域的兩倍。

這座防禦性的城市遺址，有作為行政或宗教中心的堡壘、平頂磚屋、水井、浴場，並飼養瘤牛（有峰牛）。令人眼睛一亮的是磚塊的尺度與重量標準均相同。值得注意的是出土二千五百多枚正方形印章，一九一九年，印度考古學家巴納吉（Rakhal Das Banerji, 1885-1930）在哈拉帕南方三百五十哩處，挖出三枚燒製的黑皂石印章，上有獨角獸圖案，每個印章不超過二十個文字，總計有四百多個文字符號，是全球最早的文字之一，跟現代印度文字無關。卡寧漢只寫下報告，隨即放棄。至今無解。

摩亨佐達羅發現的各種圖案的印章

　　十九世紀初，英、法考古學者解釋古埃及的象形文字（hiero-glyph），使古埃及的歷史重見天日。但古印度的文字，至今仍被鎖碼，唯有靠出土的文物、神話和傳說努力重建。古印度文字書寫的順序甚為奇特，第一行左向右，第二行從右向左，乃耕牛犁田式或牛耕式轉行書寫法（boustrophedon）。華人喜用印章，從皇帝的國璽至升斗小民的日用印章，已形成獨特的藝術——篆刻。

　　而哈拉帕印章上的男神和女神頭上皆長角，如男神站在樹下，樹枝在頭上形成拱型，被視為樹精，受人尊敬。在樹林中嬉戲的豐產女神，是家庭崇拜的神靈。印章是用象牙、陶土、天青石和銅製成。在印度河流域，富人隨身攜帶印章，上有特殊的標誌，蓋在黏土上，作為簽名，或送給友人當作紀念。

摩亨佐達羅

　　摩亨佐達羅，又譯為摩亨約達羅、摩亨朱達羅，即「死亡之丘」（Mound of the Dead）、「死丘」，俗稱「核死丘」，是南亞次大陸最重要的考古遺址之一，古印度河流域文明的大都會，可能是首都。

　　位於今巴基斯坦南部信德省（Sind）拉爾卡納專區（Larkana District）拉爾卡納縣。距離印度河東側二哩（三公里），範圍三哩（五公里），東西寬七百五十呎（二二八公尺），南北長一千二百六十呎（三八四公尺）。年代跨度為公元前二六〇〇年至一八〇〇年，約在公元前一九〇〇年棄置，係在雅利安人（Aryan）入侵之前的達羅毗荼人（Dravidian）所建，未來仍有消失的危險（可能在2030年）。

　　一九二二年，印度考古調查局（Archaeological Survey of India）的巴納吉（R. D. Banerji）發現遺址，一名僧侶帶他到一個土丘，在島嶼上將該地誤為窣堵坡（Thūpa），即舍利塔、浮屠塔、佛塔，乃

「塔」之來源。

　　一九三〇年代，該局的局長馬歇爾（Sir John Hubert Marshall, 1876-1958），組織兩支考古隊，分赴兩地，親自擔任赴摩亨佐達羅的領隊，迪克許特（K. N. Dikshit, 1889-1944）、麥凱（Ernest Mackay, 1880-1943）參與，馬歇爾將汽車借給主管使用，今在摩亨佐達羅博物館展示。

　　一九四五年，達尼（Ahmad Hasan Dani, 1920-2009）、惠勒（Sir Robert Eric Mortimer Wheeler, 1890-1976）繼之。一九六四至一九六五年，達勒斯（G. F. Dales, 1927-1992）博士接手，因風化作用破壞出土結構，禁止挖掘，著重拯救出土文物、地面勘查和保養遺址。一九八〇年代，德國楊森（Michael Jansen）博士和義大利托西（Maurizio Tosi, 1944-2017）博士帶領的考古隊，找尋古印度河流域文明的線索。

公元前二千六百年，摩亨佐達羅的印度河河谷的哈拉帕（Harappa）文明的祭司王像。

　　一九八〇年，被聯合國教育科學文化組織列入世界文化遺產，正式名稱為摩亨佐達羅考古遺址（Archaeological Ruins at Mohenjodaro）。

　　摩亨佐達羅約有三萬人居住，奇特的是並未發現宮殿、神廟和軍事設施，亦無兵器，似乎並無軍隊，是否不符建立聚落、城邦或國家的基本條件？上古時代，神職人員的地位高於統治階級，至少應有部分祭祀的文物出土。

　　主要的建築材料使用燒製的磚，在其他地區的古文明遺址中，磚是昂

圖片：https://kknews.cc/history/gjl4myy.html。

貴的奢侈品，僅用於王宮及神殿。內部亦使用泥磚，木材用在以磚做地基的穀倉，其內部的支撐和上層結構，可能也用在住宅的上層，跟灰泥使用在任何建築的裝飾上。若從科技史的觀點切入，人類的工藝發展，歷經石器時代、銅器時代和鐵器時代，古早應有木器時代，但因木器容易腐朽，遺留的痕跡有限，成為考古學上爭論的議題。

圓形城堡建在人造的土墩上，高十五公尺，有大浴池、內有石板階梯，可能有宗教功能，而二十五平方公尺的兩個會議廳，可能是祭司的住所或管理中心，另有大型的穀倉和廁所。領導者居高崗上的衛城，四周有防洪堤、圍牆和塔樓，城堡可能是進行祭典的中心。街牆有兩個人的高度，氣流迴轉，涼風拂面，舒適異常。

下城是一般住宅區，採格網（grid）模式設計，由民宅、市場、工作坊、儲存區組成。主要的街道被巷子區隔成大的區域，各街區長四百公尺，寬二百公尺，所有的道路均為直角相交，但路面未鋪砌。有一條縱貫南北寬十公尺的道路，直通大浴池，街道上每隔一段距離有點燈用的路燈桿。

住宅有平房及二、三層的樓房，因磚砌的樓梯顯示至少有樓上，房子向著巷子，但生活的中心在內部的庭院。採用平頂式的屋頂，牆壁使用灰泥土，可降低鹽分的毒害，避免木結構的腐朽，亦防範磚石遭受炎熱與潮溼的侵害。

洗浴及衛生設施極佳，水源來自泉水。汙水排放經過牆壁裡的暗管，用斜槽排出，廁所為沖洗式，廢水經過經過牆壁中的管道，排入

摩亨佐達羅街景示意圖

圖片：https://humanprogress.org/centers-of-progress-pt-3-mohenjo-daro-2/。

下水道的沉澱池裡，下水道上面有石蓋，呈現金字塔形，上有定期清掃用的升降工作口，許多住宅均有小型浴室。

　　兩城周長四千八百公尺，面積八百五十平方公里，居民約七萬人。兩城的規模和格局相似，只有穀倉的設計不同。哈拉帕的穀倉和相關的勞工住宅、作業場，建在城牆外側的河床旁，是否利用水運？不得而知。摩亨佐達羅的穀倉則建在城牆內的高基壇上。視同國庫的穀倉，地面下的通風設計極佳。不論聚落規模的大小，均有大型的穀倉，充分彰顯「民以食為天」、「吃飯皇帝大」的真諦。

　　哈拉帕城堡西側的城牆，底部厚達十三點五公尺，使用日曬磚砌成，外部則用燒製磚加強，內部基壇高六公尺。勞工住宅的入口採傾斜狀，外人無法向內窺伺，已知障礙隱私權。在勞工住宅與穀倉之間，有十八個直徑三點二公尺，用磚砌成四層圓形的作業臺，中央有插置木樁的孔洞，並發現碳化的大麥和小麥。

　　雙城的西側是城堡，東側是市區，均有精心設計的都市計畫。用磚圍繞的煙囪狀圓形水井，成為遺址中獨特的景觀。但技術衰退，晚期更為粗糙。旁邊是二乘三公尺的浴室，毗鄰是廁所，可用浴室的汙水沖洗，非常環保。

摩亨佐達羅居民生活示意圖

　　從古至今，城市有不易處理的兩大廢棄物，一為汙水，二為垃圾。而摩亨佐達羅的設計，堪稱具有超前佈署的現代化亮點，舉世無與倫比。下有排水道，用拱形磚砌成，有獨特的排水系統。磚砌的大浴

池，有許多獨立的平台，似乎有類似洗禮儀式的神聖功能。今日的印度，將沐浴當作宗教儀式，如清晨在恆河媽媽（Ganges Mamma）懷抱裡沐浴，稱為「聖浴」，可淨化心靈。

廚房的汙水，透過牆面傾斜的排水口流出，下埋設水甕，當作淨化甕和汙水池，待汙物沉澱之後，可將清水從甕底的孔洞流出，滲入土中，或導入下水道。入水口與排水口分開。

出土數百件文物，石刻罕見。有印章、陶器和青銅器。印章上有牛、獨角獸、魚、樹，以及骨甕，容納第二次埋葬的骸骨，相信由孔雀載運死者的靈魂。部分文字與復活節島（Easter Island）的文字類似，卻已成為無人知曉的「天書」。

工藝品不多，有代表性者有二：一為可能是領導者的塑像，前額低，面蓄鬍鬚，左肩上斜搭一件飾有三瓣花（三葉形）圖案的大氅，雙目微眯，窄而高傲，似乎在沉思冥想；二為青銅製年輕女舞者，左手臂有大量的臂環，裸身，叉腰，翹首，高傲，尊嚴，栩栩如生。另有強壯的公牛和水牛的雕像，女性小雕像有精緻的頭巾。而奇形怪狀的小、肥、醜男女雕像，流露出強烈的幽默感。

文物與文字是文明的載體，而文字是人類歷史上最偉大的發明，雖然驚天地而泣鬼神，卻藉文字記錄傳承珍貴的經驗，讓後人站在巨人的肩膀上看得更遠。歷史進化論與歷史退化

跳舞的女孩雕像，銅質，高十四釐米。一九二六年在摩亨佐達羅的一間房子裡發現

圖片：http://www.epa.url.tw/Arts/0%E5%8D%B0%E5%BA%A6%E6%97%A9%E6%9C%9F%E6%96%87%E6%98%8E-lumen.htm。

論並行，古猶今也，今猶古也。從兩城的建築推測，貧富差距不大，左派史家關心，是否有奴隸存在？實不得而知。

依據史學方法論（historical methodology）的思維，分析重大的歷史事件，會得知並無單一的因素可詮釋複雜的歷史現象，如：羅馬帝國何以滅亡？文藝復興運動何以發源於義大利？英國何以是工業革命的領頭羊？

一個強盛帝國或偉大文化的沒落，遠因與近因甚多，除去毀滅性的天災，無才無德的「類人類」掌權，恐怕是決定性的因素。從古今中外歷史遞演的軌跡中，可窺開國君主多為一世英明，賢君與仁君，造就春秋盛事，但盛極必衰，物極必反，昏君與暴加交替，終至自掘墳墓，自我毀滅，忠君愛國者，亦無法力挽狂瀾於既倒，徒呼奈何！

綜合古印度文明消失的原因，可歸納為六項：

一、瘟疫傳播：可能性不高，因係瞬間死亡，非漸進、緩慢的死亡。

二、洪水災害：河床改道，河水氾濫，印度河流域地下水甚多，取水容易。可能發生不只一次毀滅性的洪水，遺留反常的深度和長度的侵蝕，滿目瘡痍，但水漬不多。古埃及人建造金字塔，曾使用水道運輸石材，因有水漬遺留。數萬人口，卻只發現四十四具骸骨，遺體可能被大量漂走。

三、外族屠殺：部分骸骨有刀傷痕跡，而配戴的戒指、手鐲和環鏈未被劫掠，還有四處堆積的珠寶，似乎不合情理。雅利安人跟土著，究竟是和平共存或發生激烈的戰鬥，迄今尚無定論，但雅利安人的入侵還在後面，年代有出入。

四、飛船墜毀：古印度有兩大聞名世界的史詩：《羅摩衍那》（Ramayana）和《摩訶婆羅多》（Mahabharata）。在《摩訶婆羅多》詩中未提到之物，在印度就不存在，但並未出現這兩大遺址，令人不解。描繪有表親關係的般度族與俱盧族，在旁遮

普大戰十八日，般度族勝利，俱盧族一百位邪惡的兄弟全部戰死，兩族在天國相遇，乃古印度文化的百科全書。死神（Grim Reaper）在此場域大展身手，用詞令人震撼。天雷，無煙大火，驚天動地的爆炸，黑夜中的白晝，紫白色的極光，銀色的雲，奇異的夕陽，太陽在旋轉，河水沸騰，馬和戰車被燒毀，大象被火燒得狂奔，百獸死去，煙霧比太陽亮一千倍，將城市化為灰燼。值得注意的是船隻在空中大戰，是否為幽浮？因無放射性的跡證，這座「青銅時代的曼哈頓」，是否曾被核彈攻擊？

五、球形閃電：前蘇聯的科學家認為是黑（色）閃電造成，會產生毒氣，在白晝才可見到，高達攝氏一萬五千度。

六、核武爆炸：部分遺骸用雙手蒙臉，死亡姿勢不自然，似乎呈現高溫狀態。《聖經‧舊約全書》記載因敗德而遭上帝懲罰的索多瑪（Sodom）與蛾摩拉（Gomorrah）的奇特個案，乃「天火」降臨而毀滅，不知是隕石或核彈？一九七五年，在哈拉帕出土有動物圖案的印章，上有遭受衝擊波的痕跡。摩亨佐達羅市中心一公里半徑被夷為平地，建築物碎裂，邊緣地區的建物完好。一九七八年，英國考古學家發現有綠色光澤的黑石，被當地人稱為「玻璃化的市鎮」，是核熔玻璃。義大利羅馬大學實驗，需在攝氏一千四百至一千五百度的鍛造爐內形成和冶鍊。在美國新墨西哥州進行核試爆的沙漠裡，亦出現此種玻璃狀物體。是否為火山爆發所造成？美國原子彈之父——奧本海默（Julius Robert Oppenheimer, 1904-1967）認為是核彈爆炸。

從泛道德主義和泛政治主義的角度，詮釋文明的盛衰興亡，或許有所偏頗。兩城似乎曾被劫掠、焚燬、被不明的入侵者破壞，然後放棄，甚至被外星生物誘拐或綁架，移民至其他星球，卻未提到地震。但城市已步向毀滅，因後期的都市計畫和建設虛有其表，末期逐漸走

向貧民窟化。本身無礦產，要靠輸入。有證據顯示，曾發生週期性的大洪水，印度河流域水源充足，雖然努力重建，卻被頻繁的洪水弄得面目全非。主要的問題應在工程的品質和財力上。

　　地下及海底不知隱藏多少過去的秘密，考古工作者努力重建已消失的生命現象，永無止境，對好奇心強者當充滿致命的吸引力。上一次文明、地外文明、幽浮與外星生物，一直是熱門的話題，地球並非宇宙間孤單的星球，地外文明早已介入人類歷史的發展，君不見，每個時代文明累積的高度與深度並非均等。有些時代，天才輩出（如文藝復興），有些時代，白癡、腦殘、智障，隨處可見，令人有生不逢時之感。驚為天人（sky people），天人合一，即見到外星人，傳統成語的內涵及解釋，應隨時代的變遷而調整。

　　上古時代，巴比倫城的規模冠全球。中古時代，唐代的長安是天下一大城，棋盤式的道路成為典範，如今日日本的京都府，乃長安的copy。無論如何現代化、亮麗光鮮的大都會，千百年之後，也會風化成死寂的廢墟，所有文明的痕跡均隨風而去，煙消雲散，帝王將相，販夫走卒，變成徘徊不去的孤魂野鬼。咱們應反思，一切的打拼有何實質的意義？

　　「世界的榮耀從此消失。」（sic transit gloriamundi; thus passes away worldly glory.）

☆世界三大自然之謎：

一、摩亨佐達羅大爆炸。

二、明熹宗天啟七年（1626年5月30日9時）：北京王恭廠大爆炸，又名天啟大爆炸、王恭廠災。

三、一九○八年六月三十日七時十七分：俄羅斯通古斯（Tungus）大爆炸。

伊朗波斯波利斯

　　伊朗伊斯蘭共和國（Islamic Republic of Iran, I.R.I.），是全球兩個被西方（尤其是美國）媒體醜化，甚至妖魔化（demonization）的國家之一（另一個是朝鮮）。昔日雷根（Ronald Wilson Reagan, 1911-2004）稱其為邪惡的國家，而小布希（George Walker Bush, 1946-）更稱其為邪惡軸心國家，常跟朝鮮相提並論。

　　喜愛旅遊的玩家，通常在環繞地球數圈之後，去到沒地方去時，才會選擇像伊朗這個「奇特」的國家，好像「不入虎穴，焉得虎子」，百聞不如一見。世界的真實面貌已被像哈哈鏡似的媒體扭曲變形，刻板印象深入人心，時至今日，老外仍弄不清 "Taiwan" 與 "Thailand" 有何不同？

　　伊朗位於西南亞北部，國土形狀猶如頭在左上方，尾在右下方，往上爬的蝸牛（無任何不敬之意）。面積一百六十三萬六千平方公里，跟中國大陸的新疆維吾爾自治區（166萬平方公里）不相上下，是臺灣的四十五至四十六倍。人口八千九百萬，全國百分之九十是高原和山地（類似瑞士），有「亞歐陸橋」、「東方空中走郎」、「東西方文明發展的心臟」之稱，戰略地位重要。

　　波斯人是伊朗人的一部分，官方語言是波斯語，草民認為是最悅耳的語言之一。東南亞地區，以緬甸語最好聽，而越南語如古時所言南蠻鴃舌之人，可跟韓（朝鮮）語並列為不夠「耳順」的語言（與政治認同無關）。

　　在草民所造訪的國家之中，以伊朗人對中國（華）人最友善，次

跟一對情侶合影

為土耳其人，一路上遇到許多在其他國家所不曾發生的新鮮事兒，譬如主動要求跟你合照，一來很少看到黃種人，二來更不知道臺灣是蝦米碗糕，好像被當成外星人（extraterrestrial）。

除了詢問咱們從哪裡來，還問從事什麼行業，並免費提供飲料。最佳的回饋就是送給他們一些小紀念品，或將他們的英譯姓名翻成中文，在他們眼中，中文的每一個字，都像是在畫畫，覺得怎麼會有這麼奇怪的文字，尤其是一字一音，感到興奮異常，算是小小的國民外交吧！

最感意外的是隨處有冰涼的生飲水可加，洗手間外面、路邊和走廊皆有，在水比石油還貴的國度，實在罕見。回憶在埃及的飯店餐廳享用早餐時，想加點開水或冷水，都被服務生阻止，必須要付費。咱們已名列全球前二十名缺水的國家，而且名次有往前移的現象，難道不該珍惜嗎？

西亞文明是地球上最古老的文明，有「文明的搖籃」（cradle of civilization）之稱，其中的美索不達米亞（Mesopotamia），主體在今伊拉克境內。始於最早定居的蘇美人（Sumerian），總結於波斯人的一統天下，乃四戰之地，類似中國大陸的河南省，是問鼎中原、逐鹿中原之地。四面八方的民族川流不息，其中對世界影響最大者厥為希伯來人（即猶太人），而波斯人曾建立世界史上第一個橫跨歐亞非三洲的大帝國。

從歷史經驗觀之，政治大國不一定是文化大國，反之，政治小國

也不一定是文化小國，如：加拿大、澳大利亞並非文化大國，對世界文化的影響有限。此外，如：西歐三小國（Benelux，尼德蘭、比利時、盧森堡）、波羅的海三小國（愛沙尼亞、拉脫維亞、立陶宛），應將「小」字拿掉，其中的尼德蘭絕對是文化大國，在大航海時代的作為，對世界歷史的發展影響極深。

伊斯法罕伊瑪目宣禮塔

古希臘有三百餘個城邦（city-state），曾出現五十七種政體。世界現存二百餘國，政治體制五花八門，中國大陸以黨領政，書記比省、市長大，朝鮮則是先軍主義：軍（人民軍）→黨（勞動黨）→政。而伊朗是現今罕見的政教合一的神權國家，將伊斯蘭教教名加在國名上，宗教最高領袖是國家的領導人，又稱革命領袖，乃終身職；而由人民直選，任期四年，連選得連任一次的總統，只是政府的領導人，在政治學理論的光譜上，當如何定位？

印歐學（Indo-European Studies）在國內是冷門中的冷門，習史者都可能對這門學問感到陌生，遑論亞述學（Assyriology）、拜占庭學（Byzantine Studies）。伊朗人並非阿拉伯人，雖然同為伊斯蘭化的國家，但伊朗並未阿拉伯化。巴比倫（Babylonian）、亞述人（Assyrian）、腓尼基人（Phoenician）、希伯來人、阿拉伯人同屬閃族（Semite），但伊朗人不屬於閃族，乃印歐語族的分支。

伊朗人的識字率高達百分之九十七，女大生多於男大生，民族性好客，無夜店，禁止菸酒（在中國大陸、俄羅斯和德國，吸到最多二

手菸，抽菸者不少是年輕人），禁止在公共場合跳舞，未見在中國大陸隨處可見的廣場舞。

敬老尊賢，電視中亦無血腥、暴力與色情的節目，堪稱甚為「潔淨」的國家。可耕地只有百分之十，卻要養活這麼多的子民，雖然發展核武，頻遭老美的干涉，但近代的伊朗並無出兵侵略他國的不良紀錄。百餘年前（1915-1917），土耳其人為掠奪土地與財產，曾殺害一百五十多萬亞美尼亞人（Armenian），至今仍未「轉型正義」。

波斯語屬於印歐語系的印度──伊朗（Indo-Iranian）語族的伊朗語支，採用阿拉伯文拼寫，約有一億二千五百萬人使用，近百分之六十的詞彙來自閃含（Hamito-Semitic）語系的阿拉伯語，今伊朗、阿富汗、塔吉克（Tadzhikistan）使用。阿富汗的官方語言為波斯語和普什圖語（Pashto, Pushto, Pushtu）。塔吉克語（Tadzhik, Tajik），係採用西里爾字母（Cyrillic alphabet）拼寫。

咱們常將「波斯」與「伊朗」混淆，實則不盡相同。"Persia" 源自古伊朗語 "Parsava"，意即「邊陲」，又來自古希臘語和拉丁語。興起於伊朗高原西南部，公元前六百年，希臘人稱此地區為波斯，出現 "Perses"、"Persis"、"Persica"，另有 "Pãrs"、"Parsa"，波斯人（Persian）一詞淵源與此，今稱 "Fãrs"。《聖經》中稱為 "Pãras"。公元前八四四年，亞述國王沙爾瑪納塞爾三世（Shalmanesar III, ？，在位858-824 B. C.E.）提到 Parsa，波斯原為小行省之名，但長期被視為整個國家的名稱。

一九三五年以前，歐洲人使用波斯稱呼此一地區及國家。一九三五年，國王李查・汗（Reza Shah,

在清真寺學習的女學生

1878-1944，在位1925-1941），宣布將國號改為伊朗帝國，伊朗人稱其國家是「雅利安人的土地」（Land of the Aryans），受到一九三三年，希特勒執政，建立德意志第三帝國，又名納粹德國，鼓吹「雅利安人種優越論」的影響。

而「雅利安人」一詞，因納粹黨的詮釋，而賦予嶄新的定義，限定為非猶太系的白人，而日耳曼人承襲雅利安人的衣缽，為地球上最優秀的民族（Herrenrasse），又因為德國人的血統最純正，理應為世界的主宰（Herrenvolk）。伊朗在梵文經典中是指「貴族階層」，"ãrya"是指高貴、光榮、高尚、可敬。雅利安即高貴的人，納粹黨認為金髮、碧眼、皮膚白裡透紅（blond, blonde）、長頭、體型壯碩的北歐人種（Nordic）是血統最純的雅利安人。

波斯波利斯（Persepolis）即希臘文「波斯城」之意，古波斯文"Parsa"。今名"Takht-E"、"Jamshîd"或"Takht-I Jamshîd"，即「Jamshîd的王位」之意。位於伊朗西南部法爾斯省（Fars）中央，省會設拉子（Shîrãz）東北方三十二哩（51公里）處。

接近小河 Pulvār（Rūdkhāneh-ye Sīvand）與 Rūd-e Kor 匯流處。有天然的山脈屏障，位於慈悲山（Mt. of Mercy）西北麓，可從梅弗達（Marv Dasht）高原俯瞰。東西寬二百七十五公尺，南北長四百六十公尺，在高十五公尺的臺地上，整體呈現長方形。整個宮殿並非正方位，而是從西北向東南傾

波斯波利斯入口處

帝王谷遺跡

斜，不知國內的國際風水大師有何解釋？

原被厚達數公尺的沙土埋沒，一九三○年代開始挖掘工作。美國芝加哥大學東方研究所（Oriental Institute）與伊朗帝國最高政府（High Imperial Government）合作，一九三一至一九三四年，由赫爾茨費爾德（Ernst Emil Herzfeld, 1879-1948）率領挖掘工作，一九三五至一九三九年許密特（Erich Friedrich Schmidt, 1897-1964）繼之，二戰以後繼續開挖，宮殿的全貌重見天日。

波斯波利斯是上古時代最偉大的建築群之一，可跟中國的紫禁城、法國的凡爾賽宮穿越時空，互相輝映。為亞述與波斯皇宮的複合體。阿契美尼德（Achaemenid）王朝（550-330 B.C.E.）（因祖先Achaemenes 而得名）有十一位君主。

居魯士大帝（二世）（Cyrus the Great, II, 576-530 B.C.E.，在位559-530 B.C.E.）統一波斯，建立波斯帝國，後被尊為國父。大流士一世（Darius I, 550-486 B.C.E.，在位522-486 B.C.E.）任內，國勢達到高峰，為全球最強大的國家。公元前五一八年，為紀念歷代君主，開始籌建新都，鳩工庀材，有二萬名工匠參與，興建當時世界上最壯觀和華麗的宮殿，作為首都，取代東北方相距五十公里的帕薩爾加德（Pasargadae）（大流士葬於此）。

因為設備不方便，只有春季適合皇室駐驆。歷經薛西斯一世（Xerxes I, 519-465 B.C.E.,在位486-465 B.C.E.）、阿爾塔薛西斯一世（Artaxerxes I, ?-425 B.C.E.，在位465-425 B.C.E.）完工（460 B.C.E.）。阿爾塔薛西斯三世（Artaxerxes III, ?-338 B.C.E.，在位359/358-338 B. C. E.）續建之。

西北角有薛西斯門，即萬
國之門（Gate of All Lands）；
往南是謁見殿、中央殿（名
Apadana）、大流士一世宮殿
（名 Tachara）、薛西斯宮殿；
東北角有未完成的門，往南是
寶座殿，即著名的百柱廳
（Hundred-Column Hall），寶
庫。東側不遠有阿爾塔薛西斯

亞茲德拜火教火神廟

二世和三世的陵墓。國王擁有蘇薩（Susa）、巴比倫、艾克巴塔納
（Ecbatana，今 Hamadan）數個首都，以便隨季節而變換。只有在舉
行新年祭典儀式時，波斯波利斯才發揮首都的功能，屆時萬方來朝
（有28個附庸國），盛況空前。

馬其頓（Macedonia）的亞歷山大大帝（Alexander the Great, 356-
323 B.C.E.）率軍東征，公元前三三○年，擊敗大流士三世（Darius
III, 380-330 B.C.E.，在位336-330 B.C.E.），部隊駐紮在波斯波利斯四
個月，依據蒲魯塔克（Plutarch, 46-120）的記載，當時動用二萬隻騾
子及五千隻駱駝，將寶庫中的金銀珠寶運到巴比倫。

在一次酒宴中，一位亞歷山大的希臘妃子，建言要為當年薛西斯
一世遠征希臘，焚毀雅典神廟和衛城復仇，亞歷山大遂下令放火，象
徵泛希臘戰爭的結束，使波斯波利斯成為廢墟，而淡出歷史舞台，秦
末項羽燒毀阿房宮，可謂東西皆然，均成為被世人遺忘的典型遺跡。

最著名的古代波斯驛道（御道）（Persian Royal Road）享譽世界，
是大流士一世在公元前五世紀修建，係從首都蘇薩經安那托利亞
（Anatolia）至薩迪斯（Sardis, Sfard）——曾是里底亞（Lydia）王國
的首都，長二千四百公里（1500哩），沿線設立驛站。依據西方「歷史

波斯波利斯不死軍浮雕

之父」希羅多德（Herodotus of Halicarnassus, 5ᵗʰcen. B.C.E）的記載，皇室的信差無視雨、雪、炎熱或夜晚，橫跨僅需九日可完成，牧民約需三個月，亞歷山大東征也利用此路，征服波斯。與秦始皇修馳道，以便巡行天下，有異曲同工之妙。今開車從德黑蘭（Tehrân，波斯語「潔淨的城市」之意）至土耳其的舊都伊斯坦布爾（Istanbul），僅需四十個小時。

巴勒維（Mohammad Reza Pahlavi, 1919-1980，在位1941-1979）在一九七一年十月十二日至十六日，為慶祝波斯帝國建立二千五百週年，耗費三億美元，在波斯波利斯旁邊，舉辦世紀盛宴，全球有六十多位國王、王后和總統參加，舉行閱兵分列式，讓現役軍人穿著古波斯帝國的軍裝，上演超級 cosplay 秀，可媲美朝鮮的阿里郎秀。巴勒維自稱「王中之王」，力圖重振「大波斯帝國」，心存「大伊朗」（Greater Iran）、泛伊朗主義（Pan-Iranism）的雄才大略，可惜今非昔比，光輝的過去已一去不復返。

後記

明成祖永樂年間（六次）至明宣宗宣德年間（一次），三寶太監鄭和率領龐大的船隊下西洋，曾至忽魯謨斯，即今伊朗霍爾木茲甘省（Hormozgan）的阿巴斯港（Bandar-Abbas）。

伊朗的國歌名為〈東方的太陽〉，立馬令人聯想到日本（尤其是二戰之前），日本人以位居日出之地引以為傲，使用古老的太陽旗，堪稱「伊朗夢」、「日本夢」，不知現今是否已夢醒？

　　若想感受這個位於絲路中段，地震頻繁文化大國的神祕性，請聆聽英國作曲家科特比（Albert William Ketèlbey, 1875-1959）最著名的代表作──管絃樂〈波斯市場〉（In a Persian Market），另有〈中國寺廟庭園〉（In a Chinese Temple Garden），也值得品味。

旅遊花絮

　　每次在夏季去沙漠國家旅遊時，都有團員中暑，中午的氣溫可達攝氏五十度，因為乾燥，汗水很快被蒸發，不會黏著衣服，臺灣是濕熱，比較不舒服。通常用刮痧急救，老外看傻了眼，直呼 "Chinese kung fu"（中國功夫），好像隱含神秘色彩，還好未被視為巫術。

　　大體而言，伊斯蘭教國家的治安比基督教國家良好，並非人民多善良，而是刑罰較嚴，才能遏止犯罪，偷、搶罕見，但會欺騙和耍小動作。臺灣的領隊自掏腰包採購蘋果送給團員，數量都已算好，用午餐時拿到餐廳的廚房，請清洗一下，結果服務生拿回來時，竟然少了好幾顆，連這種小東西也要 A，真是開了眼界。

伊斯法罕伊瑪目廣場

　　草民到書店選購介紹伊朗的英文書刊，在結帳時，年輕的女店員漫天喊價，草民讓她看印在封底的定價，她卻說是以前的價格，再讓她看旁邊有出版年代，就是當年出版，這位少女啞口無言，竟然睜眼說瞎話，令人印象惡劣。

　　領隊去藝品店買了一枚民國初年的袁（世凱）大頭銀元，店員包裝之後，領隊拿了就走，在遊覽車上拿出一看，竟然被掉包，換成孫（中山）小頭銀元，兩者的市價相差甚大，但已走了一段路程，只好自認倒楣。凡此種種，旅行社都會列入「武林秘笈」，在行前說明會時應告知團員。

　　伊朗航空空服員的服裝猶如軍裝，英挺耀眼，令人驚豔，在在未經同意之前，不可任意獵影。飛機在降落德黑蘭國際機場之前，廣播十歲以上的女子要包頭巾（hijab），否則原機遣返，又播放以波斯語朗誦的《古蘭經》經文影片，雖然一句都聽不懂，卻很悅耳。

　　隨處可見一群人坐在地毯上，原以為是遊民或乞丐，後來才知是在野餐，乃伊朗人的社交活動，深受中產階級喜愛。在許多國家的觀光區，通常都會有乞丐出沒，但在伊朗未見蹤影。

　　住宅的外觀像廢墟，多呈現土黃色，猶如已人去樓空的貧民區，但室內卻像豪宅，金碧輝煌，美不勝收，真是「屋」不可貌相。中國大陸曾流行「理解萬歲」口號，誠哉斯言！所有的誤會和偏見，均來自不了解，從而形成民族與國家的刻板印象，不可不慎。

　　市容整潔，未見亂丟垃圾，紅綠燈只做裝飾用，對問路者極有耐心，甚至會陪你走一段路。柏油路閃閃發光，大概柏油所占的比率甚高，卻不會黏輪胎，車行平坦舒暢，想到咱們這裡坑坑疤疤的馬路，令人汗顏。

　　一九五八年，巴勒維訪華，草民還是小學生，曾在路邊揮舞兩國的國旗歡迎，當時根本不知伊朗在何處？蔣緯國（1916-1997）將軍曾

在造訪伊朗時，告訴巴勒維，從地緣政治學（geopolitics）的觀點分析，要加強東北方的邊防，因蘇聯尚缺印度洋的出海口，會從中亞向南擴張。後來俄軍發動入侵阿富汗的戰爭（1979-1989），竟成為另一個越戰，卻以失敗收場。

伊朗金工精湛

伊朗有五寶：石油、地毯、黑魚子醬、開心果、番紅花。番紅花是全球最貴的香料，伊朗的產量占世界第一（90%），次為西班牙，中國大陸稱為藏紅花，因產於西藏，故名。椰棗（date）出口亦為世界第一，有道是「一日吃三顆，則醫師的臉都綠了。」（指百病不侵）

上公廁無須付費。每戶擁有好幾部汽車，政府發放油票，通常用不完。穿西裝不打領帶，並不失禮，因毒辣的太陽會毀容。君不見緬甸的正式國服是穿夾腳拖鞋，男士也圍上窄裙，切勿大驚小怪，應當尊重各國的文化傳統。

波斯地毯和波斯貓是伊朗最著名的特產，地毯精美絕倫，但售價昂貴，在咱們高溫潮濕的環境裡，易孳生塵蟎，故「可遠觀，而不可褻玩焉。」（周敦頤〈愛蓮說〉）

穆斯林愛貓，不虐待貓，也不吃貓肉，卻不喜歡狗，視狗為惡魔，乃宗教信仰上的偏見。貓咪不用暴力，只用萌到破錶的軟實力，就能征服人心。「喵喵（江山）如此多嬌，引無數英雄競折腰。」（毛澤東〈沁園春〉）凡是看小屁貓臉色過日子的貓奴皆知，波斯貓與暹邏貓（Siamese cat）是貓族中的極品，乃上流社會的貴族顯示身份和地位的象徵，大概不會成為流浪貓。但在旅途之中，未見到一隻波斯貓，甚感悵然。

　　波斯貓眼睛的顏色，跟其毛色有關，白色毛者有藍色眼睛，銀色毛者有綠色眼睛，而黑色毛者有銅色眼睛，會電暈和迷死一堆貓迷。

　　伊斯蘭教禁止崇拜偶像，清真寺內無任何名人的圖像，但在德黑蘭國際機場，卻懸掛宗教及政治領袖的照片，令人不解。如先知穆罕默德的面孔是一片空白，其實，耶穌的相貌也是來自想像，生前並無任何圖像流傳下來，教堂裡懸掛耶穌像，是否牴觸教義？

　　任何宗教都有基本教義派（原旨派，基要派，fundamentalism），也會出現極端分子，有時不幸會被居心叵測的宗教和政治領袖利用，做出傷天害理、人神共憤的蠢事，但絕大多數的教徒都是和平主義（pacificism, pacifism）者。

　　信仰真主阿拉（安拉，Allah）的穆斯林已達十八億，成為世界第一大宗教，而信仰耶和華（Jehovah）或耶穌的基督宗教信徒產生焦慮感。各位看官，對伊斯蘭教有正確和基本的了解嗎？

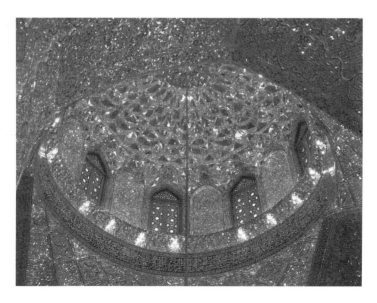

伊瑪目清真寺內部圓頂裝潢，閃爍綠色光芒

約旦佩特拉古城

　　草民從小就跟喵星人（應包括所有的貓科動物）糾纏不清，是除熱愛古典音樂和旅遊之外，不會尋短見的重大理由之一。貓咪喜獨來獨往，不屑於結黨營私，養成孤傲的性格，並睥睨天下（包括人類）。而草民靈魂的深處，早已被這些小屁貓滲透和顛覆。喜到無人之地，享受「千山鳥飛絕，萬徑人蹤滅」（柳宗元〈江雪〉）的海闊天空之美。是故沙漠國家當然成為首選，這些「鳥不生蛋，雞不拉屎」的不毛之地，充滿致命的吸引力。凡厭惡人類（misanthropy）者，可到此自我放逐。

　　西方媒體（尤其是美國）不斷妖魔化（demonization）伊斯蘭國家，出現奇特的新三位一體（Trinity）推論：穆斯林等同阿拉伯人等同恐怖分子。殊不知印尼人、馬來西亞人、伊朗人與阿爾巴尼亞人均信仰「阿拉」（Allah，安拉），卻非阿拉伯人，那是否也有恐怖分子的嫌疑？

　　截至目前為止，地球上最古老的文明出現在西亞（西方人稱中東）地區，以美索不達米亞（Mesopotamia，意即「兩河之間」）而聞名，其主體在今伊拉克，而約旦位於西側。

　　「約旦」此一地理名詞，與《聖經》一樣古老，而且千

神殿正面

古未變，為希伯來語「水流直下」之意，猶如中國大陸四川省的成都，「古猶今也，今猶古也」。在全球享有極高的知名度，也是伊斯蘭諸國之中，宗教信仰自由，鮮有宗教衝突或戰爭的國家。

約旦磐石之地

　　約旦的全名為約旦哈希姆王國（Hashemite Kingdom of Jordan），位於阿拉伯半島的西北部，南鄰紅海，全境西高東低，以高原為主，沙漠占百分之八十。歷史上先後有亞述人（Assyrians）、加爾底亞人（Chaldeans，又名新巴比倫人 [Neo-Babylonians]）、波斯人（Persians）、希臘人（Greeks）、馬其頓人（Macedonians）、阿拉伯人（Arabians）、鄂圖曼土耳其人（Ottoman Turks）統治，可謂「外來政權」更迭，沉澱出極具厚度，並充滿多樣化（diversity）豐富的文化。

　　佩特拉（Petra）源自希臘文 "petrus"，即岩石、磐石之意。位於約旦首都安曼（Amman）南方二百五十公里處，亞喀巴（Al-Aqaba）省北方，鄰近馬安（Maian）省，海拔八百一十公尺，隱藏在東非大裂谷（Great Rift Valley）的阿拉伯谷東側，峽谷入口狹窄，可騎馬進去或步行。

神殿入口處（已封閉）

　　導遊特別吩咐只付三塊美金的小費即可，但牽馬的年輕人卻想多要，又自稱是大學生，正好遇見在大學裡「誤」人子弟和「毀」人不倦數十載的在下，遂跟他哈拉起來，看來似乎並非冒充和吹牛，但草民堅持不多給。臺胞宅心仁

厚，到處行善，卻把旅遊市場的行情攪亂，也讓景區的生意人獅子大開口。給兒童糖果，則會照顧牙科的生意，因彼等沒有牙膏，多不刷牙。

入口處為長達一千五百公尺的蛇道，最寬有七公尺，最窄只有兩公尺。這是二〇〇四年由英國倫敦一家建築公司，

「玫瑰城」令人歎為觀止的自然奇景

設計一條造價二百萬英鎊的遊客通道。

《舊約全書》稱此地為西拉（Sela），仍是岩石之意，在阿拉伯的傳統中，是摩西（Moses）出埃及「點石出水」之地，不過學者認為，只是指石頭，而非城市。猶太史學家及軍人約瑟夫斯（Flavius Josephus, 37-100?）考證，在《死海古卷》中，稱為 "Rekem"。阿拉美語（Aramaic）稱為 "Raqmu"，意為五顏六色。

佩特拉建造年代至今無定論，大約為公元前三至二世紀，故已有兩千餘歲，為閃族（Semitic）的分支納巴泰人（Nabataeans）的傑作。不過，在公元前八千至七千年前，即新石器時代，這裡已有人類的蹤跡，在南部出現最古老的拜達（Beidah）村落。

居住在死海東南方的以東人（Edomites）（Abraham 與 Sarah 之子→Issac 之子→Esau 的後裔），在大衛（David）統治之下，控制此一地區。公元前六世紀，納巴泰人住在佩特拉山區，但文獻不足，史學家認為係來自阿拉伯半島，有相當的教育程度，語言接近阿拉美語。

地中海貿易樞紐

佩特拉擁有優越的地理位置和充份的水源，適合發展成大都市。

駱駝商隊從葉門（Yemen）經此到地中海的港口，運輸黃金、絲、乳香和沒藥，後兩種商品可作為祭品，並有醫療用途，由納巴泰人徵貨物稅。在岩石上刻下管道和水槽，並建立神廟，崇拜眾神和國王。在 Wadi Musa 發現古窯，公元前三世紀以前是陶器的製造中心，因為富有，引起周圍的猶太人、希臘人和羅馬人的覬覦。

納巴泰人崇拜的主神有十位，如：太陽神 Dushara，月亮女神 Al Uzza、Allat、Manawat 以及 Qos 等。

公元前三一二年，亞歷山大大帝的繼承者安提哥那（Antigona le Borgne, 382-301 B.C.E.），曾三次企圖佔領佩特拉，但失敗。三世紀末，跟塞琉西（Seleucid）國王安提歐庫斯三世（Antiochus III the Great, 241-187 B.C.E.，在位222-187 B.C.E.）聯盟，對抗南方的托勒密（Ptolomies）王國，直到三世紀。

公元前一世紀至公元一世紀為極盛時期，人口約有兩萬。羅馬人曾數度入侵，均失敗。公元一〇六年，圖拉真（Trajan，Marcus Ulpius Nerva Traianus, 53?-117，在位98-117）併吞為阿拉伯行省，首都設在今敘利亞南部的 Bozrah。一三一年，哈德良（Hadrian, Publius Aelius Hadrianus, 76-138，在位117-138）至此，命名為 "Petra Hadriana"。在「羅馬和平」（Pax Romana, 27 B.C.E-C.E.180）時期依然興盛。三六三年發生地震，許多雕刻受損，直到拜占庭帝國（Byzantine Empire）時代。

七世紀時，被阿拉伯人征服，遭到廢棄成為空城。十一世紀，十字軍東征（侵）建立耶路撒冷王國，統治一個多世紀。一八一二年，瑞士人布克哈特（Johnna Ludwig Burckhardt, 1784-1817），是第一位到達佩特拉的歐洲人，因曾經聽到一座富有傳奇色彩的隱藏城市，相信其存在，化名易卜拉辛酋長（Sheikh Ibrahim）去朝聖，並變裝為阿拉伯人，說服貝都因人（Bedouins），至山頂的亞倫墓地（Aaron，摩西之兄，為猶太教最早的祭司長，殺生祭祀）。

西亞最美的古蹟

佩特拉是約旦、甚至西亞
（中東）最美的古蹟。穆斯林
的墳墓和清真寺，朝向第一聖
地麥加（Mecca，穆罕默德出
生地），而基督教的教堂則是
朝向東方，象徵生命的開始及
復活。

佩特拉為超大型露天博物館

最著名的古蹟稱為寶庫（Treasury），阿拉伯文為 "Al-Khazneh"，
公元一世紀完成，但亮麗光鮮，不見被時間折磨的痕跡，早上九點至
十點為最佳的造訪時間，陽光照射岩石，呈現粉紅色，貝都因人視為
覆蓋黃金，陽光消失，黃金也消失。昔日當作神廟，後為國王阿瑞塔
斯四世（Aretas IV Philopatris, 9 B.C.E.-C.E. 40）的墳墓。大約在一世
紀落成，正面有六根柱子，柱頭為柯林斯式（Coriathian Style）。

位在重要的戰略位置，內部分為三廳，中央廳高十公尺，寬十三
公尺，深十一公尺，是國王的神廟，底層做為墳墓。佩特拉許多雕刻
的內部並無裝飾，但此處有裝飾。山形牆下方有植物的裝飾圖案，具
阿拉伯風格，兩側為獅子，是被遊客拍照最多的經典景點。

岩石的顏色有紅、橘紅、黃、褐、淡藍、綠、紫七種，扭曲成波
浪形和螺旋形，形成罕見的顏色曲線。中國大陸著名導演張藝謀的電
影，給觀眾留下最深刻印象者，並非劇情，而是色彩，佩特拉亦然。
目睹這些奇景，成語和形容詞湧入腦海，如：鬼斧神工、光怪陸離、
雄奇壯麗、詭異無比，富有科幻片的奇幻色彩，對此大自然造化之
奇，不只驚為天人，除了美麗，還是美麗。

約旦國土的形狀像一把斧頭，向西砍向以色列，臺灣島上自稱為

國際風水大師者當可大作文章。約旦無石油，僅靠僑匯、外援和旅遊，為國民經濟的三大支柱。俗稱「上帝關了一扇門，會開啟另一扇門」，比起其他的產油國，經濟條件較差。

站在高處眺望首都安曼，在由七座小山組成的丘陵地上，以白色為主要色調的建築物，隨著山丘的起伏，單調得如同廢墟。路邊盡是寶特瓶及拋棄物，可謂「峰峰相連到天邊」，在此高溫乾燥的國度，不知何時才能分解以回歸自然？綠色罕見，被穆斯林與遊牧民族視為生命的顏色，在伊斯蘭國家的國旗上，綠色成為基本色。佩特拉為超大型的露天博物館，令人聯想到土耳其的卡帕多細亞（Cappadocia），是為火山灰沉澱之後所形成的特殊景觀，加上臺灣花蓮縣太魯閣國家公園的峽谷地形，均為全球獨一無二的遺產。

從右向左橫寫的阿拉伯文（跟希伯來文相同），對咱們這些黃皮膚的老外來說，雖有古埃及象形文字（hieroglyphic，聖體字）便體字的形式，這些像蚯蚓的古老奇特文字，不啻為外星文字。

二〇〇五年，佩特拉跟秘魯的馬丘比丘（Machu Picchu）結為姊妹城市，目前尚有三百多居民，部分住在洞窟裡。一九八九年，電影〈聖戰奇兵〉（Indiana Johnes and the Last Crusade），由史蒂芬‧史匹柏（Steven Allan Spielberg, 1946- ）導演，由 Harrison Ford（1942-）與 Sir Thomas Sean Connery（1930-2020）主演。以尋找基督教二大聖物之一的聖杯（Holy Grail）為主題。其中有一段劇情，是從一線天窺見寶庫，成為經典之作。

上午是造訪古城最佳時機

後記

瑞士的新七大奇蹟協會（New 7 Wonders Foundation），以古代世界七大奇蹟，只有金字塔尚存，在二〇〇〇年至二〇〇七年，進行世界新七大奇蹟的網路票選，針對二〇〇〇年以前的建築，選擇七個，以取代古代七大奇蹟。全球有高達一億人參與，二〇〇七年七月七日在葡萄牙首都里斯本揭曉，依序為：

一、中國：長城

二、約旦：佩特拉古城

三、巴西：里約熱內盧基督像

四、秘魯：庫斯科馬丘比丘

五、墨西哥：奇琴伊察馬雅城邦遺址

六、義大利：羅馬競技場

七、印度：阿格拉泰姬瑪哈

眼尖的讀者會發現，鼎鼎大名的金字塔竟不在名單上。埃及人認為金字塔不應參加評選，對金字塔說三道四是一種差辱，雖然擁有金字塔的國家有十餘個，但埃及的數量乃世界第一，次為中美洲，在人造的建築物之中，神秘指數為天下第一，迷惑世人數千年，不屑於「被評審」。

1 簡陋的觀光馬車

2 「沙漠之舟」——駱駝

3 跟觀光警察合影

4 穿著傳統服裝的警察

5 充滿民族風情的飾品

以色列馬薩達

「上帝將以各民族對待猶太人的方式對待各民族。」
——英國猶太裔首相迪斯雷利（Benjamin Disraeli, 1804-1881；
在位1868, 1874-1880）

　　以色列（Israel，與上帝角力的人），世界知名度最高的國家之一，這個位在地中海東部黎凡特（Levant）的迷你（微型）超級大國，對全球具有強大的影響力。以世界上第一個女性服義務兵役制二十個月的國家著稱，也是人才大國，醫學博士、工程師、科研論文的萬分比均為世界第一，也是世界人均博物館數量最多的國家。

　　在有特定立場的媒體刻意的渲染之下，似乎每天都有戰事發生，實際卻是治安良好的國家，走在大街小巷毫無不安之感。全民皆兵、高溫、水異常珍貴，以八百餘萬人口對抗約三億人口的二十二個伊斯蘭國家，穆斯林宣稱要將希伯來人（Hebrews）趕下地中海，彼等何以能屹立不搖？從猶太教（Judaism）信仰中汲取生命的活水，三千年的苦難，並未使其懷憂喪志，反而愈挫愈勇。時至今日，在許多領域的評比之中，都名列前茅，甚至超越美國。反觀一個失去核

馬薩達遺跡

心價值的國家，猶如沒有靈魂的行屍走肉，遲早會自我毀滅。

　　耳聞以色列人強調「馬薩達精神」（Spirit of Masada），百聞不如一見，身處上古史中發生悲劇的現場，似乎穿越時光隧道，返回近二千年以前，目睹悲壯的一幕，令人肅然起敬。馬薩達，希伯來文即「城堡」或稱「山頂的堡壘」，又名馬薩達遺址（Horvot Mezada, "Masada" 源自 "metzuda"）。位於以色列中部東邊，猶地亞沙漠（Judaean Desert）與死海（Dead Sea；「地球肚臍」）谷底交界處的一座岩石山頂，在死海西側，耶路撒冷東南方三十哩，屬於猶地亞省。地質學上稱為臺地、方山或平頂丘（mesa），周圍為絕壁，頂上為圓桌狀的岩層地形。從空中觀之，呈現船形，高四百三十四公尺，南北長五百七十九公尺，東西寬一百九十八公尺，東側懸崖高四百五十公尺，西側懸崖高一百公尺，總面積十八英畝（7公頃），此地古為巴勒斯坦南部，希伯侖（Hebron，猶太教四大聖地之一）東南方三十二公里處，En Gedi 南方二十五公里。四面皆是陡峭的山壁，唯一的出入途徑，是東側一條曲折難走的蛇行路（snake path）。是五顏六色的岩石分布的不毛之地，曾發現鐵器時代的陶器碎片。

征戰不斷的歷史現場

　　馬其頓（Macedonia）王國亞歷山大大帝（Alexander the Great, 356-323 B.C.E.），建立希臘化（大希臘、泛希臘，Hellenistic）文化，他英年早逝之後，塞琉西王朝（Seleucid Dynasty, 312-64 B.C.E.）國王安條克四世（Antiochus IV）統治又稱迦南（Canaan）聖地（Holy Land）的巴勒斯坦（Palestine），因壓迫猶太人引起哈希德（Chasidim）和馬加比（Maccabees）起義。

　　公元前二世紀，猶太教分裂成三個派別：一為撒都該派（Saddu-

cees）；二為法利賽派（Pharisees），
又稱分離者、形式主義者、偽善
者；三為艾賽尼派（Essenes），又
稱虔誠者。耶穌強烈批判前兩派。
公元前六十三年，羅馬共和時期前
三雄（First Triumvirate）之一的龐
培（Pompey, 106-48 B.C.E.），攻陷
聖城耶路撒冷，巴勒斯坦成為羅馬

馬薩達一角

的屬地。因人頭稅的徵收，猶太教的第四個派別、秘密組織卡納因
（Cananaeans），後名奮銳黨（Zealots），強烈反抗羅馬人的統治。

公元前九百年，在建立第一聖殿（First Temple）時，即有人定
居。公元前二至一世紀即已豎立兩座神廟。哈斯蒙尼（Hasmonean）
王國第二位國王亞歷山大‧雅尼斯（Alexander Jannaeus, 127-76
B.C.E.，在位103-76 B.C.E.），最早加強防禦工事。公元前六十三年，
羅馬人控制猶地亞，公元前四十年，任命希律大帝（Herod the Great,
73-4 B.C.E.，在位103-76 B.C.E.）為猶地亞國王，從羅馬返國之後，
大興土木，修建要塞型的兩座華麗宮殿、碉堡式的雙重圍牆（長1400
公尺，寬4公尺，可俯瞰死海）、有三十八座白色的灰泥樓塔、三個通
道、輸水道和儲藏室。

宮殿為梯型建築，有一座高三十公尺的樓塔，最初是由高級教士
Jonathan（Judas Maccabeus 的兄弟，在位160-142 B.C.E.）在哈斯蒙尼
起義（Hasmonean Revolt, 167-142 B.C.E.）時修建。北邊跌落式的懸
宮，建在三個岩石階地（Terrace）上，視野甚佳，中層平臺有帶柱廊
的圓形望樓，可作娛樂使用，下層平臺有壁畫、雙層柱廊和浴室。相
當大的西邊宮殿群又名大西宮，為行政中心，分為三個部分：國王的
官邸、僕役住所的工作室和許多儲藏室。

馬薩達博物館內部

　　國王的官邸有寬廣的上朝正殿，天花板有多種顏色的馬賽克，呈現花紋和幾何設計。模仿羅馬人所設計的龐大浴室，而熱水室保存最完好，浴室地板上的立柱被抬高，熱氣可在底部循環，使整個房間加熱。建堤壩和水渠，可儲存雨水，再用驢子運至南側的蓄水池。另有大型的水槽，水從岩石乾谷（Wadis）北方和西方的水道，流向十二座地下的大蓄水池，可儲水七十五萬公升，而大型的倉庫，儲存可使用數年的糧食，以及可裝備一萬人的充足兵器庫。希律大帝是主要的建設者，原當作內戰期間的避難所，後因公元七十二至七十三年，以抵抗羅馬人而聞名。

　　公元前四年，希律大帝駕崩；奮銳黨的建立者加利利的猶大（Judah the Galillee）起義，羅馬人鎮壓，佔領馬薩達。其後史實所知不足。公元六十六年，為信仰而戰的奮銳黨，出奇不意的突襲羅馬軍隊不留活口，再度奪回馬薩達，成為拒絕投降的猶太人，支配巴勒斯坦的最後據點。殘餘的猶太人自知毫無勝利的可能，但為拒絕當奴隸，退守馬薩達，抵抗到底。

　　公元七十年，皇帝提圖斯（Titus Flavius Vespasianus，39/41-81，在位79-81），下令摧毀耶路撒冷，圍城三年而攻陷，破壞第二聖殿

（Second Temple）和城牆，屠殺十萬人，俘虜十萬人為奴，並圍攻馬薩達。由 Lucius Flavius Silva Nonius Bassus（43-?）率領的海峽第十軍團（Legio X Fretensis, Tenth Legion of the Strait）四千八百人，加上外籍援軍及奴隸約一萬人，總數近一萬五千人，對抗大約只有一千人的猶太人（含婦女和兒童），屯兵在西北方，建立八座軍營。

羅馬人為防止猶太人脫逃，修築圓形圍牆，後動用奴隸在西側用岩石和沙子築成一條斜坡路，費時七個月，使用騾子載運攻城的裝甲突擊樓塔，發射弩砲和石頭，使用撞槌撞破石牆，猶太人用木材和碎石堵住缺口，羅馬人後用火攻，燒毀木質圍牆，才攻陷。奮銳黨領袖 Eleazar ben Ya'ir，在公元七十三年四月十五日下令殉國，有兩名婦女和五名兒童，躲在輸水道裡而生還，述說最後悲壯的結局。

十中殺一（Decimate）法，是羅馬軍團為維護軍紀的嚴苛律法，採用抽籤的方式，處決一名士兵，以收殺雞儆猴之效。因猶太教禁止自殺，彼等先殺死家人，剩餘者十中抽一，再殺死其他九人，最後一人只好違背教義，不得不自殺。羅馬軍團東征西討，建立圍繞地中海龐大的千年帝國，竟在燃燒的宮殿發現滿地屍體（960具），從未見過此種集體他殺和自殺的場面，無不看得目瞪口呆。羅馬軍團傷亡約一千人。

被詛咒的殺戮戰場

二世紀時，猶太人曾短暫地重佔此地。五至六世紀，東羅馬（拜占庭）帝國（Eastern Roman Empire, Byzantine Empire, 395-1453），在西側宮殿修建小教堂，後被遺棄。十字軍（Crusade）東侵時，曾間歇來此。阿拉伯人稱此山為 "as-Sabba"，即「被詛咒」（The Accursed）。理應有許多阿飄出沒，可惜無緣千里來相會，走筆至此令草民擲筆三嘆。

　　可搭纜車上去，或走蛇行路抵達，若非時間有限和酷熱，草民真想步行，當可體驗羅馬人圍攻的場景。提防小蟲子，有飲水機免費提供珍貴的水。一九八一年，電視影集〈馬薩達〉由著名的英國演員彼得・奧圖（Peter Seamus O'Toole, 1932-2013），飾演第十軍團的司令官，演技精湛值得一看。馬薩達今已改為國家公園。

　　一八三八年，美國考古學家 Edward Robinson 和 Smith，首先確認阿拉伯人稱為「被詛咒」的地點，即歷史上的馬薩達。一九四八年，英、美考古學家在此進行挖掘。一九五五至一九五六年，以色列的考古學家進行廣泛的勘察。一九六三至一九六五年，開始大規模的挖掘，由以色列著名的考古學家伊加爾・雅丁（Yigael Yadin, 1917-1984）率領國際志願考古隊，有來自二十八個國家的志願者，自費參與考古工作，得到猶太名流、古物部、希伯來大學、以色列探勘學會和倫敦《觀察家報》（Observer）的贊助。

　　此間挖出許多人骨、食物殘渣、陶器碎片（上有名字，可能是領導者決定誰應該先就義）、錢幣（亞歷山大・雅尼斯在位時所鑄造）、盔甲、劍、聖經殘卷（增加對聖經源頭資料的知識）、會堂（synago-gue）遺址（是世界上最古老的猶太會堂）、骨灰安置所。另發現公元前十至七世紀鐵器時代的陶器碎片，以及由猶太寓言作家 Ben Sira（2th cen. B.C.E.前半期）妥善保管的許多殘卷。

　　有關馬薩達史實的記載，多出自上古時代最著名的猶太教教士和史學家弗拉維斯・約瑟夫（Flavius Josephus，原名 Joseph ben Matthias, 37/38-100/101）之手，其代表作《猶太戰記》（Bellum Judaicum, History of the Jewish War, Wars of the Jews, 75-79）共七冊，年代係從公元前一七〇年至公元七十年。另有《猶太古史》（Antiquitates Judaicae, The Antiquities of the Jews, 93）共二十冊，從開天闢地至公元六十六年，可跟《舊約全書》（Old Testament）作比對研究。而多人撰寫的《舊約

全書》，並未提及金字塔、方尖碑、人面獅身像和木乃伊，令人不解。

　　約瑟夫原為叛軍領袖，被羅馬人俘虜之後受到重用，先後歷經羅馬帝國三位皇帝。將公元六十六至七十三年所發生的戰事，命名為第一次猶太戰爭（First Jewish-Roman War），又名 Jewish War 或大起義（Great Revolt）、猶太人大起義。雙方的手段都非常殘忍，許多奮銳黨也是匕首黨（Sicarii），又名持匕首者（Sicarius, Dagger man），拉丁文有殺手、刺客之意，或稱為短劍黨、刃手黨、暴徒。反對崇拜偶像，「從來不追隨某一家族，也不去效忠他們的王」，不僅隨時暗殺羅馬人，也殺害順從羅馬人的猶太人，猶太人將羅馬軍人趕盡殺絕，羅馬人則將猶太人釘上十字架，若對敵人持「溫良恭儉讓」的態度，恐怕早已從地球上消失。

　　以色列政府的高官多擁有深厚的人文素養，如伊加爾・雅丁，不僅是有博士學位的考古學家，亦曾任軍職二十年（1932-1952），官拜中將（Rav Aluf），出任國防部副部長。退役之後，投身考古工作。五十歲時又從政，當到副總理，擔任與埃及簽訂和約的要角，既書寫歷史，也創造歷史，可謂是多才多藝的文武全才。

　　此一天然形成的岩石堡壘，一九四八年建國以後，成為猶太人國家英雄行為的象徵，以色列的青年團體以攀登此山作為尋常的訓練，今日已成為著名的歷史聖地、精神堡壘和觀光亮點。死海附近的平原，有以色列國內航空公司 Arkia 班機通航的小型機場。

旅遊的聯想

　　旅行社將去以色列的參訪定位為煥發身心的夢幻旅程。「有貓在，不遠遊，遊必有方」，在以色列見到的喵星人鮮有肥不隆咚者，大概身上的脂肪已被高溫蒸發，可達到自然減肥的效果。

　　「智慧的民族」、「書的民族」、「上帝的選民」（Chosen People），像資優生，易遭排斥，「高處不勝寒」，猶如政壇上功高震主者，通常都不得善終，堪稱血跡斑斑，史不絕書。念歷史的跟搞考古的臭味相投，即對與死人有關的遺址興奮異常，似乎有戀屍症的嫌疑。長達近二年的不對稱戰爭（Unsymmetrical War），猶太人不啻以卵擊石，知其不可為而為之，將永垂不朽，是英雄氣概或愚蠢？值得咱們深思。

　　以色列不會對四周虎視眈眈的威脅感到恐懼，反而以小勝大（非以小事大）。在美國猶太人的總數超過以色列，從各種角度觀察，美國實為以色列的附庸國。馬克思（Karl Marx, 1813-1883）在百餘年前已一針見血的指出，真正的統治者是財團，政客不過是仰其鼻息的傀儡，這些富可敵國的影舞者，暗中扮演太上皇（Overlord）的角色，民主政府所炫耀的選「賢」與能，不過是選「錢」與能，乞丐或文盲能當總統嗎？

　　知識經濟時代來臨，著名的維基百科（Wikipedia）和臉書（Facebook），均為猶太人掌握。孫文曾言：「革命的基礎在高深的學問」，「革命」當可作廣義的解釋。在歷屆諾貝爾獎得獎人（和平獎除外）之中，猶太人約占五分之一，是空前也可能是絕後。人人生而不平等，所謂平等，通常是齊頭式的平等，而非立足點的平等，宗教家倡言「眾生平等」，只是一句不切實際的「口號圖騰」而已，真能放諸四海而皆準嗎？

　　「不自由，毋寧死」，「寧鳴而死，勿默而生」，今日以色列的入伍新兵，手持火炬在夜間走蛇行路上去，會在此莊嚴的宣誓：「馬薩達將絕不再陷落！」（Masada shall not fall again!）在中日第二次戰爭（1937-1945）期間，中國國民黨標榜「重慶精神」，在大日本帝國陸軍航空隊，二十四小時的疲勞轟炸之下，各種工廠轉移至山洞內，繼續生產軍用物資，以持久戰贏得最後的勝利。而抗戰之前的國共內

戰，中國共產黨則強調「延安精神」，從江西省井岡山一路竄逃至陝西省北部的延安，「你到我家來，我到你家去」，跟國民黨周旋到底，是為著名的長征（Long March, 1934.10-1936.10），終於在一九四九年建政，取代國民黨，統治中國大陸。時下的臺灣，有政治人物常將「臺灣價值」、「民主聖地」掛在嘴邊，是否應塑造「ＸＸ精神」？以凝聚國人的共識，強化向心力。一得之愚，僅供參考。

　　人類的歷史即是一部充滿血淚的戰爭史。而猶太人的歷史卻是一部長期遭受迫害和流亡的痛史，咱們這裡的九份被稱為悲情城市，而猶太人堪稱最悲情的民族，連國歌的旋律也散發著濃郁的哀傷。猶太教與基督宗教提倡直線史觀（Linear Historical View），乃歷史分期（Periodization）的嚆矢，與中國、印度、埃及、希臘的循環史觀（Cyclical Historical View）迥異，認為歷史有始有終，總有「告一段落」的一天。

　　《新約全書》（*New Testament*）的啟示錄（Revelation [of St. John the Divine], Apocalypse）預言，以色列的哈米吉多頓（Armageddon），是世界末日（Doomsday）時善與惡的大決戰場，是耶？非耶？且讓我們拭目以待。

馬薩達遺跡

1 馬薩達空中纜車
2 夢見周公的喵星人
3 浴室中的熱水室遺跡
4 持以色列國旗，跟猶太教象徵：
　燭檯合影
5 跟修士合影

俄羅斯聖彼得堡歷史中心及其相關古蹟群

「閱讀七遍描述聖彼得堡的文字，不如親眼看一下這座城市。」
—— 俄羅斯諺語

疇昔受反共抗俄愛國思想教育的影響，只要一提到蘇聯，腦海裡立刻浮現老毛子、大鼻子和北極熊（polar bear）的刻板印象。以為俄國貧窮、落後，除了共產黨和共產主義以外，似乎一無所有，殊不知盛產美女和酒鬼（波蘭亦有此一說）。更不知其文化底蘊的深厚，皇宮與教堂的華麗，跟歐洲其他國家相比，實有過之，而無不及。

在咱們中學外國地理教科書中，俄羅斯不屬於亞洲，亦不屬於歐洲，乃單獨占一章，即「不東不西，不是東西」。雖然政治中心一直在歐洲，但民族性的深處隱含東方草原牧民的性格，大口吃肉、大碗喝酒和死要面子。

無論是親俄主義（Russophilism）的奉行者或仇俄（Russophobia），均非正確的態度，理應知俄。勿忘清代後期被其「鯨吞」的土地，廣達三百萬平方公里以上。若生前未能到此一全球面積最大的國家一遊，實死不瞑目。

從莫斯科搭乘火車前往聖彼得堡，跟服務生合影

　　從上至下，橫切三等份的白藍紅三色國旗，代表寒帶、亞寒帶及溫帶，是罕見的以色彩反映氣候與地理的國旗。這樣的旗幟是彼得大帝（Peter I, Peter the Great, 1672-1725，在位1682-1725）在荷蘭學習造船技術時，模仿荷蘭紅白藍三色國旗而設計。一六九七年採用；一七九九年正式採用，影響東歐國家國旗的設計；一九九一年八月二十二日，再度恢復使用。白藍紅三種顏色成為斯拉夫民族的象徵，斯洛伐克（Slovakia）和斯洛維尼亞（Slovenia）的國旗上，除去國徽，完全和俄羅斯的國旗樣式相同。

　　在莫斯科國際機場入境通關時，海關人員異常「龜毛」，似乎視老外皆是潛伏的恐怖分子。有位中年女性團員，在護照上是用「上古時代」年輕的照片，跟「現代版」的本尊外貌落差甚大，果然不出所料，被攔下來，找來一堆同事，集體觀察其虹膜，最後雖然放行，卻引來一場虛驚。

「北方威尼斯」聖彼得堡

　　聖彼得堡位在俄國西北方，因受芬蘭灣海洋的調節，比東南方的莫斯科溫暖，被視為是世界上最美的城市之一，也是世界上人口超過一百萬的最北端的城市，有「北方威尼斯」之稱。市內許多古蹟被當作「一個」單位，列入世界文化遺產，有點吃虧。拙文只挑選「一個」文物點介紹之。

　　二戰時被德國的北方集團軍圍城近三年（827天），有《列寧格勒九百日》戰爭文學名著，餓死及凍死一百五十多萬人，應該有很多孤

莫斯科紅場旁的俄羅斯國家
歷史博物館

魂野鬼出沒（南京亦然），可惜一路上不論晝夜，均未邂逅像聶小倩美麗的阿飄，甚感遺憾。戰後，聖彼得堡被授予「英雄城市」。

草民有收集地圖的習慣，可享受神遊世界的樂趣，但在俄羅斯卻買不到詳細的地圖。臺灣在戒嚴時期，地圖及望遠鏡均屬管制品，即使透過申請購得，亦須接受隨時被檢查的可能。記得曾在當地美術館掏出面額五千盧布（ruble）的紙幣購物，卻找不開。低收入，低消費，類似早期的臺灣。在前蘇聯時期，盧布大於美元，現在卻比新臺幣還小（新臺幣一元等於盧布三元）。民主化的代價甚高，極左和極右（新納粹）的勢力，若有適當的時機，隨時會死灰復燃。

聖彼得堡（Sankt Peterburg, St. Petersburg）俗稱彼得（堡）（Piter）。聖彼得為該市的守護聖徒，原為耶穌的十二位使徒之首，原名 Simon，又名 Simon Peter。如古希臘的雅典（Athens）城邦，因守護神雅典娜（Athena）而得名。

聖彼得堡為俄羅斯聯邦的直轄市，西北部聯管區和列寧格勒州的首府，為全國第二大城（僅次於莫斯科），亦為最西方化的城市，人口五百二十萬。位於涅瓦河（Neva）畔，該河源於拉多加湖（Lake Ladoga，芬蘭文為 Laatokka，是歐洲第一大湖），全長七十四公里。河口兔島的聖彼得保羅要塞為該市的發源地，亦為波羅的海艦隊的根據地。

聖彼得堡全市有四十二個島嶼，三百多座橋梁，二百多座博物館，三十二座紀念碑，一百三十七座藝術園林。禁建摩天大樓，從一七一二年至

冬宮華麗的壁畫

一九一八年為俄國的首都。一九一四年，一戰爆發，出現「去日耳曼化」的浪潮，改名為彼得格勒（Petrograd），將德文的 "burg" 改為俄文的 "grad"，均為城堡或城市之意；一九二四年，列寧（Vladimir Ilyich Lenin, 1870-1924）過世，彼得格勒又改名為列寧格勒（Leningrad）；一九九一年，蘇聯解體，經公投恢復沙皇時代的原名。美國佛羅里達州中西部有一城市亦名聖彼得堡。歐洲許多著名的城市，在美國都有副本。市中心多為十八及十九世紀的建築，有巴洛克（Baroque）及新古典主義（Neoclassicism）風格。

地標艾米塔吉博物館

「冬宮」，是聖彼得堡的地標建築，如臺北市的101大樓。羅曼諾夫王朝（Romanov Dynasty, 1613-1917）的皇宮，建於一七二一年至一七六二年，為巴洛克式的建築。一七〇三年五月二十七日，彼得大帝建城，彼得大帝之女，伊莉莎白‧彼得羅夫娜女皇（1709-1762，在位1741-1762）大規模修繕，已有博物館的屬性。又稱凱薩琳二世的葉卡捷琳娜大帝（Yekaterina the Great, Catherine II, Catherine the Great,

冬宮的展示廳

1729-1796；在位1762-1796），為俄國史上在位最久的統治者，她在一七六四年起建「艾米塔吉博物館」（State Hermitage Museum），又名隱士（盧）博物館，原為私人博物館，一八五二年對外開放，成為俄國最大的公共博物館，後來還被列入世界四大博物館之一。目前在荷蘭的阿姆斯特丹設有分館。

艾米塔吉博物館共有一千零五十七個展覽廳，目前開放三百五十三個，典藏二

百七十萬件文物，若對每一件瞄一眼，需要二十七年才看得完。以古文字學研究及歐洲繪畫藝術品而聞名，每年參觀人數超過三百萬。

艾米塔吉博物館共有六座主要的建築，分別為冬宮、小艾米塔吉、舊艾米塔吉、新艾米塔吉、艾米塔吉劇院（有500多個座位）和冬宮儲備庫。總面積近一百三十萬平方公尺，展出品僅占全部收藏品的百分之五。全館像迷宮，地陪再三提醒，不要脫隊，小心迷路。該館設八個部門：

一、西歐藝術部：為該館設立最早和最大的分部，有六十萬件展品，一百二十個展廳。

二、古希臘羅馬藝術部：分為兩個展區：古希臘和古羅馬、古黑海北岸地區，有十萬六千件展品，二十個展廳。一九三一年，另設東歐與西伯利亞考古部，有五十萬件展品，三十三個展廳。

三、俄羅斯文化史部：有三十多萬件展品，五十多個展廳。一九二〇年，另設東方民族文化藝術部，有四個展區：古代東方、拜占庭與中東、中亞與高加索、遠東，有十八萬件展品，七十八個展廳。

四、古錢幣部：享有世界盛名，該市有鑄幣廠，為世界上最大的鑄幣廠之一。有一百一十一萬五千件展品，分為兩個展區：古希臘及東方錢幣、歐洲及美洲古錢幣。

五、軍械庫：為獨立的部門，有一萬六千件展品，主要陳列於騎士展廳，是俄國最大，也是世界最出色的武器展覽館之一。

六、科學圖書館：有七十萬冊，珍稀圖書及手稿近一萬冊。

七、科學技術鑑定部：一九三六年成立，是世界上最早的 X 光照射室，七〇年代成為獨立的實驗室，為俄國最大的文化藝術品鑑定中心之一。

八、鐘錶與樂器修復部：一九九五年成立。

至於艾米塔吉劇院，建於一七八二年至一七八五年，是全國最古

老的劇院之一。沙皇時代的臥室、餐廳、休息室、會客室均以原汁原味陳列，其中彼得大帝的陳列室最引人注目。艾米塔吉博物館原來只是冬宮的一小部分；一九一七年十月革命以後，所有冬宮建築群歸屬轉化為今日所見的艾米塔吉博物館，因此，兩個名稱容易混淆。

草民如劉姥姥逛大觀園，展品琳琅滿目，走馬看花，電光石火，驚鴻一瞥，看得目不暇給，頭昏眼花，晚上都會作彩色的夢。俄籍中文解說員，發音標準，讓咱們自嘆不如，而豐富的專業知識，令人十分佩服。自建館以來，一直有喵星人常駐，以防鼠患。

博物館與美術館是文化的精華，草民流連忘返，難以自拔。俄國人面無表情，被譏為要剝皮才有感覺，殊不知俄國人認為對陌生人微笑，是一種恥笑！聖彼得堡到莫斯科有六百五十一公里，奇特的是，聖彼得堡有莫斯科車站和莫斯科大街；同樣地，莫斯科也有列寧格勒車站，很容易讓外地人弄錯。

同場加映說明

一、好大的俄國小檔案：面積一千七千七百萬五千二百平方公里，人口一億四千六百萬，有一百八十多個民族，俄羅斯人占百分之八十三，國花是向日葵，又名太陽花。國土東西長九千多公里，南北寬四千多公里。共有八十三個聯邦主體：二十一個共和國、九個邊疆區、四十六個州、二個聯邦直轄市、一個自治州、四個自治區。

二、俄文好難：俄文和中文、阿拉伯文並列世界三種最難學的語文。俄國的人名與地名冗長，難以記憶。國內多以美語或英語的發音翻譯，落差甚大。

三、世界四大博物館：除了名列第三的俄羅斯聖彼得堡艾米塔吉博物館外，還有世界第一大的英國倫敦大英博物館（British Museum）、排名第二的法國巴黎羅浮宮（Musée du Louvre）和第四大的美國紐約

大都會博物館（Metropolitan Museum of Art，暱稱 The Met）。

四、為俄國正名：當今俄國解體之前，正式國號為「蘇維埃社會主義共和國聯邦」（Union of Soviet Socialist Republic, USSR；俄文縮寫 CCCP；1922-1991），簡稱蘇聯，共有十五個加盟共和國。蘇聯的第一個加盟共和國，也是最大的加盟共和國，是俄羅斯蘇維埃聯邦社會主義共和國，簡稱蘇俄。咱們常將蘇聯和蘇俄混用，而不自知。一九九二年四月十六日，改名俄羅斯，翌日，使用兩個同等地位的正式國名：俄羅斯和俄羅斯聯邦（Russian Federation）。

冬宮收藏拉斐爾的聖母聖子畫像

冬宮一隅

冬宮華麗的內部裝飾

1 冬宮美不勝收的走廊
2 古裝展示，猶如穿越劇
3 俄羅斯小美女

波蘭奧許維茲—比克瑙集中營

「救一個人就是救了一個世界。」

——猶太教經典

　　世界文化遺產的種類遠勝於自然遺產，從考古遺址、陵墓、宗教建築（寺廟、教堂、修道院、清真寺）、宮殿、城堡、博物館、大學，到民宅、工廠、鐵路、墳場，可謂琳瑯滿目，美不勝收。但亦有令人心情沉重，甚至飽受驚嚇者，如集中營即為一例，此種闇黑文化的淵藪，顯現「人性的邪惡無上限」的具體化實物，何以不付之一炬？以埋葬不堪的過去。

　　勿忘歷史經常重演，雷同的經驗穿越時空重複出現，像開國領袖均為一代英主，但「國之將亡，必有妖孽」，沒落的政權必毀在昏君或暴君的手中，此即「歷史的教訓」（Lessons of History）。

　　奧許維茲（或譯奧修維茲、奧斯威辛，Oświęcim）位在波蘭南方、曾為古都的克拉科夫（Kraków）西南六十公里處，是小波蘭省省會，即第二大城。原為一名不見經傳的小鎮，面積僅三十點三平方公里，竟因第二次世界大戰期間，納粹德國選擇此地，成立規模最大和殺人最多的集中營，有「殺人工廠」之稱，而聞名

毒氣罐

於世，一如"Alps"等同"alpine"成為登山的用語。

本集中營的德文名稱為 „Konzentrationslager Auschwitz-Birknau"；波蘭文名為 „Obózkoncentracyjny Auschwitz-Birknau"；一九七九年入選，二〇〇七年正式命名為「奧許維茲——比克瑙德國納粹集中和滅絕營」（Auschwitz Birkenau German Nazi Concentration and Extermination Camp〈1940-1945〉）。

納粹黨執政以後，在德國及佔領區，即二戰前和二戰期間，為處理平民的營地共有六種，分為：滅絕營、集中營、勞動營、中轉營、拘留營和收容點，遍佈十八個國家和地區，總共設立一千二百餘座，其中前三種中著名的有六十七座，面積最大，最惡名昭彰者，就屬奧許維茲——比克瑙集中營。

疇昔在巴黎市的地標艾菲爾鐵塔（Eiffel Tower，高300公尺）上，曾目睹日本少女喜極而泣的場景，似乎難以置信，竟然來到「世界藝術之都」，不知是否知道此塔也是自殺聖地？而來到集中營的訪客，異常安靜，未見人聲鼎沸、興奮激動的場景，好像皆在心中忖度「這是真的嗎？」

一九四〇年四月二十七日，黨衛隊領導希姆勒（Heinrich Luitpold Himmler, 1900-1945）下令建造，一九四二年一月二十日在柏林西南部的萬湖別墅，召開著名的萬湖會議（Wannseekonferenz），決定「猶太人問題最終解決方案」（die Endlösung der Judenfrage），該別墅後改為猶太人大屠殺紀念館。一九四五年一月二十七日，蘇聯紅軍解放。一九四三年，盟軍已知在營中滅絕猶太人，卻始終未轟炸其基礎設施，以延後滅絕的速度，或許有不可告人的政治考量。一九四七年，波蘭國會立法，成立國家博物館。

營區分為三處：

一、一號營區：奧許維茲，最早建立，為行政管理中心，辦公室中仍懸掛德意志第三帝國（Drittes Reich）元首（der Führer）希

特勒（Adolf Hitler, 1889-1945?）的玉照，走廊兩側的牆上均為遇難者穿藍白條紋制服的遺照。此營殺害波蘭知識分子、蘇聯紅軍戰俘、德國同性戀者及罪犯。

二、二號營區：比克瑙，為滅絕營，面積達一百七十五公頃，有三百座木排房舍。有毒氣室、行刑場和化學實驗室。因一號營區客滿，再建二號營區，兩者相距三公里，有接駁車，可免費搭乘。鐵路直接進入營區的建築，成為集中營的標誌。

三、三號營區：莫諾維茲（Monowitz），由世界最大的化工和製藥公司 IG 法本（I. G. Farben AG）染料工業利益集團使用。有一座主營和三十九座小營房。有一萬一千名犯人工作，負責挖媒、水泥和橡膠的生產，為無償勞動。囚犯平均只能活三個月。二戰以後，該公司被盟國勒令解散。

死亡人數從一百一十萬，至二百萬，甚至三百萬不等，人命關天，何以有如此巨大的落差？因老人、婦女、兒童和猶太人，在到達集中營時，經過軍醫的篩選，往往直接送進毒氣室，並未將每個受害者建檔。其他者，予以剃髮、消毒，拍照建檔。在手腕內側刺青編號，累積達四十餘萬號。囚服分政治犯、普通罪犯、外來移民、同性戀者和猶太人，口袋上有不同顏色的標誌。

被視為「不值得活命的生命」（Ledensunwertes Leben）的劣等人種（Untermensch），除猶太人以外，尚有德國的政治犯、共產黨人、社會黨人、無政府主義者、羅姆人（Rom）、耶和華見證人（Jehovah's Witnesses）、同性戀者、蘇聯紅軍戰俘、波蘭人。在營中的囚犯也分為五個等級：一、德國人；二、西歐（法國、比利時、荷蘭）人；三、東南歐（匈牙利、羅馬尼亞、斯洛維尼亞、

鋪著雜草的床舖

義肢、拐杖

克羅埃西亞、希臘）人；四、蘇聯、波蘭、捷克、義大利（1943投降以後）人；五、猶太人。

集中營中的勞動，分為四種類型：一、最消耗體力，鋪設鐵路、公路，或在砂石場工作；二、具有專業技術者，從事生產各種材料和武器；三、處理屍體者，待遇優於前二者；四、德國籍的因犯，被挑選出來管理犯人，擔任囚監（Kapo, Funktionshäftling），喜虐待犯人，以討黨衛隊的歡心。

一號營區的入口處，大門上面有長五公尺，重四十一公斤的政治標語：「勞動帶來自由」（Arbeit macht frei），英譯為 "Work sets you free"，上面的字母 "b"，竟然上下左右顛倒，充滿諷刺意味。此一標語來自德國語言學家迪芬巴赫（Lorenz Diefenbach, 1806-1883）的小說《來自迪芬巴赫的記事：勞動帶來自由》（*Arbeit macht frei: Erzählung von Lorenz Diefenbach*），納粹黨引用之，戰後成為禁忌語言。在其他部分的集中營入口處，亦可見到此一著名的標語。二〇〇九年十二月十八日清晨，被新納粹（Neo-Nazism）分子偷走，後來均被判刑。

集中營中最慘絕人寰的事情即是人體實驗，黨衛隊軍醫進行活體截肢、摘除器官、接種病毒和細菌、使用 X 光絕育，最著名的是有「死亡天使」之稱的門格勒（Josef Mengele, 1911-1979），擁有慕尼黑大學的博士學位。在其手中葬送四十萬人的生命。其中最特殊者，是將一千五百對雙胞胎做實驗，例如改變眼睛的顏色，戰後只有不到二百人存活。許多納粹戰犯，經由特殊管道，逃亡至南美洲 ABC 三國（阿根廷、巴西、智利），許多人得以善終，善惡果報的原則是否有效？

集中營的政策是，將要被處死的人應該被欺騙至死。焚化爐大概

是最恐怖的觀光點，殯儀館中的火葬場，通常不允許家屬參觀，爐前有鮮花，四座焚化爐一天至少可焚毀八千人，用磚石砌成的煙囪，因人體脂肪的黏著太多，竟會燃燒，必須暫停使用，焚屍的臭味散布在集中營的附近。在戶外灑骨灰的區域，戰後也立碑紀念。囚犯住宿的床鋪極其簡陋，通道中為固定的成

皮箱（留下姓名，以為往後可取回）

排的馬桶座，並無隔間，如廁時會被看光光。

　　有一面磚牆，是槍決囚犯的刑場，牆上彈痕累累，此處鮮花最多，兩側囚房的窗戶用木板封死，以免目睹行刑的過程。地牢無窗戶，暗無天日，只有門上有一窺伺的小孔。「牛驥同一皂，陰房闃鬼火」（文天祥〈正氣歌〉），禁止拍照。赤棉在統治柬埔寨期間，亦出現家徒四壁的窄房，將囚犯用一條鐵鍊綁在牆上，無床鋪、地毯、稻草，亦無衛浴設備，囚犯將和自己的排泄物共處，可想像其悲慘的狀況。

　　囚犯的遺物堆積如山，分類展示，有衣服（514,843件）、鞋子、行李箱（寫著名字，以為可以取回）、眼鏡、義肢、盥洗用具，最令人印象深刻的是在一間大房子裡，展示高達七公噸的頭髮，有各種顏色，估計是從十四萬婦女身上獲得，以二十或二十二公斤為單位當作原物料，運往德國的工廠。這個展示廳也禁止拍照，耳聞勇敢的臺灣神風特攻隊（kamikaze）竟然偷拍，而照片中出現身穿藍白條紋制服的囚犯，成為靈異照片。與筆者同團到訪的一位國中女老師，衣著暴露，態度輕佻，一路上不是滑手機，就是擺各種 pose，到處拍照，在上遊覽車之前，強烈嘔吐，不知是卡到陰或者是對死者不尊敬的「現世報」？

　　德國人秉持「淨化地球」神聖的使命感，必須消滅不受歡迎者（undesirables），將種族滅絕視為一項偉大的工程來進行。動員各種交通工具將囚犯運到集中營，其中以鐵路運輸最具效率，但在運輸途中不提供飲水和食物，在未到達目的地之前，已有人渴死、餓死和悶死。在二戰末期，德國已步向敗亡，各種交通工具仍以運送囚犯優先，軍隊和後勤物資的運輸竟排在後面，實屬不可思議。假如沒有鐵路運輸系統，最終解決方案可能無法實現。

　　事出必有因（ex nihilo nihil fit, nothing is created from nothing），反猶主義（anti-Semitism）在西方淵遠流長，尤以東歐地區為然，除德國本土之外，在波蘭成立的集中營最多，古早以前，波蘭大量收容各地的猶太人，豈料數百年之後慘遭浩劫，此即「善有惡報」的奇特實例。查考歷史，除中國人之外，世界各國多對猶太人不友善，中國人與猶太人的民族性極為相似。今日已將猶太人改為尤太人，因「猶」字，乃「犬」加「酋」，不具正面意涵。

　　猶太人大屠殺（Holocaust, Shoah）為人類歷史上最悲慘的一頁，亦為種族滅絕（genocide）最獨特的個案。罪魁禍首自然追溯至希特勒，但缺乏物證，因希特勒並未簽署任何命令，僅為口頭交代，亦從未視察集中營，在法律上如何定其罪？身為「上帝的選民」（chosen people）的猶太人，得天獨厚，何以會慘遭噩運，相關的學術著作，車載斗量，種族主義（racialism, racism）為最核心的思想。

　　各位看倌，當您見到人皮燈罩、人皮書、人骨椅子，以及用人骨製作的肥料，用脂肪製造的肥皂，甚至用有紋身的皮膚製作的工藝品，還有塞滿三十五個倉庫的金牙，您有何感想？戰爭會使人變成野獸！

　　二戰以前，全球的猶太人約有一千八百萬人，歐洲約有九百至一千一百萬人；二戰後，其中有六百萬人死在德國人手中，婦女約有二百萬人，兒童約有一百萬人。在本集中營往生者，猶太人占九成，從

匈牙利運來者最多。如果德國贏得戰爭，猶太人恐將成為考古人類學博物館中死寂的標本。史達林（Joseph Stalin, 1879-1953）曾說「一個人的死亡是個悲劇，成千上萬人的死亡是個統計值。」人們對相識者的過世會有感覺，但對陌生人絲毫無感。

焚化爐

政治為 "dirty job"，「黨」者，尚黑也，「政」乃文人做的正，這些說文解字，有無實質的意義？山明水秀（並非窮山惡水）、如詩如畫的美景，也會產生窮凶極惡的人物，環境對人的影響有無上限？

從以色列來的學生，後背披著國旗，一群一群地圍坐在地上，由老師帶領，進行戶外教學。此種設身處地、將心比心的情境（situation）式教學，比枯坐在課堂上，接受照本宣科式的疲勞轟炸，當更令莘莘學子有感，終生難以抹滅。

「今日座上賓，明日階下囚」，「昨日活蹦亂跳，今日進入錄鬼簿」。生還者多對上帝失去信心，變成無神論者（atheist），在戰場和集中營，上帝並不存在，唯一真實的存在只有死亡。

全部看完，需三個小時。波蘭以出美女與酒鬼著稱，前者的顏值極高，多屬外貌（貿）協會會員，當可平衡抑鬱的心情。最後借用漢娜鄂蘭（Hannah Arendt, 1906-1975）著名的作品《艾希曼在耶路撒冷：邪惡的平庸的一個報導》（*Eichmann in Jerusalem: A Report on the Banality of Evil*），極權主義之下，「邪惡的平庸」無所不在，奈何！

讀者諸君若想對此集中營作更進一步的了解，可涉獵黑色文學的代表作，安妮·法蘭克（Annelies Marie 'Anne' Frank, 1929-1945）的《安妮的日記》。另外推薦美籍猶太裔的名導演史蒂芬·史匹柏（Steven

Allan Spielberg, 1946- ）的電影《辛德勒的名單》（*Schindler's List*, 1993）。

1 囚犯檔案照片
2 鞋子
3 廁所
4 焚化爐
5 二號營區（比克瑙）正門

圖3：https://www.flickr.com/photos/judy19740108/36052719264。
圖4：https://attravel.tw/wp-content/uploads/20211006134157_88.jpg。
圖5：https://upload.wikimedia.org/wikipedia/commons/thumb/e/e8/Birkenau_gate.
JPG/1920px-Birkenau_gate.JPG。

奧地利維也納麗泉宮

　　話說古早以前，中國文化大學為因應全球化（globalization），與世界無縫接軌，規畫開設世界遺產巡禮課程，在草民執教的所有科目之中，是挹注成本最高者。因每年寒暑假皆會前往世界各地的遺產現場，「神魂超拔」（ecstasy）一番，臨場情境的感受，遠勝於閱讀死寂的文字記載。二〇一七年七月，文大全球校友年會將在維也納舉行，為共襄盛舉，遂選擇麗泉宮為本專欄系列的「武昌起義第一槍」。

　　歐洲歷史上曾出現統治最長的四大皇室，分別為：

一、奧地利：哈布斯堡（Habsburg, Hapsburg），1276-1918。

二、德意志：霍亨索倫（Hohenzollern），布蘭登堡（1415-1918）、普魯士（1701-1918）、德國（1871-1918）。

三、法蘭西：波旁（包本，Bourbon），1589-1792, 1815-1830。

四、俄羅斯：羅曼諾夫（Romanov），1613-1917。

　　彼等建造許多皇宮及行宮，時至今日多已轉變成國家級的博物館與美術館，成為吸引觀光客眼球的熱門景點。名人的一生都充滿商機，從誕生地至長眠地，曾經投宿過的房舍，均可稱為故居，連就學處、開會處，甚至往生處，均有可看性。德國哲學家

麗泉宮入口處

圖片：https://blog.udn.com/gloomybear/174739319。

謝林（Friedrich Wilhelm Joseph von Schelling, 1775-1854）曾言：「建築是凝固的音樂。」（Architecture in general is frozen music.）歐洲的人文景觀美不勝收，一半由神、一半由建築師塑造，前者指教堂，後者指公共建設。

奧地利（Austria）位在中歐，德文名 Österreich 意即「東方帝國」。為「歐洲的心臟」，國土形狀像小提琴。首都維也納（Vienna），德文名 Wien，奧地利德文名 Wean，一一三七年正式命名為維也納，為德語圈第二大城（第一是柏林），乃「心臟的心臟」，有帝國之都、世界音樂之都、建築之都、多瑙河女神之稱；亦稱「夢幻之城」，擁有一百多座博物館；曾是神聖羅馬帝國（二元帝國，Dual Monarchy, 1867-1918）、哈布斯堡王朝家族的首都。

二〇一〇年，維也納曾被評選為世界宜居城市之首，為全球知名度最高的城市之一，亦為全球三大國際會議城市之一（另外兩個是新加坡和巴黎），聯合國三大駐地城市之一（另外兩個是紐約和日內瓦）。維也納與布拉格多紅色屋頂建築，巴黎則多為藍色屋頂建築，各有其美感。一九五五年十月二十六日，國民議會通過永久中立法，宣布不參加任何軍事同盟，亦不允許外國在其領土上設立軍事基地。

美泉宮（Schloß Schönbrunn, Palace and Gardens of Schönbrunn, Palais et jardins de Schönbrunn），意譯為麗泉宮，或音譯為熊布朗宮、申布倫宮。位於維也納市區的西南方，距離市中心五公里的第十三區，為奧地利最重要的文化指標。一六四二年，正式命名，本欲建立在山丘上，但因地形複雜，只好改變計畫。總面積二萬六千平方公尺，僅次於法國的凡爾賽宮（Chateâu de Versailles，總面積6.7萬平方公尺，擁有700多個房間），寬一千公尺，長一千二百公尺，皇宮長一百八十公尺，可供一千五百人居住。為巴洛克（Baroque）藝術代表作，作為皇室避暑的夏宮，另有冬宮名霍夫堡（Hofburg），今當作總統府。

麗泉宮正面俯瞰圖

　　神聖羅馬帝國皇帝馬諦亞斯（Matthias, 1557-1619，在位1612-1619）在此依家族傳統狩獵時，住在位於 Meidling 與 Hietzing 之間的卡特爾堡（Katterburg）。一六一二年發現一口湧泉，其味甘甜，遂命名為美泉（schöner Brunnen），成為此一皇宮名稱的由來。

　　美泉宮入口處，有仿古埃及的方尖碑（obelisk）分列兩側，但屬縮小版，前方另有兩座面對面的人面獅身像（sphinx），係採美女頭、獅身設計，象徵瑪莉亞·特蕾西亞（Maria Theresia Walburga Amalia Christina, 1717-1780，在位1745-1765）。共有一千四百四十一個房間，其中有四十四間為洛可可（Rococo）式，目前只開放四十五間。因財力有限，無法與凡爾賽宮相比，但仍有過之而無不及。

　　鏡廳（Mirror Room）有水晶吊燈，金碧輝煌，氣勢磅礴，可媲美法國凡爾賽宮的鏡廳（Hall of Mirrors）。「音樂神童」莫差爾特（Wolfgang Amadeus Mozart, 1756-1791）曾在此進行首場音樂會演奏

圖片：https://www.dreamstime.com/schonbrunn-palace-schloss-schoenbrunn-imperial-summer-residence-vienna-austria-schonbrunn-palace-major-tourist-image106785109。

鋼琴，時年僅六歲，在特蕾西亞女皇作御前表演，並親女皇的面頰。

中國會議室（Chinese Cabinets），右為圓形會議室（Round Cabinet），女皇常在此與親信秘密會談，左為橢圓形會議室（Oval Cabinet）。陳列許多中國骨董，尤其是青花瓷，所費不貲。

麗泉宮宴會桌，擺著精緻的餐具

在洋人眼中，中國是個位在地平線邊緣的奇特國度，常與日本、韓國混為一談。慕華狂曾風靡一時，尤其是瓷器蒐集熱（chinamania），從土耳其的伊斯坦堡（Istanbul）至歐洲各國的皇宮，幾乎均有中國廳或中國式的庭園。但目睹其服飾，常覺光怪陸離，如將中國士兵描繪成日本武士，中國每個朝代的男子，似乎均蓄有滿人辮子的髮型，令人啼笑皆非。

皇宮歌劇院（Schloßtheater），為維也納最古老的巴洛克式歌劇院。大畫廊，長四十公尺，寬十公尺，為世界上最著名的洛可可式大廳之一，牆壁上，有皇帝的肖像畫及女皇十六位兒女的肖像畫。某個房間，有張大幅的油畫，特別在保護的玻璃上加圈標示，在觀眾席內，莫差爾特聽音樂的神情。百萬廳的牆上鑲嵌許多獎牌。

後方為法國式的園林，花壇兩邊有四十四座希臘神話人物的雕像，園林盡頭為海神泉（Neptunbrunnen），西側有熱帶植物溫室（Palmenhaus），一八八三年設立，為蒐集熱帶植物，用鋼及玻璃所建的三座棕櫚屋，為當時世界上最大的溫室。休閒動物園（Tierpark）。為歐洲皇室最早設立的動物園，也是世界上最早的動物園（1752年成立），一戰以前，擁有三千五百種動物，有中國贈送的貓熊。參觀動物園和迷宮花園，須另行購票。

八角亭

東側為不起眼的美泉發現地，牆上刻有 M，以茲紀念馬諦亞斯在此飲用泉水。對面為人造的羅馬廢墟（Römische Ruine），象徵共和的衰落，尚有方尖碑。最高點為凱旋門（Gloriette，亦即 little glory），此字為法文，豎立在高六十公尺的山丘上，如大牌坊，是羅馬式觀景亭，長九十五公尺，高十九公尺，為紀念陸軍一七七五年的勝利而建，為世界最大的凱旋門，中間頂端有巨大的哈布斯堡家族雙頭鷹徽章，二戰時被炸毀，一九四七年重建，前方有大水池，水中的倒影堪稱美得冒泡。

在美泉宮入口處右側，早年有一所冬季騎術學校，一九二二年改為御車博物館（Carriage Museum），今陳列從十七世紀晚期以來使用過的一百三十多輛御馬車，尚有服飾、裝備和相關的油畫。其中最珍貴的是一輛重達四公噸的八馬馬車，乃舉行婚禮和加冕使用。建築色調為赭色，又名美泉黃色，「瑪莉亞・特蕾西亞黃」，為最高貴的顏色，搭配白碎石路，有藍天和綠樹陪襯，猶如風景明信片。

哈布斯堡家族亦稱為奧地利家族，屬於日耳曼民族的一支。一〇二〇年，家族的主教在今瑞士的阿爾高（Aargau）建立哈布斯堡，德文意即鷹堡（Habichtsburg, Hawk's Castle），佔有北瑞士、巴登

圖片：https://blog.udn.com/gloomybear/174765106。

（Baden）和亞爾薩斯（Alsace）。在第一次世界大戰之前，面積為歐洲第二，僅次於俄羅斯帝國。美泉宮前身在十四世紀名卡特爾堡，為克羅斯特諾伊堡（Klosterneuburg）的修道院牧場，一五四八年成為維也納市長的辦公地。一五六九年，神聖羅馬帝國馬克西米利安二世（Maximilian II, 1527-1576，在位1564-1576）買下此地，成為哈布斯王朝的所在地，為歐洲史上統治時間最長的家族。

一六八三年，鄂圖曼土耳其人（Ottoman Turks）第二次圍攻維也納（第一次在1529年），美泉宮在戰爭中被燒燬。一六八六年，利奧波德一世（Leopold I, 1640-1705）下令 Johann Bernhard Fischer von Erlach（1656-1723），為其子約瑟夫一世（Josef I, 1678-1711）修建皇宮。

檢視宮廷文化，尤其是後宮，常隱藏千古之謎，陰謀論無所不在，古今中外皆然。以亞、歐兩洲為例，皇宮和教堂寺廟，為文化遺產中兩顆最閃耀的亮點，無不富麗堂皇，美豔驚人，但均來自民脂民膏，鳩工庀材，等於勞民傷財，除去感傷還是感傷，人性的底層堪稱亙古不變。

升斗小民多羨慕眾星拱月的豪華生活，殊不知居高位者無時無刻皆須提防被人暗算，食衣住行毫無個人的自由。豪門深似海，凡不習慣深宮的繁文縟節，必罹患憂鬱症，當代部分著名的王妃多出現此一現象。

世界最大的凱旋門

圖片：https://lillian.tw/schloss-schonbrunn/。

國母瑪莉亞・特蕾西亞

　　瑪莉亞・特蕾西亞是哈布斯堡王朝唯一的女性統治者，被尊為「國母」，生育十六名子女，只有十人成年，其中一位女兒瑪莉・安托瓦涅特（Marie Antoinette, 1755-1793），嫁給法國國王路易十六（Louis XVI, 1759-1793，在位1774-1792），不幸遭遇法國大革命，更不幸送上斷頭台（guillotine），曾言：「寧要中庸的和平，不要輝煌的戰爭。」

　　哈布斯堡王朝與巴伐利亞王國，長期爭奪神聖羅馬帝國的大位，法國則為巴伐利亞王國的後盾，後試圖以聯姻（即政治婚姻）手段，解決長期結下的恩怨情仇。巴伐利亞有一顯赫的家族，育有兩位美貌的女兒，哈布斯堡家族的法朗茲・約瑟夫（Franz Josef I, 1830-1916，奧地利皇帝：1848-1916，匈牙利國王：1867-1916）與彼等有親戚關係，選擇在奧地利的因斯布魯克（Innsbruck）相親，本欲以大表妹海倫（Helene）與其匹配，但約瑟夫卻對小表妹伊麗莎白（Elisabeth Amalie Eugenie, 1837-1898）一見鍾情。

伊麗莎白的美麗與哀愁

　　伊麗莎白被暱稱為 Sisy，應譯為「西西」，但國人因其是女性，寫成「茜茜」，發音並不符合原文。茜茜公主在一八五四年四月二十四日搭乘郵輪，經多瑙河至霍夫堡成婚，被稱為世界上最美的皇后。身高一百七十二公分，體重四十八公斤，腰圍二十吋（50公分），每日花費三、四個小時，整理長及膝蓋重二點五公斤的棕色長髮和服裝，洗冷水浴，喜散步和騎馬，以保持高挑的身材。喜讀古希臘荷馬（Homer, c. 10th cen. B.C.E.）二大史詩：《伊里亞德》（*Iliad*）和《奧德賽》（*Odyssey*），又會寫詩，成為當時的文化偶像。

風華絕代的伊麗莎白皇后

茲選錄茜茜的詩作一篇，以饗讀者：「我是太陽之子，她的金光伴我坐上寶座，她的燦爛編製我的皇冠，我宿居在她的光輝中，當她失去，即是我的死期將至。」

一八六七年，在布達佩斯加冕為匈牙利女王，被稱為「奧匈帝國的伊麗莎白」（Elisabeth von Österreich-Ungarn），同情匈牙利人，匈牙利人尊她如聖人。一八八九年，兒子魯道夫（Rudolf, 1858-1889）自殺，自此以後，只穿黑色的衣服。一八九八年九月十日，在日內瓦湖邊散步時，被義大利無政府主義者 Louis Lucheni 用磨尖的銼刀刺殺，遺言「出了什麼事？」身後葬在維也納卡普齊納教堂（Kapuziner-Kirche）的皇家墓室（Kaisergruft），至今以其肖像製作的各種紀念品琳瑯滿目。如同在薩爾斯堡（Salzburg），巧克力使用莫差爾特肖像做商標，堪稱永垂不朽。

霍夫堡有茜茜博物館，匈牙利首都布達佩斯（Budapest）有一座伊麗莎白大橋，亦稱為茜茜公主大橋。原建於一九〇三年，單跨度二百九十公尺，是當時世界上跨度最大的橋樑。在二戰結束之前，被敗退的德軍炸毀，一九六四年在原地重建，為白色的鋼纜懸索橋，將山地布達和平原佩斯連在一起，宛如一名少女橫躺在多瑙河上。

法朗茲・約瑟夫在位長達六十八年，為奧匈帝國的象徵人物。每日清晨四點起床，五點開始工作，洗冷水浴，喜著軍裝，睡行軍床，勤政愛民如清世宗雍正皇帝，生活簡樸，每日工作十二個小時以上，並無「帝后一席飯，農民十年糧」的情事。但遭遇一連串的打擊，他

圖片：https://hips.hearstapps.com/hbztw.h-cdn.co/assets/16/30/1600x1092/gallery-1469611
718-sissi.jpg?resize=980:*。

與茜茜的甜蜜時光僅有一年，一見鍾情式的愛情，因無厚實的感情基礎，不易持久。

茜茜與皇太后蘇菲（Sophie）發生婆媳問題，又無法適應單調繁瑣的宮廷生活，常出外旅遊，使兩人聚少離多。長女蘇菲（Sophie）兩歲早殤，兒子魯道夫與十七歲情人在梅耶林（Mayerling）行宮自殺，弟弟馬克西米利安（Maximilian I of Mexico, 1832-1867，在位1864-1867），任墨西哥皇帝，被革命黨槍決，愛妻茜茜被暗殺，姪子斐迪南（Francis Ferdinand, 1863-1914）在塞拉耶佛（Sarajevo）遇刺（1914年6月28日），成為第一次世界大戰的導火線。為「晚景淒涼」的典型寫照，比大清帝國的末代皇帝愛新覺羅・溥儀還要慘。

見證維也納會議

拿破崙（Napoléon I, Napoléon Bonaparte, 1769-1821，在位1804-1815）在一八〇五年和一八〇九年兩次住在角落的房間。一八一四年九月至一八一五年六月，在此召開著名的維也納會議（Congress of Vienna），以重整拿破崙破壞的歐洲秩序，首相梅特涅（Klemens Wenzel Nepomuk Lothar von Metternich, 1773-1859）呼風喚雨，為奧地利史上最風光的時刻。一九一八年，末代皇帝卡爾一世（Karl I or Charles I of Austria, 1887-1922，在位1916-1918）在此簽約退位，多瑙河王朝（Danube Monarchy）壽終正寢。

第二次世界大戰末期，盟國空軍轟炸美泉宮和凱旋門，曾當做英軍的司令部（1945-1947），一九五二年徹底修復。二〇〇四年起，在此舉辦歐洲音樂會。二戰期間，維也納曾被轟炸五十二次。

在藝術家眼中，喜將自然景觀擬人化，如視萊茵河（Rhine, Rhein）如少女，多瑙河（Danube, Donau）如貴婦，塞納河（Seine）如蕩婦，泰晤士河（Thames）如老處女。

　　草民到處蒐集靈異現象的個案，以豐富內在的精神生活，因人生乏味，要有超自然的故事點綴，麗泉宮竟然無鬼故事，使人悵然若失。宮內禁止攝影，遊客可租馬車遊覽。每次參觀皇宮以後，竟有一顆熱心被偷竊的感覺，猶如進入時光隧道，是耶？非耶？化做蝴蝶。

1　伊麗莎白皇后
2　麗泉宮藍廳，又名藍色中國沙龍
　　（青花瓷大廳），因中國藍白色
　　瓷器而得名
3　麗泉宮宴會廳

圖1：https://pic.pimg.tw/jonashuang/1568949393-730349861_n.png。
圖2：https://pic.pimg.tw/wuyufang621024/1378889209-1818284281.jpg。
圖3：https://1.bp.blogspot.com/-algqg89ffa8/WS5eopD68SI/AAAAAAAAyCU/FNZCQulkPYk9Ng6asvREVpT_mzioqZLZgCEw/s1600/790146146_m.jpg。

英國巨石陣、埃夫伯里和相關遺址

　　古埃及文化被稱為「追求永恆」（in pursuit of eternity）的文化，但何謂永恆？穿越時空的思想和實體的文物，何者較具永恆性？

　　依據文明演化的軌跡，石器時代源遠流長，之前應有木器時代，因木材容易腐朽，出土的遺跡甚為有限，其後出現銅器時代和鐵器時代。唯有石製的文物能經得起時間的侵蝕，如古埃及人與古馬雅人均使用黑曜石製作刀子，至今仍鋒利無比。歷史進化論和歷史退化論兩條軸心並存。

　　英國 BBC 曾製作一部〈一萬年以後的世界〉影片，預測屆時恐怕只有中國的長城和埃及的金字塔仍屹立不搖，其他所有文化的遺跡皆已灰飛煙滅，人類不一定尚存，但似乎遺忘英國最著名的巨名陣。

　　年代最古老、分佈較集中的巨石文化，最早出現在歐洲西部，分單塊岩石及多塊岩石兩大類，並非墳墓。石頭有聚集能量的作用，如石敢當、風獅爺、韓國濟州島與智利復活節島的石像，自古以來皆成為被崇拜的偶像。英國的巨石陣與法國的卡納巨石林（Alignements de Carnac），並列為歐洲最著名的巨石文化遺跡。

　　英國有一千多處巨石群遺跡，以巨石陣最有名，而全歐洲最大者亦在英國，即埃夫伯里石圈（Averbury Stone Circles），約在公元前二六〇〇年建立，直徑有四百二十公尺，最重的巨石達四十公噸，不過在中世紀時遭到破壞。

　　此類文化遺產，生前不去會後悔，去了會更後悔。猶如疇昔陸客所言：「不到臺灣終生遺憾，到了臺灣遺憾終生。」行為奇特的臺胞

神風特攻隊（kamikaze，指到國外瘋狂 shopping），遠征到埃及，竟抱怨「攏係玖桃拉！午細咪吼垮？」（都是石頭啦！有什麼好看？）對此一影響全人類宗教信仰的厚實古文明毫無興趣。

巨石陣位於英格蘭西南方，距離倫敦一百二十公里的威爾特郡（Wiltshire），索爾茲伯里平原（Salisbury Plain），乃白堊（chalk）土沙丘，北方十三公里（8哩）處的埃姆斯伯里（Amesbury）──是英國歷史最久，一直有人居住的居民點，可追溯至公元前八八二〇年。昔日免費參觀，現在需要購票，距離巨石陣五公里處有售票大廳，成人二十六鎊，老人二十三鎊，兒童十六鎊。[1]

一九八六年，登錄為世界文化遺產，正式名稱是「巨石陣、埃夫伯里和相關遺址」（Stonehenge, Avebury and Associated sites）。"henge" 的原意不明，有「圍欄」之意，在撒克遜語（Saxon）中，"Stonehenge" 乃「懸浮的石頭」之意。其他的名稱有：索爾茲伯里石環、斯通亨治石欄、斯托肯立石圓圈、圓形石林、史前巨桌、環狀列石、太陽神廟。清代魏源的《海國圖志》（1843）中，有提到巨石陣。

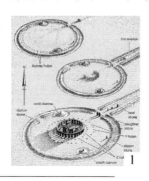

巨石陣復原示意圖

圖1：https://cdn.britannica.com/56/4456-004-0F971DDF.jpg；圖2：https://www.flickr.com/photos/psulibscollections/6187605648；圖3：https://upload.wikimedia.org/wikipedia/commons/thumb/8/8e/What_the_world_believes%2C_the_false_and_the_true%2C_embracing_the_people_of_all_races_and_nations%2C_their_peculiar_teachings%2C_rites%2C_ceremonies%2C_from_the_earliest_pagan_times_to_the_present%2C_to_which_is_%2814762846281%29.jpg/1200px-thumbnail.jpg?20150810175000。

古羅馬人在公元前五十五年至公元四一○年統治不列顛，公元四十三年，禁止宗教活動。一一三○年，神職人員發現巨石陣。重建上古史乃一浩大的工程，中國大陸的史學界，將夏商周「三代」的斷代問題，當作艱鉅的工程來處理，其中，有週期性的天文現象成為重要的線索。

研究巨石陣一直很夯。一○六六年，征服者威廉（William the Conqueror, William I, 1027?-1087，在位1066-1087），又名諾曼征服（Norman Conquest），來到不列顛後，才有作品提到巨石陣，居住在不列顛的各類人種均有興趣。十七世紀，在國王詹姆士一世（James I, 1566-1625，在位1603-1625）命令下，建築師 Inigo Jones 投入研究。

一六二○年，有牛骨出土，並發現燒煤的痕跡。二○○八年，挖掘五十八處墓地，有九具和十四具女性骸骨，可能是地位較高者，經鑑定，乃公元前一九五八年的骨骸。

在英國的巨石遺址中，其中有四十至五十處圍成圓形巨石陣，巨石陣是其中最壯麗的一處。因歲月的滄桑和人類的活動，其原貌已不復得。考古學者研究 DNA 發現，建造者可能來自歐洲東部及地中海以東地區，至伊比利半島，再往北走，越洋至不列顛。遠古時代，人類遷徙的路線和活動的範圍，常出乎後人的想像。

建造巨石陣的動機、目的和功用，因無文字記載，乃一片空白，可能和古埃及的金字塔一樣，永遠是個不解之謎。巨石陣早於金字塔約七百年，兩者均具多功能用途，可作墓地、神廟、療傷、康復中心、部落集會場所、朝聖地，又云可發出超聲波，有複雜的網路結構。

一九二二年，英國政府展開修復工作，將散落的石塊回歸原處。比較歐洲其他地區的石陣，英國的巨石陣非常獨特，因長期在使用，今日已成為英國最吸引遊客的景點之一，一年有一百多萬人來此。

昔日普遍認為是歐洲先住民塞爾特人（凱爾特人，Celt）的德魯

伊（Druid）教團的神廟，但直到公元前二五○年，德魯伊尚未出現在不列顛。現代的德魯伊，跟古代無關，係來自浪漫主義運動，為合法的宗教信仰團體，主張與大自然和平共處，可跟中國先秦的道家學說東西輝映。德魯伊視橡木為神聖之物，被他族當作崇拜橡木的人，雖然德魯伊在巨石陣舉行祭祀活動，但在古代完全與巨石陣無關。

數個世紀以來，沉重而繁複的巨石，潛藏於神話之中。原來的結構，比今日所見更複雜，跟歐洲大陸類似的建築比較，格局較獨特。而其精確度，是西北歐的巨石結構物所無法比擬，乃新石器時代末期，保存最佳的古蹟。石頭表面粗糙，是草草切割所致，或是歲月風化的痕跡，實無法確定，有些巨石倒塌，或被拿去修建橋樑和壩，但地基尚存，學者戮力還原本來的面目。

平均一塊巨石高十八呎，寬七呎，厚三呎，地下深四呎，最高者達二十四呎，如「ㄇ」或「門」形的結構物。巨石＝柱子，橫石＝楣（過樑、橫樑，lintel），使用榫眼（mortise）、雄榫（tenon），頂部有突出的球狀物（knob），契合在橫樑上，避免滑落。柱子出現圓柱收分曲線（entasis），即柱子中間部的隆起處，會產生光學幻覺，視表面成為稍微凸面，袪除凹陷的錯覺。

原始功能多所揣測，只是作為紀念碑、墳場，或其他用途。移動一個重達五十公頓的巨石，需五百至六百人，必須要有卓越的領導者，以及動員龐大的人力，如古埃及人進行浩大的公共工程建設，分工嚴密而細膩。不列顛人（Briton）可能沿著海岸和河川運送巨石，使用槓桿、繩索、有滾輪的雪橇。至於橫樑，多運用斜坡架設，古羅馬軍團，亦使用斜坡攻城掠地。鐵打的衙門，流水的官，文化的傳承不會因改朝換代，而被徹底鏟除。

古文物研究者 John Aubrey、Sir Richard Colt Hoare、William M. Flinders Petrie 投入，由 Petrie 分派任務。一九一九年至一九二六年，

William Hawley 加入。一九五〇年至一九五四年，Richard J. C. Atkinson、Stuart Piggott、John F. S. Stone 繼之。C.A. Newman、Alexander Thom、Geralds Hawkins 認為巨石陣的設計在觀測重要的天文現象。

Atkinson 認為關於巨石陣的種種詮釋，多屬揣測和胡說，因無人能掌握其意義的線索，提出是在公元前二千年至一千六百年修築，共有四圈同心圓。考古研究提供非常可靠的證據，確定不同階段的修築工程及年代，以及屬於何種文化，石頭的位置，經過幾何學上精確的計算，通常牽涉天文問題。

一九五三年，在墳墓中發現青銅製斧頭和有柄短劍，在公元前一千六百至一千五百年，邁錫尼（Mycenaean）文明亦使用類似的器物，推論古不列顛文明，可能受地中海東部的古希臘文明影響。引人注目者，不列顛並未出現迷宮（labyrinth）——以克里特島（Crete）的米諾安（Minoan）文明為代表，也未發展出類似古中國神秘的八卦陣。

巨石陣共有四圈，乃同心圓排列，巨石原有六十個，現存五十二個，平均重二十至二五公噸。一九五〇年代，英國考古學家 Atkinson 開始挖掘，認為是分三個階段施工，前後長達五百年（公元前1900年至1400年），自新石器時代（Neolithic Age）晚期至青銅器時代（Broze Age）早期。巨石有倒塌，溝渠有淤泥堆積，所有測量的數據落差甚大。重建已進入時間深處的歷史殊非易事，而文物的出土和文獻的公開，常會改寫既定的史實。

第一階段：公元前一千九百年至一千七百年，是新石器文化的第二期。乃早期狩獵、採集與農業經濟的混合，農民和牧民來到不列顛，後跟來自歐洲大陸的入侵者結合，成為巨石陣的修建者。原使用木材，後改用石材。直徑三百二十呎（97公尺）。

修建環形溝渠，使用藍砂岩（bluestone），排列成兩個圓環，乃

巨石陣的雛型。將白堊碎岩石填入五十六個洞穴裡，內有焚燒過的人骨，經放射碳分析，年代為公元前一八四八年至一六七五年。

第二階段：公元前一千七百年至一千五百年，許多建材已不存在，屬於 Beaker 文化，為新石器時代晚期，從歐陸來此的殖民者，發現陶器碎片，其名稱來自陶器，崇拜太陽。從 Q、R 洞推斷，雙圓的直徑一為八十六呎（26.2公尺），另一為七十四呎（22.5公尺），各有三十八個藍砂岩。許多石材已被移走，做其他建築之用。

兩個平行溝渠，從主要的入口向外挖掘組成 "Avenue"，朝向東北，在地平線上可觀測夏至和仲夏的日出。未見雙圓西邊的洞穴，證明本期工程尚未完成。

巨石陣成形，修建通往中央的道路——"Avenue"，寬七十五呎，針對夏至日出的方向，溝渠的入口寬敞，朝向埃文（Avon）河。公元前一千一百年，將 Avenue 延伸至一點二五哩（2公里）外的埃文河。

第三階段，公元前一千五百年至一千四百年，是最後和最壯觀的工程。屬於早期青銅器韋撒克斯（Wessex）文化，修建者是除地中海之外，最進步的歐洲文化代表，巨石陣的主體部分在此期完成。在中央豎起三十塊薩森石（sarsen），稱為 "sarsen circle"，直徑一百呎（30公尺），頂端有三十個橫樑。藍砂石被移走，洞穴被填滿。入口大道寬三十五呎（11公尺），Y 洞有三十個，直徑三十五呎，Z 洞有二十九個，直徑十呎。

Atkinson 的理論：樹立薩森石之後，藍砂石有橫樑繼之，豎立在中央，兩個同心圓，Y、Z 洞之間隔中。五十六個 Aubrey 洞，是一套石頭記號，每年移動一個，記錄月蝕的周期。

考古學家同意，巨石陣的宗教作用大於天文觀測，很難證明修築者對天文有興趣和認知，但此說不易成立。地球上許多古老的民族，在天文觀測上，有相當深度和正確的認知，僅靠肉眼及簡單的工具，

卻能精確測度四季的變化及時間的切割，每日的作息必須要依附自然界的規律，否則會無所適從。

究竟是上一次文明或地外文明的指導或移植，帶給自視甚高的後人無限的想像空間。今日所見，不過是個廢墟，還好並非是垃圾場。巨石陣周圍十三哩（21公里）內，並無自然的建物，長期的風化和掠奪，已使巨石陣面目全非。

最外圈有圓形圍堤，直徑三百呎（91公尺），有五呎深的壕溝，內外兩側有低矮的土堤。大量使用砂岩（sandstone），又名薩森石。有四十四個巨石，十八個仍豎立，其中有三十五個橫樑，少數跨度十點五呎（3.2公尺），重七噸，三十五個有橫樑。其中三十個巨石高十八呎（5.5公尺），厚七呎（2.1公尺），平均重二十五公噸。

朝內圈使用藍砂岩，又名豎石（menhir），主要是有斑點的輝綠岩（dolerite），有四個樣本，是由流紋岩（跟花崗岩構造相同的火成岩）和火山灰組成。一九二三年，地質學家 H. H. Thomas 發現，藍砂岩係來自一百三十五哩（317公里）以外，威爾斯（Wales）西南方普瑞斯里（Prescelly, Preseli）山脈的北側。兩個直立狀的薩森石，頂部有過樑，另有三個仍然矗立。

再往內圈，有兩組馬蹄形巨石排，是由五個門狀列石（巨石碑坊，三石坊，trilithon）組成，高三十呎（9公尺），重二十七至三十六公噸，朝向東北方，圓圈直徑九十七呎（30公尺），潮濕時會呈現藍色，故名藍砂岩。中央有兩重環狀列石和兩重馬蹄石列石群。石材來自巨石陣北方二十哩（32公里），馬堡丘陵（Marlborough Downs）的西林（West Woods）。

最內圈呈現橢圓（卵）形，有著名的祭壇（Altar）石，長五公尺，是巨石陣裡最大的一塊岩石，原來的位置及功用不詳。石材來自 Pembrokeshire 的 Milford Haven，使用閃閃發光的紅砂岩。

在入口三十公尺處，有踵石（Heelstone），又名高跟石（如高跟鞋底部），傾斜二十七度角，高十六呎（4.9公尺），入口兩側有巨大的石牆。接近入口處，有兩塊巨石，東邊是屠石（Slaughter Stone），高十六呎（5公尺），矗立在中心東側，原來可能是直立狀，並非日曆，而是舉行宗教儀式的場所。

最外圍有五十六個坑，稱為 Aubrey 坑，是紀念十七世紀，最早調查此一遺址的 John Aubrey，三分之二埋葬火焚的人骨。有四個小型的巨石，由溝渠圍繞的土堤，通過土堤入口的側面，有兩個石柱，有一個尚存。入口之外是踵石，最外圍只剩下少數石頭及木柱，可能是石器時代作宗教集會使用。

眾所周知，從巨石陣中心，或軸心上的任何點，太陽在夏至清晨，會在踵石上空直接昇起，又顯示在冬至黃昏是同一個位置，太陽在中間最大的門形柱石拱門下層。最令人吃驚的發現是關於月蝕的現象，寒（仲）冬、滿月、蝕，在週期中經過三次踵石，分別為十九、十九、十八，總計為五十六，故安排五十六個坑洞。歷時十九年的太陰曆，入口處有四十多個柱孔，排成六行，代表六次週期，符合月亮在週期中到達最北方的位置。從每年六月二十一日前後的夏至，若站在中央，太陽將在踵石的後方昇起。

今日對巨石陣的解釋，來自第一次世界大戰結束的翌年（1919年），尤其是一九五〇年之後，甚為火紅。數千年以來，多被視為毫無價值的廢墟。後因觀光業成為高度發達的金雞母，使名人故居、墳場和戰場成為旅遊的亮點，可謂靠死人發財，開始挹注人力與財力，予以細心維護。如一七九七年一月，祭壇倒塌，另外兩個有橫樑者亦傾倒。一九五八年，重新豎立，恢復古羅馬時期的樣貌。

建物的上限可追溯至公元前三千一百年，早於古埃及的金字塔。而年代的鑑定並無「一言堂」，二〇〇八年，確定是在公元前二千六

百年至公元前二千年修築，至少是在公元前二千五百年開始豎立巨石。最引人好奇者，在建築的動機焉在？學者保守的估算，需耗費三千萬小時的工時，用鹿角製成的工具挖掘溝渠。

作為先史時代巨石（megalith）文明代表的巨石陣，因巨石會變顏色，曾被命名為藍石陣（Blue Stonehenge）。周長一千三百公尺，若篤信凡列入聖地（聖山、聖河、聖湖、宗教建築物）之處，可能有強烈的磁場能量，繞著巨石陣健行，是否會因吸收日月精華，而產生奇特的超常（supernormal）經驗？

英國史上的傳奇人物——亞瑟王（King Arthur, 6thcen.）的王宮 Camelot 就在附近，代表一個令人心儀的有魅力的場所或時代。美國甘迺迪總統任內的白宮，因常舉辦藝文活動，亦被稱為 Camelot。民間傳說魔法師梅林（Merlin）運用法術，從愛爾蘭搬來巨石。聞名世界的麥田（怪）圈（穀物圈，crop circle），也在周圍出現。

巨石陣曾被誤認是古羅馬人為希臘神話中天后希拉（Hera）（羅馬神話中的 Juno）所建的神廟。或者是九至十一世紀入侵不列顛的丹（麥）人（Dane）祭典之地。另外提到巨人（giant）、惡魔（devil），甚至是外星人（alien）的傑作，不知未來還會出現何種匪夷所思的說法？

慶幸的是，巨石陣純屬學術問題，絲毫不牽涉政治問題，否則會「剪不斷，理還亂」，由於跨越的領域甚多，或可獨立成巨石陣學，擴大對全球的巨石文明做深層的比較研究，可跟值得做終身研究的金字塔學（pyramidology）媲美。

更離譜者，在全然否定巨石陣是遠古的建物，乃一九五四年所偽造，因彼時曾動用現代化的重型機械，吊掛修復，以為是用鋼筋水泥所灌注而成。但自一八三九年發明照相機以後，即已留下許多巨石陣的儷影。又言著名的莎士比亞、培根、休謨、洛克的作品中，均未提到巨石陣。同理類推，《聖經》並未提到木乃伊、金字塔、方尖碑，

雖然猶太人曾在埃及生活過，截至目前為止，並無任何史料，證明耶穌曾去過埃及，雖然曾神秘失蹤十八年（12歲至30歲）。

歐洲先住民塞爾特人的德魯伊教團，在巨石陣舉行祭祀活動

　　面對已成為英國的地標，高齡數千年的古蹟，個人實在無比渺小，人打拼一輩子，所能留下的痕跡畢竟有限，千百年之後，還有誰知道閣下是何方神聖？忽然突發奇想，咱們可藉通靈能力強者，從遼闊的靈界裡，尋找遠古的幽靈，詢問巨石陣的來龍去脈，才能使真相大白。（以上純屬科幻情節）

巨石陣

上圖：https://www.bring-you.info/wp-content/uploads/2017/10/Stonehenge-6.jpg。
下圖：https://img3.secretchina.com/pic/2021/7-2/p2964101a548350321-ss.jpg。

埃及金字塔、孟斐斯及其墓地遺蹟

上篇

> 「萬物終消失，金字塔永存。」
>
> ——阿拉伯諺語

古埃及文明為「追求永恆」（in pursuit of eternity），而無法複製的文明。世界上有四大古文明（西亞、埃及、印度、中華或華夏）或四大古文明區（東地中海：西亞、埃及、希臘；南亞：印度；東亞：中華；中南美：奧爾梅克、馬雅、阿茲特克、托爾特克和印加）。古埃及雖非地球上最古老的文明，但神秘指數乃世界第一，可與巨石陣（Stonehenge）、復活節島（Easter Island），五十一區（Area 51）、百慕達三角（Bermuda Triangle）齊名，對普羅大眾有致命的吸引力。

提到古埃及，很容易聯想到尼羅河（Nile）、金字塔（pyramid）、木乃伊（mummy）、方尖碑（obelisk）、象形文字（聖體字，hierogly-phic）和莎草紙（papyrus）等文物古蹟。埃及（古物）學（Egypto-logy）可作終身研究，與聖經考古學、經典考古學、近東考古學和基督教神學有關，研究範疇從公元前三千餘年至公元四世紀（羅馬帝國結束統治，畫歸東羅馬帝國管轄）；再分出金字塔學

和埃及孩童合影

（pyramidology）、象形文字學（hieroglyphic studies）和莎草紙學（papyrology），其中的金字塔學（涵蓋全世界），亦可作終身研究。

在電視上的談話性節目中，名嘴們常將上古時代巨石（megalith）建築的前世今生，凡是無法解釋者，都推給是外星人（extraterrestrial being）的傑作，似乎古代沒有高科技，有藐視古人的嫌疑。從相對主義（relativism）的視角而言，每個時代各有其特色，不論「是今非古」或「是古非今」，皆非理性的態度。

文明的發展有進化、退化、停滯和絕滅，四種軌跡。在某些領域，不僅進步遲緩，甚至有退化的現象，即青出於藍，卻不一定勝於藍。李奧納多‧達文西（Leonardo da Vinci, 1452-1519）、史威頓堡（Emanuel Swedenborg, 1688-1772）、特斯拉（Nikola Tesla, 1856-1943），這些百科全書式的天才，已成千古絕響，也不會有第二位貝多芬（Ludwig van Beethoven, 1770-1827）和愛因斯坦（Albert Einstein, 1879-1955）出現。

神秘尼羅河和金字塔

研究金字塔學的困境在史料及建築藍圖難尋，今日所知不過是考古學者和歷史學者，依據有限的文物與文獻所重建者，對於已進入時間深處的一切，自然有落差，困擾後人數千年。古埃及文明以超越對死亡的恐懼為核心思想，在原始信仰（非高等宗教）的領域，扮演宗教基本教義的母胎，尤其對猶太教等基督宗教的影響最大。因為深信靈魂不滅，來世復活，需使用自己的載體，故研發木乃伊的處理過程，以及金字塔、帝王谷、神廟、方尖碑等一系列相關的「產業」。時下的埃及靠「死人」發財。世界各國發展觀光業，莫不如此，花錢參觀故居、墳場、戰場、集中營，是否有感應？

中國的黃河是泥巴河，有「一石水，七斗泥」之稱，而長江也是混濁的泥巴河，只有支流呈現耀眼的藍綠色。尼羅河為世界第一長河（6,670公里），流經東非九個國家，航道有3,000公里，而其流域面積（3,349,000平方公里）占非洲大陸十分之一，分為七大區域。原以為沙漠中的河川，一定汙濁不堪，豈料尼羅河的河水清澈無比，靠近岸邊呈現透明狀，可目睹河底的植物和魚類，而愈靠近中線，則顏色愈

卡納克神廟的公羊大道（羊首獅身），
位於盧克索北方五公里處

深，從深藍色變成黑色，如同海洋，其中的鱸魚（perch），長達一百八十公分，重達一百四十公斤，想必喵星人不知從何處下毒手。

"Nile" 一字在古埃及語為「大河」之意，阿拉伯語為「河谷」，在科普特語（Coptic）為「河流」，何以譯成「尼羅」？不得而知。猶如將 "mummy" 譯成「木乃伊」，有人戲稱，有無「木乃二」、「木乃三」、「貓乃伊」？若以其發音應譯為「媽咪」，此字源自古波斯語 "bitumen" 和阿拉伯語 "mummiya"，均為瀝青、柏油之意，以烏漆墨黑的恐怖形象得名；但米其林輪胎選用造型可愛的木乃伊做為 logo。

秉持某種人死觀（死亡觀，thanatopsis）的民族，將影響彼等的人生觀；即面對生命的態度，取決於對待和處理往生者的方式。許多民族對談論死亡是一大禁忌，尤以在長者的面前為然，但古埃及人似乎為少數的例外。生命從尼羅河誕生，最後結束於金字塔。人一生的

拉美西斯二世頭像石雕

打拼，不過是企求死而無憾的善終，因為「生是偶然，死是必然」；能否留名青史，要視後人的蓋棺論定，而非自我感覺良好。

經過長期的奮鬥，宗教學系、生死學系才能在咱們的大學裡立足。世間不公不義之事，隨處可見，只有死亡才是真正的平等，在正常的人性深處，隱藏強烈的死亡恐懼症（thanatophobia），在醫院知道身心健康的可貴，而在殯儀館才會體驗活著真好。或許研究瀕死者的心理學療法的死亡學（最終醫療，末期患者醫療，thanatology），在走向少子化和高齡化的國家，遲早會成為必要而亮眼的顯學。

金字塔的分佈，遍及全球，從中國的陝西省、泰國、印尼、印度，至希臘、賽普勒斯、義大利、埃及、蘇丹、衣索比亞、西非、墨西哥、南美洲、太平洋部分島嶼，以埃及和中南美洲最為著名。

太陽從東往西運轉，東方象徵生命之始，而西方象徵生命之終。人神共居的尼羅河，從南向北流動，注入地中海，古埃及人因此將南方稱為上埃及（Upper Egypt），北方稱為下埃及（Lower Egypt），跟臺灣北上南下的地理觀正好相反。古埃及人視尼羅河的東岸是活人的世界，西岸是死人的世界。尼羅河河神的地位，僅次於太陽神，並言：「尼羅河上午乾涸，埃及下午死亡」，雖然有些誇張，但八九不離十。金字塔墓葬群全部位在西岸，西岸是亡者的安息之地，「接引西天」、「上西天極樂世界」，不過是地理空間觀念的投射，「靈界」不一定位於西方。

從孟斐斯到開羅，古都今昔

埃及金字塔遺產的正式名稱為
「孟斐斯及其墳場」，涵蓋從吉薩至
達蘇爾的金字塔場地（Memphis and
its Necropolis—the Pyramid Fields
from Giza to Dahshur），若化整為
零，可增加許多單一的遺產數量。
"Pyramid" 源自希臘文 "pyramis"，音
譯為皮拉米，是一種小麥餅，為

Ramses二世皇后Nefertari神廟

「高」的意思。此類建築的外型，類似中文的「金」字和英文
的 A 字，除可譯為金字塔之外，也可譯為 A 字塔。塔為窄而高的建
築，譯成金字塔，不如譯為金字墓，其外型很像草民喜愛的豆沙包，
但是三面體，而非四面體。

孟斐斯意即「迷人的住宅」，位在開羅南方二十三公里處的尼羅河
西岸，是受學界質疑存在性的法老美尼斯（Menes），在公元前三千二
百年統一上下埃及後的首都，其後雖遷都底比斯（Thebes），孟斐斯仍
為重要的政經中心。公元前七世紀，被亞述人（Assyrian）征服；公元
前五二五年，波斯人佔領；公元前三三二年，馬其頓（Macedonia）的
亞歷山大大帝（Alexander the Great, 356-323 B.C.E.）建新都於亞力山
卓（亞力山大港，Alexandria），孟斐斯從此沒落。

開羅（Cairo）是埃及和非洲第一大城，人口超過一千萬，舊名
"al-Qāhira"，即「勝利之都」；為法蒂瑪王朝（Fatimid Dynasty）在九
六九年所建，九七三年建都。因清真寺甚多，有「千塔之城」美譽，
又多歐式建築，號稱為尼羅河畔的巴黎。

市區遼闊，建築物美醜並存（全球的大都會皆有貧民區），最奇
特者，是某些建築鋼筋林立，未竣工的大樓，亦有人居住。耳聞其房

屋稅跟已完工者相差甚大，故留下一手，裸露的建材成為罕見的天際線，原以為見到考古隊正在挖掘鬼魅出沒的廢墟，堪稱「上有政策，下有對策」的實例。與咱們家家戶戶安裝的鐵欄杆及鐵門窗，好像是監獄的民宅，加上商店凌亂的招牌和騎樓高低不平的地面，互相輝映，當可提名競選 kuso 版的當代世界七大奇觀，很可能會入選，成為觀光的景點（非亮點）。

尼德蘭阿姆斯特丹的民宅，窗戶的寬度大於門的寬度，因古早的課稅是依據門的寬度而定，睿智的死老百姓，將家具從窗戶外面掛吊運送，故有此千古奇觀，亦成為觀光的熱區。

開羅的卡拉法區有一座「死者之城」，分布一百多萬座墳墓，也有活人住在裡面，因伊斯蘭教禁止火葬，只准土葬，活人與死人為鄰，怕吵的人可在此長住，不知本島的國際靈學風水大師們將如何解釋？

穆斯林重視清潔，在十字軍東侵之前，歐洲流行「千年不洗澡」的諺語，為掩飾身上的異味，故香水事業發達，需求量極大，因「市場決定一切」。但埃及隨處可見的髒亂，令人大惑不解。室內像金碧輝煌的皇宮，室外則垃圾成堆，「個人自掃門前雪，莫管他人瓦上霜」的心態，無所不在。

在草民所到過擁有沙漠的國家（中國大陸除外），均有垃圾遍地的景觀，尤其是在公路和鐵路的兩側，寶特瓶「峰峰相連到天邊」，堪稱沙漠一大奇景，若經熔解之後製成棺材，應可使大體變成金剛不壞之身。

迦太基基督教神學家特塔里安（Tertullian, 160?-230?）曾言：「世界無奇不有。」（quia impossibile est）尼羅河畔的蘆葦比草民還高（超過182公分），其莖的橫切面竟然是等邊三角形，跟金字塔一模一樣，令人嘖嘖稱奇。不論草本或木本植物，莖的橫切面通常都是圓形或橢圓形。蘆葦的莖是實心，硬度甚高，無法用手折斷，需使用刀子切割，莖內的纖維可切片，製造莎草紙，數千年不腐。

旅遊花絮

　　古蹟的壯觀，乃世界第一，但現代的埃及好像很難成為先進大國，實愧對歷代的列祖列宗（希臘亦如此）。

　　國際機場是國家的門面，在開羅機場通關的所見所聞，令人大開眼界。海關人員抽菸，態度懶散，查驗證照。出境時，在登機門門口再檢查護照（怕有人偷渡），發現草民的護照少蓋一個章，要從頭來過。草民提著大包小包，狂奔數百公尺，為補蓋一章精疲力盡，此事從未遇過，也算一個意外接著一個意外。

亞歷山大港被譽為「地中海的乳娘」雕塑，耗資二點二五億美元

　　警察向草民詢問收入，並伸出手來，不是要錢，而是索取原子筆，以多種顏色，喀喀會響者最搶手。據悉，埃及的文具品質低劣，最好向老外要。原子筆是埃及人最喜愛的小禮物，各行各業的人，都愛不釋手，購物時甚至可折抵現金。孩童會拿著老外的原子筆，向朋友炫耀，甚至和老外合拍照片，好像高人一等。遊客不妨多帶一些原子筆，進行國民外交（原子筆是匈牙利人的發明）。

　　參觀古蹟時，旁邊的埃及老百姓，不請自來，用英文解說一下，就伸手要小費，讓遊客印象惡劣。飯店外懸掛的各國國旗，有南北顛倒者，如：德國的國旗，從上往下是黑紅黃三種顏色橫向排列，中共的五星紅旗，五星是位於左上角，結果均相反，有夠離譜。在飯店寄出一堆風景明信片，結果均石沉大海，此事曾有耳聞，豈料竟是事

實。不知是飯店、郵局，還是海關下手攔截？

　　搭乘觀光馬車時，詢問價錢，馬夫說 "one dollar"，一群人上了車，到下車時，被攔住，改口說 "one dollar one person"，存心坑人，只好忍痛付錢消災。小販手拿石雕的小金字塔模型，獅子大開口一百美元，一路尾隨，後來自己砍到一美元，但草民還是拒絕。逛紀念品店，只要指到或碰觸任何物品，店員就會以威脅的表情強迫遊客購買。甘蔗汁的甜度高得嚇人，不敢多喝。椰棗樹（date, date palm）很像檳榔樹，只是個頭較大。牧民諺語曰：「每天吃三顆椰棗，醫生的臉都會綠了。」亦即椰棗跟紐西蘭的奇異果（或稱彌猴桃，kiwi fruit）一樣，是營養價值極高的百果之王。

　　進入金字塔，是遊客終生難忘的經驗。每一座都需購票，大約從三分之一的高度進入，裡面好像是另外一個世界。由於是密閉式的空間，空氣不流通，最好戴上外科醫師所使用的半圓形口罩，以遮住半邊臉，用狗爬式沿著陡峭的木梯上下，對身廣體胖者而言，實為苦差事。內部有照明設備，但光度仍不足，為看清其結構及牆壁上的彩繪和浮雕，甚費眼力。空氣中瀰漫奇特的氣息，竟然有阿摩尼亞的味道，不知是否有遊客尿急而「出野恭」？或是千古黴菌的作祟？回到飯店，全身從頭到腳徹底清洗，內外衣也全部換下，而此種難以形容的味道，在腦海裡盤據數日，揮之不去。

階梯金字塔四周，原築有長五百公尺，寬三百公尺的石灰岩高牆，圖為氣派的入口大門，採用石灰岩及宮殿式連續凹壁，設計雄偉，帝王氣勢磅礡

下篇

> 「我看見了昨天，我知道明天。」
> ── 圖坦卡蒙（Tutankhamun, 1342-1324 B.C.E.）

　　鑽研古埃及文明，嗅到強烈的死亡氣息，猶如聆聽馬勒（Gustav Mahler, 1860-1911）的作品，適合被時光折磨過的中老年人，在「大地之歌」（Das Lied von der Erde, 1908）中，吟詠「生極黑暗，死亦然」的詞句，極具毀滅性的震撼力。從生命的盡頭回首品味人生，或許更能掌握生活的價值。

　　「大山大海，淨化心靈」，在大自然及鬼斧神工的偉大建築之前，更能體驗人類的渺小。中國大陸的中國科學院和中國社會科學院，德高望重，享譽士林，另外再成立中國工程院，如西方的共濟會（Freemasonry, Masonry），對工程師和工匠，謹致崇高的敬意，彼等扮演無名英雄的角色，解決人類住的問題。在世界文化遺產及複合（雙重）遺產之中，建築物占最大宗。

　　閃族（Semites）創造三大宗教──猶太教、基督教與伊斯蘭教，源自《舊約全書》（*Old Testament*），均為亞伯拉罕（Abraham）宗教，但前同後異，水火不容。所幸並未破壞被視為崇拜偶像的古蹟，只是有建築物的天花板，不幸被牧民的埋鍋造飯所燻黑，而此事跟信仰無關，與公元八至九世紀，東羅馬帝國反對偶像崇

門農巨像，矗立在尼羅河西岸和國王谷之間的原野上，為Amenhotep三世的雕像，高二十公尺

Hatshepsut**女王神廟**

拜（Iconolatry）的聖像破壞運動（Icono-clasm）迥異。

　　埃及人對法國人特別有好感，如果不是拿破崙在一七九八年入侵埃及，就不會在翌年意外發現羅塞塔石（Rosetta stone）；法國學者尚坡亮（Jean-François Champollion, 1790-1832），在一八二二年憑著夢中神秘的靈感解譯古埃及的象形文字，使已失傳數千年，埋葬在黃塵滾滾沙漠下的輝煌文化，重見天日，埃及學於焉誕生。

　　古埃及歷史學家曼涅托（Manetho, 280 B.C.E.）用古希臘文著《埃及史》三十卷，將埃及史分為三十個王朝，第三十一王朝為來自馬其頓的托勒密王朝（Ptolemy dynasty, 323-30 B.C.E.）。自第三至第十二王朝，興建金字塔，目前已「出土」一百一十八座，估算約有一百三十七座，其中有名字者八十三座，比較出名者約二十座。在整個古埃及五千年的歷史長河中，並非均在蓋金字塔。因盜墓猖獗，至新王國時期，轉到山谷中鑿岩為墓，但盜墓者膽大包天，神通廣大，仍然是十室九空，不知追求所費不貲的風水寶地有何意義？

　　草民童年是漫畫迷，猶記在看過的漫畫和電影中，常出現工頭鞭打拖運巨石的奴隸的場景，好像成為刻板印象，修建金字塔並非暴政，也未使用奴隸，實則出自猶太教與基督教的醜化。每年六月至九月，尼羅河定期氾濫，農民無所事事，替皇室進行各種公共建設，並有酬勞，亦非解決失業的問題。營造的分工細膩，組織嚴密，才能蓋出令人嘆為觀止的各種建築。

　　假如大規模的工程是暴政，從臺北市的101大樓到紐約市的帝國大廈，是否可視為暴政的象徵？咱們只要提到秦始皇，則本能上跟暴

君為同義字，而長城就是暴君的 logo，實際上，秦始皇不過是將戰國時期燕、趙、秦三國原有的長城連接整修，成為人造的國防線，是地球上最長的建築，亦蛻變為中國的 logo，一如巴黎市的艾菲爾鐵塔和凱旋門，享譽國際。

埃及是尼羅河另一種形式的生命，誰控制航運，誰就控制埃及。百分之九十以上的人口都麇集在尼羅河兩岸，而沙漠占百分之九十六，尼羅河在境內的河段一千三百五十公里（占全長1/5），古埃及人視是上天堂的距離，仍然是地理觀念的投射。

孟斐斯（Mit Rahina, Memphis），意即「迷人住宅」，位在開羅西南方三十公里處，屬於吉薩省，金字塔座落在西邊，曾是最早的首都，古埃及人稱為白城，古希臘人稱為孟斐斯，如今只是一片荒野。從透視歷史縱剖面的法眼觀之，數千年以後的臺北市，可能也是毫無生命痕跡的死寂廢墟，這裡所發生的諸般情事，有誰還能記得？蝸角閭牆之爭，有無永恆性？

英國 BBC 曾製作一部探討未來的影片，預測一萬年以後，人類文明的痕跡，只留下金字塔和萬里長城，其他的建築皆已風化，「春夢了無痕」，好像人類千古以來白忙一場。假如人類的歷史不幸中斷，留名青史有何實質上的意義？

吉薩市（al-Gîzah, el-Gîza, al-Jîzah），位於開羅西南方二十公里處，是吉薩省的省會，居沙漠的高原之上，市內有金字塔街。吉薩省與開羅省逐漸一體化，成為大開羅的一部分。吉薩此一地名，因三大金字塔而聞名於世，又稱作吉薩金字塔群（Pyramids of Giza）。

一、階梯金字塔（Step Pyramid）：位在薩卡拉（Saqqara），距離吉薩南方十五公里，有十五座金字塔，綿延八公里，是埃及最大的墓葬區，有「金字塔之王」之稱。是埃及第一座金字塔，也是世界最古老的石造建築物，但未開放參觀。第三王朝第二位國王左塞爾（Djoser,

**Ramses二世歷時三十年完成的
大型鑿岩阿布辛貝勒神廟**

Zoser）夢見在向天上延伸的天梯上行走，助其昇天，遂命有「古埃及李奧納多‧達‧文西」之稱的印和闐（伊姆霍特普，Imhotep, fl. 27th cen. B.C.E.）營造一系列的建築群，稱為 Zoser's funeral complex：包括金字塔、神廟、祭司住所、儲藏室和一哩長的圍牆。此一金字塔為階梯狀，共有六層，稱為 mastaba，即阿拉伯文「長板凳」之意，神廟位在金字塔北側。往後的神廟都蓋在金字塔東側。

二、彎曲（曲折、折角）金字塔（Bent Pyramid）：位於達蘇爾（Dahshur）南方，距離孟斐斯南方十公里，外型像帳篷，是唯一有兩個入口的金字塔（西側和北側）。第四王朝第一位國王斯內夫魯（Sneferu fl. 26th-25th cen. B.C.E.）（名字意為「完美的人」）任內所建，使用石灰岩，高一百零八公尺，表面平滑，在四十六公尺高處，將仰角從五十四點二七度改為四十三點二二度角，看起來好像要垮掉，其外型在埃及獨一無二。

三、紅色金字塔（Red Pyramid）：在達蘇爾北方，是第一座真正（四角錐形）的金字塔，是全埃及第三大金字塔。斯內夫魯營造彎曲金字塔失敗，再造一座，使用色澤偏紅的砂岩砌成，首創階梯狀的承重天花板。

其他著名的金字塔，還包含：

四、胡夫金字塔（Khufu Pyramid）：古希臘人稱為 Cheops（2584-2561 B.C.E.），是斯內夫魯之子。為埃及第一大金字塔，又名「大金字塔」（Great Pyramid），也稱為吉薩大金字塔，為建築史上的經典之作。胡夫是第四王朝第二位國王，使用二百三十萬個石塊，主要是石

灰岩，房間用紅色大理石，石塊重二
點五公噸至五十公噸，高一百四十六
公尺（現高137公尺），頂端有用白石
灰石所蓋的高十公尺的頂石（小金字
塔）已被盜，拿去建設開羅，底邊長
二百三十公尺，面積五萬二千九百零
六平方公尺。有一座衛星金字塔和三
座王后金字塔，入口處在北邊十七公
尺高處，地下墓室深達三十公尺，地
道長一百公尺。距離南側十八公尺的
石坑，有太陽船出土，長四十三點六

法老的守護神，王權的象徵Horus

公尺，排水量達四十五公噸。古希臘歷史學家希羅多德（Herodotus
of Halicarnassus, 5thcen. B.C.E.）認為需動員十萬名勞工，需耗時二十
年才能完工。希羅多德去過埃及，但距離彼時已有兩千多年，如何得
出此一數據？學者認為有些誇張，可能只需四千人即可，每年只在尼
羅河定期氾濫期間，施工三、四個月，並非整年都在蓋金字塔。

　　五、哈夫拉金字塔（Khafre Pyramid）：古希臘人稱為 Chephren，
為埃及第二大金字塔，也是最高的金字塔，曾經是世界最高的建築
物，一八八九年被巴黎的艾菲爾鐵塔超過。哈夫拉是第四王朝第四位
國王，金字塔高一百四十三公尺（現高136公尺），邊長二百三十公尺
（現長228公尺），四個底邊的誤差僅有數釐米，估計重達六百八十多
萬公噸，有一座衛星金字塔，東邊三百五十公尺處，有鼎鼎大名的人
面獅身像（Sphinx）。

　　六、孟卡烏拉金字塔（Menkaure Pyramid）：古希臘人稱為
Mykerinos 或 Mycerinus，是第四王朝第六位國王，因為英年早逝，使
用磚頭倉促完工，其玄武岩石棺用船運往歐洲，但不幸石沉大海。高

六十六公尺（現高61公尺），底邊長一百零八公尺，用石灰石和花崗岩建造，體積是胡夫金字塔十分之一，底部面積為胡夫金字塔四分之一，南邊有三個衛星金字塔，距離胡夫與哈夫拉金字塔數百公尺，但在風景照片中看起來距離很近。十二世紀末，試圖拆除在北面所留下垂直的裂縫。

埃及古（舊）王國時代又名「金字塔時代」（2686-2181 B.C.E.），包括第三、四、五、六王朝。金字塔名列古代世界七大奇觀（Seven Wonders of the World）之首，也是唯一的倖存者，並非浪得虛名。胡適未曾去過埃及，也寫下「為學當如金字塔，要能廣大要能高」的名句。數千年以來，世人投注極多心血，試圖破解金字塔的來龍去脈，卻猶如玩拼圖遊戲，拼出多少算多少。

今日則更有驚人的理論，宣稱出自外星人（extraterrestrial）、亞特蘭提斯人（Atlantians）之手，或是山區的柏柏爾人（Berbers）用法術建之。而金字塔的功能有：墳墓、天文臺、降落點、能量場、計量器、導航站、發電站、神廟、倉庫、占星儀、日晷、座標、石質電腦；更奇特者，是核廢料儲存地，傳說有地下的城市，必須要用聲波才能打開城門。金字塔並非四面體，而是八面體，曾使用九種塗料，並發現槓桿、滑輪、石錘、銅鑿。無論如何，金字塔已經成為「地球文明偉大的遺囑」。

旅遊花絮

一　埃及博物館

埃及國土像正方形餅乾，縱目觀察人群，會發現彼等的相貌多樣化，因為「外來政權」不斷，互相混血，跟土耳其人一樣，黑髮、金

髮、紅髮（非染色）均有，難以界定何者是典型或標準的埃及人或土耳其人。

　　開羅的埃及博物館（Egyptian Museum），原為防止埃及文物外流而建，一八五七年成立，至今已有一個半世紀的歷史，埃及人稱為法老博物館或考古博物館，中國人則稱為三頭博物館，「三頭」是指石頭、木頭和骨頭。今已在吉薩建新館，且讓古埃及粉絲拭目以待。臺灣的旅行社喜稱埃及考古博物館，實則英文館名並無「考古」一字。如將 British Museum 譯成大英博物館，英文館名並無「大」字，應為不列顛博物館或英國博物館。

　　埃及博物館是遊客必去之地，其地位猶如咱們這裡的故宮博物院，門票需三百埃及鎊（折合新臺幣310元），室內無空調，悶熱異常，如要看法老的木乃伊，需另外購票，而木乃伊展示室才有冷氣。出版品售價昂貴，為研究和教學的需要，只有掏腰包忍痛購買。館藏三十餘萬件文物，圖坦卡蒙墓中出土的文物，堪稱鎮館之寶。

　　中國大陸在改革開放的初期，各地景區的門票，分本國人、港澳臺同胞和外國人三種，票價不同，參觀一個景點之後，手上有好幾張門票，可謂被一層一層的剝削。好像遍地土匪，處處都要留下買路錢。不過，今日已無此種不合理的亂象，許多展示的場所，掛上「愛國教育基地」的招牌，則可免費參觀，造福國內外的訪客，功德無量。

　　以伊斯蘭教立國的國家，對偷和搶的刑罰極重，只有坑人無罪。小販纏人、騙人、開天價，好像面不改色。所謂「無毒不丈夫」，殺價要凶狠，最好從一折起跳。吉薩是拐騙最多的重災區，必須小心。（捷克布拉格的舊城廣場亦然）

　　馬伕口沫橫飛，聽說咱們來自臺灣，就吹牛說有臺灣女友，其實，臺灣在哪裡都弄不清楚。以草民在其他國家遇到的老外而言，常會問 "What is Taiwan?" 而非 "Where is Taiwan?" 至今仍以為 "Taiwan" 就是 "Thailand"，只因咱們沒有國際知名度，奈何！

二　米納飯店

　　二戰期間，著名的開羅會議（Cairo Conference）（代號六分儀會議），是在開羅西邊的米納飯店（Marriott Mena House Hotel）召開，

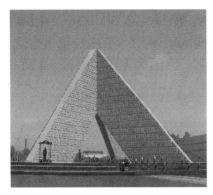

原為埃及總督所興建，紀念統一上下埃及的美尼斯國王，內部的富麗堂皇，自不在話下，入口處有安檢門，令人意外的是，可望見吉薩三大金字塔。草民詢問服務生，關於開羅會議的種種，卻一問三不知，只有年長者才知道有這麼回事，歷史失憶症隨處可見，此即歷史經常重演之因。

金字塔造型的開羅烈士紀念碑

　　米納飯店走廊上懸掛許多新聞照片，其實開羅會議有兩次，第一次是一九四三年十一月二十三日至二十七日，有美國羅斯福、英國邱吉爾、蔣介石和宋美齡參加，本邀請史達林，但史達林不願意見到蔣介石，故只有三巨頭。第二次是一九四三年十二月四日到六日，有羅斯福、邱吉爾、土耳其伊諾努總統參加，國人多不知有第二次開羅會議。

三　穿梭尼羅河有感

　　貝都因人（Bedouins）的孩童，油條無比，若想拍照，必定伸手要錢，指定是美金，草民不願花冤枉錢，想趁機偷拍，但這些小屁孩立馬用白布遮住全身，拍出來都像沙漠裡的阿飄，真是「不經一事，不長一智」。嗚呼哀哉，尚饗！

　　草民是命運坎坷的貓奴，從小是看著貓咪的臉色長大。在古埃及，貓活的最有尊嚴，因「殺貓者死，傷貓及盜抵罪」，視貓為聖獸，若貓往生，全家人要剃掉眉毛，以表示哀悼，持續七十天之久，並有

專用的基地。貓頭人身造型的 Bastet（或 Bast）女神，象徵愛情與豐收，保佑居家安寧與分娩，成為被膜拜的圖騰，公元前一千五百年被視為聖獸，今日則貴為埃及的國獸，曾發現一座公墓有三十萬隻貓木乃伊。伊斯蘭國家見不到狗，視狗為惡魔，但到處都有貓咪出沒。草民在沙漠國家所見到的貓咪都瘦不拉機，很少看到圓滾滾的肥貓，不知是營養不良或被高溫蒸發掉脂肪？

　　在缺乏精密觀測儀器的遠古時代，何以對宇宙的認知，跟今日的數據誤差甚小，古代天文學的精確度令人驚訝。是否有「外力」介入？或遺傳基因被改造過？因文明的發展並非漸進式，而是跳躍式，某些時代天才輩出（如文藝復興時期、啟蒙運動時期），某些時代則昏君、神棍、智障、白癡充斥，黯淡無光。尋求神秘學（occultism）和幽浮學（ufology）的另類詮釋，往往被墨守成規的保守派學者嗤之以鼻，在精神科醫師眼中，所有的靈異現象都是幻覺，為標準的唯物論者，等到自己遇到無法解釋的超常經驗，則會面臨價值崩潰的危機。

　　吾人對生命只有使用權，而無占有權，陽壽已盡，將會被大自然回收。上古時代，人類的平均壽命甚短，而在埃及竟然孕育出如此超高水準的文化，實在不可思議。僅以「世界上最大的露天博物館」盧克索（Luxor, al-'uqṣur）出土的文物而言，即占全球上古時代文物總量的百分之三十三，乃世界第一。

　　在埃及旅遊，來回穿梭於尼羅河東、西兩岸，即在生者的樂園與死者的天堂之間徘徊，好像在陰陽界間奔波，誠所謂「三十年河東，三十年河西，六十年歸西」。在下沒有靈異體質，也無通靈的本領，但身在遍地都是跟死人有關的景點裡，感覺甚為奇

貝都因孩童

特，還好「吾善養吾浩然之正氣」，好家在沒有卡到陰。

在沙漠國家最深刻的體驗是水太珍貴，"No water, no future." 水比石油還貴，昔日牧民為爭奪水源會動武，拜託切勿浪費一滴水。

旅遊紀念品大部分都是 "Made in China"，小部分是 "Made in Taiwan"，閣下在採購之前要看清楚。旅遊業為埃及外匯收入之首，是典型靠死人賺錢的國家。

後記

曾有某一出版社發行的高中歷史科外國史教科書中，在陳述古埃及文化的部分，竟然完全不提木乃伊和金字塔，取材偏頗，史觀亦有問題，執筆者是以中國史（以政治史為主體）的視角，分析外國史（以文化史為主體），是否妥當？自認為是「中國通」的洋人，對居中國文化核心的儒、道、釋思想，一無所知，甚至連中國語文也一知半解，只從宮廷政治切入，似乎中國就是東方專制政體的代表，戴著泛政治化和泛道德化的有色眼鏡，如何掌握中國傳統文化的精髓？蒐集、篩選、比對、引用史料的本身，就已有價值判斷，不可不慎。

關於人面獅身像、巫術（魔法，witchcraft）、詛咒（咒語，curse）、印和闐等的故事，欲知後事如何，且聽下回分解。

吉薩三大金字塔

圖片：https://dynamic-media-cdn.tripadvisor.com/media/photo-o/06/7e/7d/2c/pyramids-of-giza.jpg?w=1600&h=-1&s=1。

秘魯納茲卡線

迦太基基督教神學家特塔里安（Tertullian, 160?-230?）曾言：「世界無奇不有。」（quia impossibile est）

在已進入時間深處的上古時代，人類遺留許多建築及文物，其中部分跟彼時文明的演化程度格格不入，通常是超前，被稱為歐柏茲（Out of Place Artifacts, OOPArts）。

中南美洲對國人而言異常陌生，眼中除了美國，還是只有美國，視好萊塢電影包裝之下的美國乃人間天堂，而且熱點只聚焦在當代，對前哥倫布時期（Pre-Columbian Period）的美洲古文明，幾乎一無所知。

秘魯的納茲卡線，困惑世人兩千年，神秘指數可跟埃及金字塔（Pyramid）、英國巨石陣（Stonehenge）和智利復活節島（Easter Island）媲美。

正式的名稱是「納茲卡和朱馬納草原的線條圖」（Lines and Geoglyphs of Nasca and Palpa），西班牙文"Líneas y Geoglifos de Nasca y Palpa"，簡稱納茲卡線或納茲卡地畫。

納茲卡線集錦

圖片：https://www.tanmizhi.com/img/allimg/05/48-23052412261G13.jpg。

　　位在秘魯西南部魯伊卡省東南方的納茲卡沙漠，延伸八十五公里的高原上，谷地長六十公里，寬一點五公里，在納茲卡鎮與帕爾帕市（Palpa）之間，總面積達五百二十平方公里，在三百五十公尺的高空才能看清楚。

　　十六、十七世紀，西班牙探險家曾言及，秘魯考古學之父──特羅曾留下紀錄。一九三九年，美國紐約長島大學教授柯索克（Paul Kosok, 1896-1959），身為考古學家兼歷史學家，為研究水力系統前往秘魯，發現納茲卡線，一九四八年離開秘魯，稱其為「世界最大的天文學書籍」。

　　在所有研究納茲卡線的學者之中，以德國的賴歇（Maria Reiche, 1903-1998）女士最傑出，曾就讀著名的德勒斯登工業大學（Technische Universität Dresden），學習天文、地理、數學及語言，後成為數學家兼考古學家。一九三二年，為德國駐秘魯古都庫斯科（Cuzco）領事的子女擔任家教，一九三四年，在首都利馬（Lima）擔任教師，並翻譯科學類文獻。

　　一九三九年，二戰的歐洲戰事爆發，決定不回德國。一九四〇年，成為柯索克的助手，一九四六年，開始著手繪製圖案，視為「夢中情人」，認為這些圖案是天上星圖在地上的投射，可觀察天文週期、制訂曆法，以及透過星圖向上天崇拜。

　　起初，秘魯政府懷疑賴歇可能是德國的間諜，跟愛因斯坦在美國的遭遇雷同，即一直受到情治單位的監視。後獲得秘魯空軍的協助拍攝這些圖案，可惜部分遺址已被泛美公路（Pan-America Highway）破壞，賴歇投入研究，散盡家產，出資興建高塔，以便觀察。一九九二年，成為秘魯公民，一九九三年，獲頒大十字級榮譽勳章（Medal of Merit in the Degree of Great Cross），一九九五年，被聯合國教育科學文化組織（UNESCO）列入世界文化遺產。

一九九八年，因卵巢癌過世，葬於納茲卡附近，其故居改為博物館（Maria Reiche Museum）。代表作《沙漠之謎》（*The Mystery of the Desert*）成為經典之作。納茲卡機場以其名字命名，被稱為"woman who swept the desert"，有"Lady of the Lines"美名。

外星人乎？

納茲卡文明源自公元前五百年，至公元五百年，長達千年之久。在公元前一百年至公元七百年，完成八百多個圖案的創作。印地安人相信神明像一隻大鳥，可從天上看到這些圖案。賴歇認為動物類的圖像代表星座，直線和螺線代表星球的運動。可能標示地下水的位置，乃「複雜的巨型日曆」。

納茲卡人認為神明掌握一切，乃泛神論（pantheism）的觀點，其實大部分的宗教皆持此說。但較奇特的是傳說中的祭司能飛翔（有外星人的嫌疑），居高臨下指揮族人創作各種圖案，可視為外星生物的作品。當地陶器上的圖案，有類似紙鳶、熱氣球的物體，外星人之說甚囂塵上。

製作方法是刮去沙漠紅礫石表層，露出底下淡黃色岩石。用木樁和繩子畫線，溝槽深十公分。直線多用於動物圖像，而曲線則用於植物圖像。其特色為單線一筆畫的幾何圖形，猶如巨人的速寫簿，「峰峰相連到天邊」。成為千古遺憾的是，在印加王朝興起之前的納茲卡人，始終未發明文字，不知其創作的動機為何？原是綠洲的宗教中心──卡瓦奇，至四世紀時，被洪水和地震毀之，後遭到遺棄。

幾何圖形有三角形、矩形、梯形和螺旋形。長達八公里的直線，每公里的偏差不到二公尺，猶如古代的高速公路。植物有花、樹及藻

類。長達三十公尺，擁有如貓頭鷹眼睛的人，以及穿著像太空人的人。動物圖形種類最多，海洋生物只有鯨。

　　鳥類占的份量最多，如鵜鶘和鷺乃水的象徵。蜂鳥是唯一能倒著飛的鳥類，有彎曲的長蛇頸，造型怪異，可能象徵星座，傳說夜間體溫下降，形同死亡，清晨恢復體溫甦醒，可在兩個世界之間飛行，由靈性指引，將神意傳給人類。可上通神明，帶來雨水，是神明的信差，乃復活的象徵，如中國神話中的鳳凰和西洋神話中的火鳥。

　　兀鷹是最大的地畫，乃「天空之王」，能預示天氣，帶來雷霆閃電、智慧和遠見，揭示預言、天啟與創造力量，飛行的路線成為河流或肥沃平原，象徵周而復始的循環。蜘蛛長四十五公尺，是「紡織神」，爬出洞穴會下雨，亦善亦惡，乃沉默力量的象徵，代表北斗七星中的搖光星。

　　猴子長達一百多公尺，乃卷尾猴，象徵人類，乃人類的近親，是秘魯神話中的聖獸。另有狗、駱馬、鬣蜥、手，以及最近發現的貓。

　　伴隨天文物理學與太空科學的進展，認知範圍逐漸擴大，傳統的價值觀應做適度的修正，地外文明的介入，成為詮釋遠古出現高度文明無法逃避的誘因。

　　符號本身有特殊的力量，文字亦然，考古學家認為納茲卡線是在納茲卡人之前，帕拉卡斯人的作品，主要的作用在祈雨。古代的祈雨儀式甚為血腥，係將獻祭者（含志願者）斬首，前額及後腦鑿洞，用繩子穿過，可提著行走。凡有靈異體質者應前往這些不可思議的遺址，豎起心靈的天線，不知會接收到何種震撼人心的訊息，當列入死前必看的世界奇景之一。

納茲卡線常見圖樣

圖片：https://stock.adobe.com/hk/images/nazca-lines/4027838。

智利復活節島拉帕努伊國家公園

　　巨石（megalith）文明遍布全球，古埃及實為佼佼者，埃及人認為，將金字塔列入世界奇觀的評比，是對金字塔的羞辱，因為金字塔永遠是世界第一，信哉斯言。一萬年以後，人類所有的建築物之中，只有中國的萬里長城和埃及的金字塔仍倖存，而文明已灰飛煙滅，一片死寂，地球已被其他的生物所宰制。復活節島是被文明世界遺忘的孤立島嶼，卻留下數百尊巨大的人形石像，並發明文字，誠屬不可思議。

　　疇昔曾去紐西蘭旅遊，發現紐西蘭人對國際事物興趣缺缺，大概跟地理位置較為偏遠有關，似乎從未成戰略要地。「天高皇帝遠」，作為大英國協的會員國，曾派遣遠征軍參與一戰和二戰。從冰川到火山，景觀獨特，猶如戶外的地理與地質博物館，適合養老、隱居、寫作、修行和長眠，堪稱「好山，好水，好無聊」，臺灣東部似乎亦如此。

注視內陸上方的十五座石像

圖片：https://www.thetimes.com/imageserver/image/%2Fmethode%2Fsundaytimes%2Fprod%2Fweb%2Fbin%2F040c8f86-8cb5-11eb-af74-aabf762d9542.jpg?crop=2250%2C1500%2C0%2C0&resize=1771.5。

　　復活節島比紐西蘭更離群索居，遠離世界紛亂的漩渦，卻留下如此眾多而驚人的石像，考古學者和歷史學者無法建構合理而可信的詮釋理論體系。當地居民傳說，石像是自己走向海邊，而祭司能飛翔，似乎被視為荒誕不經的神話，但神話是在文字發明之前，初民生活經驗的結晶，其中亦有相當的真實性。或云是鳥人所為，即會飛翔、長得像鳥的人的傑作。

　　人類文明的層創進化，常有「外力」介入，歷史進化論與歷史退化論並存，被禁忌的考古學及歷史學，通常即是被隱藏的真相，考量宗教、政治和權力的現實因素，而精心予以掩飾。吾人不可藐視古人的智慧，今人的「豐功偉績」，並非均能超越古代。譬如古代世界七大奇觀之中唯一倖存者——古埃及金字塔，迄今仍無法複製，而修築金字塔的動機及其用途，已爭論數千年，至今仍無定論，不啻是古人超越和輕視後人的實例。

　　在人的記憶之中，某些陳年往事，往往會完全抽離，呈現真空狀態。藉回齡催眠術，可將已塵封的往昔經歷重現，使沉澱在腦海偏僻角落的記憶復活。人類的文明史之中，似乎亦存在真空狀態。一旦浮現，恐會引起如何定位的爭論。研究消失的古文明，也會出現令人驚豔，甚至令人歎為觀止的文物和建築。

　　每次去沙漠國家旅遊，幾乎都有團員中暑，中午的氣溫可達攝氏五十度，體感則更高，感覺火焚全身，快要烤焦了。最具代表性者是埃及的帝王谷和伊朗的帝王谷，修築這些龐大的巨石建築，不知彼等的體力如何維持？

　　全球的地名，本身及外來者的命名，常不盡相同，如臺灣有"Taiwan"及"Formosa"之稱，葡萄牙文"Ilha Formosa"即「美麗島」，但"Formosa"為形容詞，卻被咱們當作名詞使用，而名詞應為"Formosura"。其實，"Ilha Formosa"是葡萄牙人對於所發現的任何美麗島嶼的通稱，並非專指臺灣。

　　復活節島（Easter Island）或譯為伊斯特島，常被誤譯為復活島，而「復活」（Resurrection）通常指耶穌的復活（復活節，Easter Sunday, Ester Day，春分月圓後的第一個星期日），復活觀念源自古埃及民間信仰，豈可張冠李戴？

　　法文《 Île de Pâques 》，西班牙文 "Isla de Pascua"，當地的土著自稱拉帕努伊（Rapa Nui），即石像的故鄉，或稱赫布亞島（Te-Pito-o-te-Henua），即「世界的肚臍」、「世界的中心」，一八六〇年以降，來自大溪地（Tahiti）的玻里尼西亞（Polynesia）勞工稱呼為拉帕努伊。

　　復活節島雖為智利的領土，卻不屬於美洲的古文明，而是源自太平洋玻里尼西亞的海洋文明。位於太平洋東南方，南回歸線（Tropic of Capricorn）之南，南緯27°08'37"，西經109°26'10"，為世界上最孤單的島嶼，今屬智利瓦爾帕萊索大區（Región de Valparaíso）瓦爾帕萊索省。是世界上最與世隔絕的島嶼之一，距離最近有人居住的島嶼——英國的海外領地——皮特開因群島（Pitcairn Islands）東方一千七百七十公里，大溪地以東四千公里，智利以西外海三千七百公里，是南島語族（Austronesian）最晚遷入的島嶼之一。

　　從智利首都聖地牙哥（San Diego）搭智利航空（LAN）飛行六小時，三千七百五十六公里，抵達島上的馬塔維里國際機場（Aeropuerto Internacional Mataveri），來回機票需八百美元。曾被美國作為空軍基地使用，亦曾被美國國家航空暨太空總署，作為太空梭的緊急降落地點之一。一九六七年，開始定期航班，軍民合用，距離市中心兩公里，只停留一天，費用昂費，但物價不貴。從大溪地至復活節島，每週只有一個航班。從亞洲至大溪地的機票超過十萬元。

　　公元四百年（或380年），已有人居住，但是否有更早的人類來此？並無定論。而美洲大陸的印第安人與大洋洲的玻里尼西亞人，何者先登陸復活節島？尚待尋找考古學上的證據。彼時人口充裕，會挖

掘防禦溝渠，長三公里，深四公尺，寬十二公尺。還會雕刻木頭和石頭，有重複的主題：鳥人、腐爛的人、長耳朵、山羊鬍鬚。

傳說大酋長霍圖‧馬圖阿（Hotu Mutu'a）帶著妻小乘坐獨木舟來此，其後裔分裂成許多氏族和部落。玻里尼西亞人航海技術高明，從西邊的馬克薩斯（Marquesas）島，順著信風向東來到復活節島。年代無法確定，人種來源未有定論。今日的居民是南島語系（Austronesian languages）玻里尼西亞人的後代。語言的脈絡為：玻里尼西亞語→東玻里尼西亞語→拉帕努伊語，使用拉丁字母拼音，乃弱勢語言，如今只有四千六百五十人使用。

一六八〇年，發生殘酷的內戰，持續一百五十年，勝利者及其後代，將巨石像推倒，部分將頸子弄斷，吃人肉，文化衰退。有十五尊在原地復原，現存一百座完整者。島民放棄圓錐形蘆葦屋，逃到巨大的山洞，直至今日，島民仍將財寶藏在山洞裡，由名為阿庫——阿庫斯（aku-akus）的精靈保護。

一五六六年，西班牙探險家 Álvaro de Mendaña de Neyra（1542-1595）發現此島，卻未受重視。一七二二年四月五日（星期日），荷蘭西印度公司，海軍准將羅赫芬（Jacob Roggeveen, 1659-1729）與其弟揚‧羅赫芬，率領三艘軍艦，旗艦阿倫德（Arend）號，有二百四十四名船員，七十門大砲，意外發現此島，因該日是復活節，遂命名為復活節島（Paaseiland），並在海圖上標示此島的位置，又發現波拉波拉島（Bora-Bora）（有「太平洋上的明珠」之稱）及莫皮蒂島。當時有二、三千居民，認為石像是用黏土製造。

羅赫芬在年輕時，曾向父親承諾，為尋找「未知的南方大陸」（Terra Australias Incognita, Southern Land）而遠航。古希臘的地理學者，依據學理推論，在遙遠的南方應有一大陸存在，以跟北半球的歐亞大陸（Eurasia）保持平衡，兩千餘年之後，才獲得證實。古希臘

時期，亞里斯多德（Aristotle, 384-322 B.C.E.）最早提出，托勒密（Claudius Ptolemaeus, c.100-c.170）擴充之，十五至十八世紀，歐洲的地圖上已出現此一假想的大陸，又名麥哲倫國（Magellanica, Magallanica）。

一七七〇年十一月十五日，西班牙人岡薩雷斯（Felipe González）率兩艘軍艦全面勘查，宣佈以國王卡洛斯三世（Carlos III, 1716-1788）的名義併吞，命名為聖卡洛斯島（Isla de San Carlos），並繪製復活節島航海圖。一七七二年，英國著名的探險家庫克（James Cook, 1728-1779）亦抵達復活節島，在三個高地上豎立木質十字架，一七七四年，再度來此，發現巨石像是用火山岩雕刻。一七八六年，法國軍官培霍斯（Le Comte de La Pérouse, 1741-1788）繼之。

一八〇五年，殖民者開始抓奴隸。一八六二年，秘魯的奴隸販子，抓走一千四百餘人，占人口三分之一，包括末代國王和有知識者，均為男性，送到農場和外海的鳥糞島上工作。秘魯政府在國際輿論的譴責下，命奴隸販子將彼等放回。至一八七二年，只剩下一百七十五人，返回途中，感染天花和肺結核，只有十五人活著，因將病毒傳入島上，導致居民只剩數百人。一八七七年，剩下一百一十一人。

一八八八年，智利政府考量復活節島的戰略位置，在廣闊的太平洋中，南太平洋的航空線，可連結社會群島（Society Islands）與智利，亦可經珊瑚路（Coral Route）飛往澳大利亞，併吞復活節島，將土地租給英國的牧羊公司，直至一九五三年，使土地更貧瘠，島民只擁有五分之一土地，也只有百分之五的兒童說母語，感冒和罕見的高比率痲瘋盛行。一九五四年，智利政府將復活節島改由海軍管理，在每年一月，派遣艦艇運走羊毛，卸下民生物資。一九六七年，國際機場落成，外國觀光客蜂擁而至，羊毛業和觀光業是當地經濟的兩大支柱。

一九一四年，英國女性考古學者勞特利奇（Katherine Maria

Routledge, 1866-1935）率私人的探險隊來此。一九三四至一九三五年，比利時考古學者拉瓦雪里（Henri Alfred Lavachery, 1885-1972）（首位研究復活節島的專業考古學者），以及瑞士－阿根廷民族學者梅特勞（Alfred Métraux, 1902-1963）率法國——比利時探險隊來此。一九五五至一九五六年，挪威科學家 Thor Heyerdahl（1914-2002）率私人的探險隊來此，有考古學者 Edwin N. Ferdon、William Mulloy、Arns Skjölsvold、Carlyle S. Smith，展開有組織的挖掘工作，使用放射性碳測定法和花粉穿孔法。Heyerdahl 認為巨石像是從東方來的白皮膚入侵者所雕刻，島民演練使用木製的槓桿和許多圓形的小石頭，或用木橇運輸，將巨石像從採石場運到海邊豎立。

一九四八年，美國心理學家 Werner Wolff，從心理分析探討復活節島之謎，提出有趣，但有高度爭議性的理論。梅特勞強調巨石像約有五百至六百年古老，是現在居民的玻里尼西亞祖先所雕刻。駁斥巨石像跟古埃及和古印度文字有關聯，認為並無證據顯示，曾經喧騰一時，視復活節島是「失去的大陸」遺址的理論。

島嶼面積一百六十三點六平方公里，呈等邊三角形，狀似硫磺島（Ivo Jima），乃火山爆發所形成，但岩漿已絕跡，三個角有三座死火山。首府漢加洛（Hanga Roa），又名馬塔維里（Mataveri）。各地諸多觀光文宣，在介紹世界景點時皆有提到復活節島。

亞熱帶氣候，乾燥，夏季有穩定的東南貿易風，年平均溫度攝氏二十二度（72℉），年平均雨量一千零一十五毫米（40吋）。最高的特雷瓦卡山，高五百零七公尺。多山丘，無河川和小溪，無天然的良港可停泊，北邊的阿納凱納灣（Anakena Bay）是沙岸，亦無港口，險峻的火山岩海岸，有遠古的泉水，略含鹹味，水源來自泉水、蓄水池、火山口湖（雨水），最大的在 Rano Kau，直徑達一點六公里，如很深的大鍋，水質清澈。

　　植物貧乏，後被歐洲的品種取代，唯一的例外，是有小型的灌木林，如椰子樹和桉樹。八○○年，開始伐木，老鼠啃食種子，無法發芽，曾有茂密的亞熱帶闊葉林，一二○○年，森林消失。原來林木茂盛，後絕跡，幾乎是無樹之島，當思如何重建自然的裂痕？現存的哈兀哈兀（hauhau）樹，其纖維可製繩索，另一托羅密羅（toromiro）樹，可供木雕和燒火之用。

　　歐洲人來此時，除雞、鼠、蜥蜴之外，海鳥是唯一的動物，如今有許多老鷹，並飼養豬、羊、牛、馬，羊毛是唯一出口的貨物。受秘魯洋流的影響，漁業資源豐富，卻因周圍多懸崖峭壁，不易捕魚，魚類只占食物四分之一。主食是甜芋頭，可能從南美洲帶回，尚有玉米（美洲印第安人的主食）、甘藷、香蕉、西瓜、鳳梨、甘蔗、葫蘆、無花果。

　　因無良好的道路，使用馬、自行車、機車、汽車和計程車，若無駕照也沒關係，因面積不大，步行亦可，有帳棚式的民宿。人口主要集中在西岸的漢加洛，曾有六千人，因內戰、疾病和販奴，大量流失，後因跟歐洲人、大溪地人和其他民族通婚，人口逐漸增加，多從事農業和畜牧業。

　　因崇拜鳥神，九月有鳥人祭，每個部落派一位選手參加，從崖壁跳下，游泳一點五公里，在礁石上尋找第一顆鳥蛋，綁在頭上，完整游回，即成為頭目，直到翌年新鳥人出現。Orongo 是主要的儀式中心，舉辦鳥人習俗的地點，為半地下的山村。

　　最著名的巨石像，名為摩艾（Moai，或音譯為默哀）。大小石像林林總總將近一千尊，都在海邊，豎起站立的大約有六百尊，倒地未運者大約四百尊，現存八百八十七尊。金門的風獅爺和韓國濟州島的石像與其比較，堪稱小巫見大巫。石材產於 Rano Raraku，祭壇名為阿胡（Ahu），帽子名為普卡奧（Pukau）。一九九五年，被聯合國教科文

組織列入世界文化遺產。在上面刻字可判五年以下有期徒刑，或處罰美金一萬九千元。

巨石像在十至十七世紀出現，因島民崇拜祖先、酋長和祭司，原豎立在部落首領的墳墓上，可藉靈力保佑族人。石像的方向都很奇特，皆背對海洋，面向內陸，眺望天空。某些電子媒體上所謂的名嘴，幾乎均強調面向海洋，真是睜眼說瞎話。只有七尊是例外，是面向海洋，觀光客取名為七王子像。尋常百姓也有雕像，何以均豎立在海邊？應跟淡水（地下水）資源有關。

有三座死火山，以拉諾・拉拉庫（Rano Raraku）火山最有名，是主要的景點，乃石像的發源地。一九三五年一月十六日，成立拉帕努伊國家公園（Municipalidad de Rapa Nui, Parque Nacional Rapa Nui, Rapa Nui National Park），門票八十美元，可通用全島，但每個景點均需驗票，全島三分之一屬於國家公園。

在拉諾・拉拉庫的山坡上有已完成的巨石像，也有進行一半，以及剛開始施工者，約有三百尊。石像的名稱為皮洛皮洛，地面上高六點五公尺，下半身埋在地下，總長度二十公尺。具考古學者推測，一尊高五公尺的巨石像，需三十位雕刻家，費時一年才能完成。

在拉諾・拉拉庫火山東側的斜面上的土庫土里（Tukuturi），有一尊獨特的跪坐石像，高三點五公尺，使用赤色凝灰岩（tuff）製成，雙目深陷，留有尾端尖俏的短鬚，雙手放在膝蓋上，盤膝而坐，仰望天空，是島上年代最古老的一尊。此像的造型類似東玻里尼西亞的石像，跟南美洲的石像迥異。結論是復活節島的文化特徵，屬於大洋洲，而非南美洲的文化圈。

紀念平臺（Ahu）有三百多座，上有石像，禁止站在上面。在阿胡・阿基維（Ahu Akivi），有一排七座面海的石像，其中有兩個毀損，個頭較矮小，俗稱七王子或七武士，等待歐圖・瑪圖阿王來此。另在

阿胡・湯加里基（Ahu Tongariki），有十五尊石像，全長二百公尺，高八至十公尺，最受觀光客喜愛。北部的阿納凱由有保存最完好的石像群，最吸引遊客，另可潛水觀賞海底下的石像群，需美金六十元。

巨石像的製作流程，是先選擇凝灰岩層，用玄武岩製成的斧頭當工具，先鑿出頭形，再雕出臉部，然後從上往下，鑿出身體的各部位。石像的後背尚未與岩盤分離，待正面與側面完工之後，再從左右兩側向內開鑿，留下若干支點，後用樹皮搓成的繩索固定，再將支點破壞，沿著山丘的斜坡向下滑動，落在預先挖好的洞穴之中，豎立之後再修飾背部。

巨石像五官的比例甚為奇特，額頭短而窄，高鼻樑（希臘鼻），長度幾占顏面二分之一，鼻孔呈魚鉤狀，深眼窩，長耳朵，平貼顏面，上緣接近頭頂，造型像鑰匙孔，翹嘴巴，下巴寬厚，乃長壽的象徵，具白人面貌的特徵，跟島民的面貌相去甚遠。雙手放在肚臍旁邊，若是立像，則下半身埋在土裡。眼睛以紅、白色火山熔岩鑲入，亦使用貝殼和黑曜石鑲嵌，象徵開眼、開光。另用紅色火山岩石雕刻成帽子，或是古人的髮髻，另外放置上去，重達十公噸，非一體成形。遠古的民族皆有刺青現象，含有宗教和裝飾的意味，比如避邪驅魔或是圖騰崇拜。

巨石像的重量大約十公噸，最輕者二公噸，最重者八十二公噸，差距甚大，每尊的長相雖相似但仍有差異。秦始皇兵馬俑的長相亦每尊皆不同，並非千篇一律。不知精通面相學和造型藝術的專家，有無深入的分析？十七世紀，製作的技術式微。

頭冠在後期才出現，使用的材料跟巨石像不同，是使用含鐵豐富的赤色凝灰岩，係在西側的普納帕烏製作，該地尚遺留十餘個頭冠，模仿髮髻或冠狀裝飾品。一七七〇年，各氏族開始推倒屬於對手氏族的巨石像，並砍下頭顱。十九世紀後期，西方傳教士來此，發現所有

石像頸後與身後的紋身

的石像都被推倒。學者認為，巨石像主要的作用，在背誦家譜和民間故事時幫助記憶。

依據言語年代學（glotto-chronology）所界定的語言學證據，在七至十四世紀之間，這些玻里尼西亞人是來自馬克薩斯島。受到來自秘魯文化的影響，在到達南美洲之前，遷徙中的玻里尼西亞人又返回。

島民曾發明文字，是大洋洲各民族極為獨特的個案。文字稱為朗戈朗戈（Rongorongo，意為「會說話的木頭」）文字板，用古拉帕努伊語書寫，屬於文字或類文字和未解讀文字（undeciphered writing systems）。文字的字型為獨一無二，奇特的雙線字，跟古埃及的象形文字（hieroglyph）相比，水準甚高，俗稱鳥形文字。

一八六三年，法國天主教傳教士至此，將所有島民集中於西岸的漢加洛村，並改變島民的信仰，視朗格朗格文字板為崇拜偶像，為徹底清除「異端」，愚蠢地燒燬。島民偷藏了一部分，做為造船的材料釘在船上運走，現存二十五塊，尚有一萬四千零二十一個文字至今無法解讀，可能是在儀式上使用的咒語。長二公尺，使用鯊魚的牙齒或堅硬的石頭刻上圖案。而這些文字與古印度文明的發源地——摩亨佐達羅（Mohenjo-daro，今巴基斯坦 Sindh 省）的文字，竟有驚人的相似度。

如今無法以文字解讀復活節島的歷史，只能靠島上的文物（如巨石像），以及傳說和神話來拼湊。據傳從前有兩批人馬——長耳族（在耳垂上穿孔，酋長和祭司會戴上耳夾）和短耳族（是勞動者），曾因搶奪女人（女性較少）而打仗。亦無發現類似房子的結構，但有

圖片：https://earthstoriez.com/myths-legends-moai-rapa-nui-easter-island。

複雜的地道，神秘的地下隧道，是否與地球中空論（Hollow Earth Theory）、姆（Mu）大陸有所連結？世界各地有多處皆有地道結構，包括臺灣。是否有地下世界或海底網路？島民對鳥人的崇拜，是否與地外文明有關？島上無危險和有毒的動物，卻擁有令人窒息的美景，譬如在火山口湖的植物，呈現罕見而繽紛的色彩。

晚近在隱藏的洞穴裡，挖掘出已風化的木板殘跡，許多小型的木雕和圖畫文字，學者認為書寫方式，乃上下顛倒，任何行列跟下一行顛倒，仍無法解釋。雖為孤立發展的文明，卻是巨石文明的寶庫，又是太平洋諸島中唯一發明文字者。考古學與植物學上的證據顯示，居民來自南美洲，現代玻里尼西亞人的祖先，使用獨木舟登陸之後，曾屠殺原住民。一八六〇年代，基督教傳入之後，居民不過復活節，傳統文化逐漸被遺忘，一九八〇年代中葉，牧場關閉。

二〇〇七年，被列入新世界七大奇觀。南部人口占全島人口近九成，有一千四百人住在智利本土。最大的容量可容納一萬七千人，三分之二的島民以從事與觀光相關的產業為主。觀光客只能逗留三十日，以保護環境，市區的水可生飲，可去郵局，在護照上蓋紀念章。智利視其為不可或缺的領土，並非殖民地，島民是智利的公民，但自稱復活節島人，不必繳稅，也不必服兵役，早期由海軍將領當總督，後來改任命文人，市長及長老議會無權提高歲入，曾出現獨立運動，最近一次發生於一九六四年，但未能成功。假如獨立建國，會成為僅勝過梵蒂岡，為世界上人口第二少的國家。

對現存的古代文化而言，復活節島的古今文明有極大的斷裂現象。在太平洋文化的領域中，對復活節島居民的生活方式所知有限，而在民族學者作紀錄之前，古代風俗的殘跡甚少，後已亡佚。

在巨石文明之中，有的排列成直線，有的圍成圓圈，然而皆有富能量之說，亦皆有超自然的神祕解讀。復活節島的島民用石頭圍成欄

巨大石像出土現場

杆，裡面是圓形石頭，最中間的大石頭，會影響指針方向，觸摸它可帶來好運。

大洋洲的古文明遺跡甚鮮，如夏威夷島最早有人居住的年代，是公元三百至四百年之間。熟悉上古史者皆知，初民生活時代的分期，係以工具的發明來劃分：石器時代→銅器時代→鐵器時代，在石器時代之前，應有一木器時代，但木器易腐朽，殘跡有限，故未列入編年史之中。[3]

早期的岩石結構不同，未使用黏合劑，巨石像具儀式作用，考古學者喜「除魅」，即消除古蹟和文物的神秘性。太平洋有些島嶼也有石雕的人像，以榮耀神和祖先，但身材比較矮小。古代島民中的木匠和石匠，堪稱技術純熟的勞工。人祭和食人風俗，見諸全球各地的原始社會，復活節島亦不例外。

"Formosa" 不該再使用，假如葡萄牙提出，要將臺灣納入殖民地或領土的要求，咱們該如何應付？帝國主義的劣跡應被譴責，戀殖（被殖民）的心態作祟，甚至罹患斯德哥爾摩症候群（Stockholm syndrome），實不可取。

復活節島的文化有其獨特性，跟中南美洲的印地安文化，以及大洋洲的玻里尼西亞文化迥異。在跟歐洲人接觸以前，先跟非玻里尼西亞人來往，成為混血者的後代，因孤立和近親繁殖，成為少數具獨特性的玻里尼西亞人。如古埃及文化的特徵，極易與其他文化區隔。老

圖片：https://news.ltn.com.tw/news/world/breakingnews/1343978。

外弄不清中國人、韓國人、日本人的相貌，咱們也不易從外表分辨英
國人、法國人、德國人、俄國人有何差異？

　　非學院派、非主流，被「正統」考古學界排斥的「沉沒大陸
說」，宣稱在遠古時代，地球生曾存在三個大陸，即：太平洋的姆大
陸、印度洋的雷姆利亞（Lemura）大陸和大西洋的亞特蘭提斯
（Atlantis）大陸。復活節島位於姆大陸的東南角落，臺灣島位在西
北角落，南島語系是範圍最大的語系，大洋洲的數萬個島嶼恐怕有內
在的關聯。南島語系可延伸到印度洋，堪稱「兩洋一家親」。

　　二戰的太平洋戰場，是美軍和大日本帝國皇軍對決的舞臺。美軍
創用跳島戰術，奪取日軍佔領的島嶼，戰爭結束，美軍撤離之後，有
些島民用樹枝、樹葉紮成飛機的形狀，放在山頂，全天派人仰望天
空，晚上則點燃火炬，盼望這些白皮膚的「神」能再度降臨，贈送可
口的巧克力、口香糖和日用品。若將此種場景位移至數千年前，當可
解釋部分神話的內涵。美洲的印地安人視白種人為神，當歐洲的探險
家和傳教士登陸時，曾受到熱烈的歡迎，豈料卻是悲劇之始。德語片
《大奧秘》有詳實的記錄。

　　地理大探險時代，也稱大航海時代，以一四九二年，哥倫布抵達
歐洲人未知的大陸為地點，持歐洲中心主義（Eurocentrism）者，稱
為「新」大陸，發現新航路和新大陸，波瀾壯闊，「沛然莫之能禦」。
卻給美洲的土著，帶來空前的災難，藉著戰爭和病毒使人口銳減。一
九九二年，是「發現」「新」大陸五百周年，某些白人國家大肆慶
祝，印地安人質疑有何值得慶祝之處？

　　宗教是兩刃刀，既想拯救墮落的人心，又想懲罰「異」教徒，鼓
動殘酷的宗教戰爭。如美國人的祖先是來自英國的清教徒（Puritan），
即是典型遭受迫害的宗教難民。教會是另一種形式的政黨，跟軍隊、
學校、監獄一樣，成員複雜，各有所圖，均為社會的縮影。基督宗教

幽浮協助豎立巨石像

的傳教士，高舉十字架，戮力摧毀世界各地的古老文化，不遺餘力，自認乃替天行道，形成基督教法西斯主義（Christofascism），與伊斯蘭教法西斯主義（Islamofascism），互相輝映。

走向極端者，扮演帝國主義鷹犬的角色，對殖民統治者的惡行惡狀視而不見。如今日美國的教會，對其政府在世界各地的胡作非為，不敢有任何批判，既懦弱又偽善。在猶太教的會堂，基督宗教的教堂，伊斯蘭教的清真寺，常遭遇恐攻，不知上帝的大能焉在？「耶穌愛你」、「真主偉大」，恐怕只是自我安慰的宗教口號而已。

今之視昔，猶如後之視今，在考古現場，目睹同類的遺骸和死寂的廢墟，當思千百年之後，吾人打拼一輩子，可能會留下多少痕跡？「不信青春喚不回，不容青史盡成灰。」（于右任〈壬子元日二首〉）歷史學是隱含大智慧的學問，「溫故」才能「知新」，古為今用，活學活用，可掌握時代敏感的脈動，涵泳高瞻遠矚的智慧。走筆至此，容草民大膽揣測，復活節島的巨石像，跟古埃及人一樣，是否為凍結時間、追求永恆（in pursuit of eternity）的具體偉業？

遠古的文明已進入時間的深處，文字是了解一個文明的敲門磚，若失去了文字如同被鎖碼，重建工程如玩拼圖遊戲，其全貌至今仍未完整呈現。考古工作永無止境，所有出土的文物，並非均有合理的定位與詮釋，相對地卻也有助於歷史學系所永續生存的價值。

圖片：https://i2.read01.com/MzJlPvrLOUmXz2hFsr1IPF4/0.jpg。

輯二
世界文化

朝鮮見聞實錄

　　二戰以後，出現四個分裂的國家：中、韓、越、德。西德與東德「意外」統一，越南則歷經長期的戰爭，結果是北越統一南越，剩下中、韓依然對立，未來的結局，生死未卜。

　　在草民曾經造訪過的國家之中，以伊朗對華人最友善，次為土耳其，而以色列讓人回味無窮，但最特別者，首推朝鮮。綜觀全球二百餘個主權獨立國家，被媒體（尤其是美國）醜化，甚至妖魔化最嚴重者，非朝鮮莫屬。影片上常出現閱兵的鏡頭，哪有一個國家會經常舉行勞民傷財的閱兵大典，長期被西方媒體洗腦，好像這個國家快要掛掉了。

　　在喜愛旅遊，四海為家的達人心中，似乎已走遍天涯海角，幾乎快無處可去者，才會到朝鮮這種國家一遊。行前尚擔心，是否會被藉故扣留，而人間蒸發。

　　在伊朗旅遊時，只遇過一個臺灣團，但在朝鮮，則只有咱們孤零零的一個團，勇闖天涯。彼時跟朝鮮有來往的臺灣旅行社只有個位數，只能團進團出，不准自由行的散客入境。報名之後，無法保證何時出團，光等簽證已經耗費時日，原先以為石沉大海，後終獲核准，準備遠征這個地球上「與眾不同」的國家。

　　草民是在金正日在位時入境，金家三代：金日成、金正日、金正恩，名字易混淆，私下暱稱：金大胖、金二胖、金三胖（毫無不敬之意）。因朝鮮人多苗條，只有這三位領導很「豐滿」。

　　從臺灣無法直飛平壤，必須要進入中國大陸，從瀋陽直飛平壤。

但為近距離觀察地面的生態，改搭火車，事後只退還新臺幣一千元，
飛機票跟火車票只差一千元，不知是機票太便宜，或是火車票太貴。

　　從瀋陽經高速公路，抵達口岸都市丹東（昔稱安東），搭火車進
入朝鮮的新義州。丹東是大陸最大的口岸都市之一，夜晚燈火通明，
而對岸的新義州則是一片烏漆墨黑，如同陰陽界。鴨綠江中的島嶼，
幾乎均屬於朝鮮的領土，而跨江大橋有兩座，一座是中朝友誼橋，另
外一座是斷橋，是韓戰（1950-1953）爆發之後，被美國空軍依照國
界中線，炸燬靠朝鮮的一段，靠中國的一段保留，今列入觀光點，需
購票參觀。

　　當柴油火車進入朝鮮時，心中浮現一九五○年十月十九日夜，在
「抗美援朝」的大纛之下，中國人民志願軍跨江入朝的場景，將跟十
六國聯軍鏖戰，投入一百三十五萬人，有十八餘萬官兵葬身異域，至
今仍在尋找忠骸（包括韓國）。

　　火車從新義州到平壤，竟然跑了五個小時，而一個驚奇接著一個
驚奇，在新義州停留甚久，手機被搜走，代為保管，離境時璧還。在
朝鮮期間，如同與世隔絕，跟家人交代，若出任何差錯，注意國際新聞報導即可。邊防軍檢查大行李，並非用 X 光透視，而是翻箱倒櫃，徹底搜查，態度尚稱友善。在車上巧遇臺商，攜帶許多禮品，為在朝鮮做生意作公關用，戲稱「繳補習費」。

大同門，始建於公元六世紀中期高句麗時代，原為長安城的東門，現存建築是十六世紀的壬辰衛國戰爭時期後所修建

　　觀光客仍以中國大陸人最
多，整個行程之中，並未遇到第
二個臺灣旅遊團。朝鮮最歡迎美
國遊客，希望彼等親自體驗，了
解朝鮮的現狀，切勿相信美國官
方的宣傳。

　　規定禁止攝影，本想偷拍，
但安全人員來回巡邏，為不惹麻
煩只好作罷。田埂均栽種農作

朝鮮人民軍步入萬壽臺大紀念碑廣場

物，不知農民如何行走，而鐵軌兩側的碎石子旁，也栽種農作物，世
所罕見。朝鮮曾發生過飢荒，中國大陸的朝鮮族伸出援手，據悉竟發
生吃人肉的恐怖情事，但難以求證。橋梁和隧道兩側，均有持槍的女
兵巡邏，似乎隨時保持備戰狀態。

　　火車站的工作人員多為女性，因「婦女能遮半邊天」（毛澤東名
言），但旅客稀少。鄉村的道路甚為「原始」，汽車一過，塵土飛揚，
但田園牧歌的景致，不時出現在眼簾，卻未見摩托車，跟山東省的青
島市一樣。鄉村的民宅，外觀幾乎一模一樣，好像是一個模子刻出來
的，不知小朋友和老人回家，會不會走到別人家裡？

　　投宿於位在島上的羊角島國際大酒店，可防範遊客亂跑。飯店的
硬體設備極佳，具有國際高水準，高四十三層，第五層是禁區，電梯
的速度極快。有團員晨起慢跑，沿途照相，卻被安全人員盯上，強迫
全部刪除。越封閉的國家，對外界越敏感和猜忌，視到處拍照的觀光
客可能是間諜，政治警覺性甚高。

　　在飯店用早餐時，有身著傳統服裝的女服務生開門，讓咱們受寵
若驚，彼等渴望跟咱們交談，只可惜語言不通，好像來自兩個不同的
星球。逛紀念品店時，因嗜好「方寸之美」——集郵，遂選購一些郵

票，卻未見封卡，只有郵票，印刷尚稱精美，但圖案的主題有強烈的政治色彩。

在去旅遊的國家，不能使用該國的貨幣：亦無法刷信用卡，朝鮮可能是 only one，只允許使用美元、歐元和人民幣，雖然強烈的反美，但還是「見美元而眼開」。草民在丹東買到成套的朝鮮鈔票（小心其中一二張是用彩色影印），做為紀念，卻未見輔幣，可能是面額太小，流通有限。

咱們的二十元硬幣、二百元和二千元紙幣，坊間罕見，似乎已神秘消失。朝鮮的紙幣印刷不夠精美，收藏界的評價不高，比較特別者，是會加印某些紀念的文字，猶如在新臺幣上加印某些特別紀念的標語，也是世間罕見。

導遊有兩人，一男一女，另有一位攝影師，臺灣的全陪則閒在一邊，全程會錄影，製作光碟，離境時需付費購買。疇昔去韓國旅遊時，也有攝影師隨團，拍攝照片，每張索價七美元（三、四十年前的物價），宣稱是幫助孤兒，真假不知。

「危邦不入，亂邦不居」（《論語》〈泰伯〉），出國旅遊，最重安全。朝鮮的治安甚佳，未見遊民、乞丐和垃圾，不會被偷或被搶，而尋常百姓也不會跟咱們這些「外星人」搭訕。讓人眼睛一亮者，是在女廁外牆有掛衣服和包包的鉤子，似乎不會被 A 走，真是不可思議。

凡有旅遊經驗者皆知，伊斯蘭教國家的治安，優於基督宗教國家，並非穆斯林有多善良和守法，而是刑罰較嚴酷。在南歐和東歐諸國，要小心吉普賽人（Gypsy）（應稱羅姆尼人〈Romany〉），極端的種族主義者，抱怨納粹黨衛隊，並未將吉普賽人徹底種族滅絕（genocide），至今後患無窮，雖然二戰時已有五十萬吉普賽人在集中營被「處理」掉。

政治標語無所不在，多為紅底金字，表現軍民齊心建設祖國，對

抗美帝和南方傀儡政權的戰鬥畫作，
對激勵愛國情操和提昇士氣，多少會
發揮一些積極的作用。

　　教育及醫療免費，社會主義國家
注重社會福利，部分伊斯蘭教國家亦
如此。比較難以理解者，在不徵收所
得稅，另有產油國——汶萊也不收所
得稅，但政府的財源焉在？靠軍火外
銷，獲利甚多，尚有品質最佳、售價
昂貴的高麗蔘，在北緯三十八度線無
人地帶的人蔘，乃精品中的精品。臺
灣人每年消化數以噸計的人蔘，部分
即來自朝鮮。另有毒品，以及印製一

街頭一景

百元面額的美鈔（B字頭），可以假亂真，各國無驗鈔機的商店，有時
會拒收。

　　朝鮮人常言「北女南男」，即北方的女子美，南方的男子帥。高
緯度和高海拔地區的居民比較長壽，皮膚也細膩，而低緯度地區，百
病叢生，比較短命。朝鮮人屬長壽的民族，大概跟食用泡菜有關，日
本人最長壽，應跟每日食用魚肉有關。

　　朝鮮的女子嚮往當交通指揮，稱為保安員，身高一百六十公分以
上，顏值也要高，被視為平壤的標誌。除身著帥氣的軍裝式制服以
外，還配給化妝品。其實車輛不多，主要是指揮行人。咱們這裡的女
大生，最想當空服員、電視臺主播和模特兒，目的是藉高曝光率，以
便嫁入豪門。日本的女子，則喜當褓母，因可虐待別人的小孩（kuso
版）。文化底蘊的差異，形成南轅北轍的價值觀，似乎並無絕對客觀
的標準。

在中國大陸的酒店和餐廳，有朝鮮女子團駐唱，數年之後，必須返國，個個貌美如花，卻很少跟觀眾互動。昔日，朝鮮曾派出女子啦啦隊（或美女刺客團）到韓國，韓國人驚為「天人」（指遇見外星人），希望留下來當「紀念品」，成為喧騰一時的花邊新聞。

馬路平坦，無坑坑洞洞，一旦離開城市，最麻煩的是沒有公廁，咱們是在路邊的樹林裡「出野恭」，當可吸收日月精華。要發展觀光，相關的硬體建設需要加強。跟中國大陸類似，安全島上花木扶疏，造景甚佳。比較特別者，是公路兩旁皆種花，原先以為只有部分路段如此，豈料是「花花相連到天邊」。此種景象，只有在埃及見過，從胡加達（Hurghada）至紅海邊，遍地都是鮮紅色的緬梔花（俗稱雞蛋花），讓人嘆為觀止。

綜觀媒體與出版品，多報導朝鮮的陰暗面，對其光明面鮮少著墨。在夜間，街上多漆黑一片，連路燈會因省電而僅部分使用，但重要的建築物則打上燈光，非常壯觀。城市建築的色彩有些單調，但石造建物氣勢非凡。聯想到史達林時代和希特勒時代的公共建築，均有大國的恢弘氣魄，雖然沸騰一時的政權已灰飛煙滅，但仍有值得借鏡之處。

為期一周的旅遊，主要是在平壤活動，茲列舉曾經造訪的景點，概要介紹之。

人民大學習堂（原為國立中央圖書館）

人民大學習堂：疇昔稱平壤市立圖書館、國立中央圖書館、中央圖書館，一九八二年，金日成命名為人民大學習堂。濱大同江，建築面積十萬平方公尺，有十層，典藏各種出版品三千萬冊，中外

文書籍占一半。內有漢白玉金日成坐像，開設各種課程均免費。咱們在參觀時，很驚訝地是竟然播放鄧麗君的歌曲，服務周到，不僅可拉近跟咱們的心理距離，也有「統戰」的意味。而小型的紀念品店，販售印有英文國名及國旗的 T 恤，售價高達人民幣一百零五元，不得不忍痛買下，是草民旅遊國內外各地，所買到最昂貴的 T 恤。外面就是著名的金日成廣場，面積七萬五千平方公尺，地面用花崗岩鋪成，係世界第十六大廣場，乃舉行閱兵的場地，國家領黨人就在堂外的陽臺上檢閱人民軍，禁止拍照，對面矗立著主體思想塔。西側是勞動黨中央委員會大樓（又名一號大樓）。

主體思想塔：一九八二年竣工，為祝賀金日成七十歲壽辰而建。由塔基、塔身和塔頂火炬組成，總高度達一百七十公尺（塔身高150公尺，火炬高20公尺），塔身用二萬五千五百五十塊白色花崗岩砌成，象徵金日成在世七十年的總天數。前後各有十八節，左右各有十七節，總計七十節。上半部前後，嵌有用朝鮮文書寫的「主體」兩個大字，火炬下有一直徑八公尺的托盤，重達四十六公噸，晚上可點亮。正面立有勞動黨黨徽，由工人、農民、知識分子，高舉槌子、鐮刀、毛筆，作前進狀，高三十公尺，重三十三公噸。電梯可登頂，俯瞰首都全景，內部牆壁嵌著各種語文的石碑，亦有具名臺灣者，見到一些黑人在參觀。主體思想又名主體、金日成主義，是勞動黨的思想體系和理論基礎，異於馬克斯列寧主義。一九九七年之後，紀年方式，從公元紀年改為主體紀年。

萬景臺：乃金日成的誕生地和革命地，曾是達官顯貴的墓地，祖父金輔鉉曾是守陵人。群山環繞，有石造的古烽火臺，可俯瞰萬景，故名。故居跟一般農家一樣，雖非家徒四壁，但很不起眼，來自底層的領導者，比較接地氣，參觀者似乎懷抱著朝聖的心態，絡繹不絕。院裡有口水井，可生飲，據悉會增加 I.Q.，草民也入境問俗，喝了幾口，還好沒事。

　　萬壽臺大紀念碑廣場：一九七二年四月，為慶祝金日成六十歲誕辰所建，由萬壽臺創作社鑄造，銅像表面鍍金，高二十公尺，後增加金正日。以這兩位「主體朝鮮永遠的領袖」的銅像為背景拍照，不可擺出輕佻的姿勢，據悉，人民所獻上的鮮花，乃重複使用，每天打掃，非常整潔。銅像氣勢非凡，有泱泱大國之風，並可感受領袖的偉大。（遊客易將萬景臺和萬壽臺混淆。）

　　凱旋門：一九八二年四月十五日竣工，規模乃世界第一，為慶祝金日成七十大壽，以及兩次戰勝入侵朝鮮的日本和美國而建。高六十公尺，寬十八點六公尺，使用一萬零五百餘塊花崗石，四根支柱上，刻有金日成一九二五年抗日，以及一九四五年勝利歸國的浮雕，東側和西側的牆面，有朝鮮族發源地——長白山（朝鮮人稱白頭山，視為神山）的浮雕，南側及北側的牆面刻有〈金日成將軍之歌〉的歌詞。

國家統一與三大憲章紀念碑（簡稱統一門）下圖為統一門下方的雕像

若跟巴黎的凱旋門相比，可謂各有特色，咱們的岡山空軍軍官學校正門也有凱旋門。

　　千里馬銅像：位於牡丹峰公園，是紀念千里馬運動的青銅雕像，此一有翼的馬，是傳說中的神獸，能日行千里。高十三公尺，長十六公尺，基座高三十二公尺，總高度四十六公尺，基座由二千五百塊大理石砌成。一九五六年，金日成提出千里馬

運動的概念，一九六一年，獻給金日成，作為生日禮物。由一男一女騎著馬，男子身高七公尺，工人，手持勞動黨中央委員會刊物，女子高六點五公尺，農民，手持一袋大米。

　　地鐵：始建於一九六〇年代，一九七三年九月營運，原為韓戰時期已挖掘的防空洞，總長二十四公里，有十七個站，深度二十二至一百公尺，最深一百五十公尺，乃全球最深的地鐵，可作戰時的庇護所。無商業廣告，月臺上有〈勞動新聞〉提供的閱報支架，讓乘客瀏覽，勞動黨和朝鮮歷史的壁畫與掛畫隨處可見。只有兩條路線：千里馬線和革新線，營運時間，從早上六時至夜間九時，無論遠近，車票二朝幣搭乘一次。原使用德國製造的列車，控制臺上的標籤係用德文書寫，後自行生產，有老人和殘障人士專座。頂部的吊燈，造型美觀，但竟聞到尿騷味。咱們的捷運禁止飲食，也沒有塗鴉，甚為乾淨。一百多年前，英國倫敦建造世界上最早的地鐵，匈牙利擁有歐洲大陸最古老的地鐵，布達佩斯的地鐵，噪音極大，但速度極快，進出口無人看管，亦無閘門，若想逃票，似乎輕而易舉。最令人驚豔者，非莫斯科地鐵莫屬，猶如地下皇宮和美術館，成為觀光客必去的旅遊點。東歐地區屬日耳曼、斯拉夫語系的輻輳地帶，英語並不流通，許多標示並無英文說明，對老外甚為不便。

　　美國海軍間諜船：全名為普韋布洛號通用環境研究艦（USS Pueblo AGER-2），"Pueblo" 乃西班牙文「人民」之意。一九六八年一月十一日，從日本佐世保港出

與人民軍女兵合影，背景為美國海軍間諜船普韋布洛號

發，到清津外海，再到元山港十二浬外的日本海（朝鮮稱東海）海域，進行諜報任務時，被朝鮮海軍以非法侵入領海的理由，勒令停船並逮捕，在衝突中，有一名船員死亡，史稱「普韋布洛號事件」（Pueblo incident）。一九六八年十二月，美國承認錯誤並道歉，八十二名被俘的船員和一名船員的遺體，在板門店移交給美方。一九九八年，被拖到西海岸，停泊在平壤的大同江畔。此處是一八六六年，美國武裝商船謝爾曼將軍號（General Sherman）事件發生的地點，被朝鮮視為近代史的開端。今日當作軍事博物館，但禁止拍照，在船上巧遇臺灣藝人，小馬團隊出外景，疇昔上節目時認識，遂哈拉一番，更難得的是可跟美女人民軍解說員合照。

阿里郎節：又稱阿里郎團體操，是享譽世界的大型表演節目，只有在夏天旅遊旺季時，八月或九月舉行。場地在大同江中的綾羅島五月一日競技場，又名五一體育場，可容納十五萬人，曾經是世界第一，有強烈的意識形態。從五歲兒童挑選，動員三萬多名學童拿著彩色卡片，翻板組字，嘆為觀止。二〇〇七年八月，有十萬零九十人參加，金氏世界紀錄認定，是世界規模最大的體操表演。禁止照相和攝影，全程只有韓文及韓語，讓咱們這些老外如鴨子聽雷。正中間最佳的座位多被洋人包去，票價三百美元，咱們坐在側翼，也要五十美元。整個流程，一氣呵成，絕無冷場，排字幕和圖案的變化，亦精采絕倫。散場時見到有販賣光碟，遂採購一些，返家播放時，發現全長只有十幾分鐘，各位看倌，您有見過時間這麼短的光碟嗎？感覺好像被慘「坑」。

離開平壤，尚參觀以下幾個景點：

妙香山：位於平安北道，是主峰毘盧峰，向西北和西南延伸的陡峭山脈，由海拔一千至一千九百公尺的山峰組成，有二十多座佛寺，最古老者是建於一〇四二年的普賢寺。風景秀麗，香氣飄盪，故名。洋人極多，華人少見，可能對登山興趣缺缺。

　　國際友誼展覽館：又名國際親善展覽館，俗稱珍寶館，位於慈江道，靠近普賢寺。典藏來自世界各國，饋贈金日成和金正日的禮品。一九七八年開館，有一百五十多個展覽室，收藏六萬至二十二萬件文物（應為11.6萬件），正在擴建之中。中國所贈送的禮品有專門的區域展示。史達林贈送加長型轎車，毛澤東贈送防彈車廂，也有臺商的贈品。部分藏品價值連城，如中國的雙面繡屏風，可惜禁止拍照，亦無紀念品店，連基本的簡介都付之闕如，大概怕被 A 走吧！即使金正日已離世甚久，卻仍有禮品贈與。大門口有持槍軍人站崗，世界各地的博物館和美術館罕見有軍人護衛。

　　開城：又名松都、松京、松岳、開京，是全國第五大城市，高麗時代的古都，靠近三十八度線，附近以產「百草之王」──高麗參而聞名。主要參觀古蹟，另有特別的黨員大學（Communist University），猶如咱們的國立政治大學。二〇一三年開城歷史建築與遺跡，入選世界文化遺產，朝鮮只有兩處入選，另一處為高句麗古墓群。兩韓入選的數量不多，可能跟韓戰的破壞有關。朝鮮官方已將平壤歷史遺址，列入申請文化遺產，另將妙香山及周邊遺址，列入申請雙重遺產。

　　離境時，在順安國際機場的商店，打算採購一些書刊回來做研究，但中、英文版不多，尤其未見詳細的地圖（可能列為國家機密），連那些摺頁的文宣都要計價，通常應屬免費取閱，也算是朝鮮特色吧！草民挑選還看得懂的出版品一落，待結帳時，又開了眼界，櫃姐用手寫，並未逐項登錄，卻只標明總價，並無細目，不知有無被「坑」？

　　高麗航空是朝鮮唯一的航空公司，由人民軍管理，以飛往中國大陸各大都市居多，次為俄羅斯，曾開闢一些新航線，但多已停飛。揣測朝鮮人大概不能隨意出國，市場有限。曾開闢平壤飛平壤的航線，即「類出國」，在平壤上空飛幾圈就降落，可體驗坐飛機的感覺。疫

世界最大的凱旋門

情期間，咱們這裡也曾出現「類出國」的行程。

高麗航空的空姐身穿全紅色的制服，登機時未在入口處見到報章雜誌，最令人傻眼的是剛降落在瀋陽，未依行規，機長和空姐要站在機門口跟乘客道別，而是搶先下飛機，在免稅商店大肆採購，空姐挑選化妝品，機長則採購報章雜誌，真是開了眼界。

參訪高中也是旅遊的景點之一，令人印象深刻的是在學校入口處，即有「偉大領袖」金日成的立像，地面放置致敬的花束。學生甚為熱情，硬體設備亦佳，表演團體舞蹈時，邀請咱們「下海」與民同樂。跟中國大陸的學生一樣，頸部打著紅領巾。全球的學童皆單純可愛，因尚未遭受成人世界的汙染，只有居心叵測的政客在製造仇恨，以坐收政治紅利。

「制式」的行程安排，大概是期望遊客看到當局「希望」你看到和「不希望」你看到的景象。假如見到未經「官方」安排和許可的景點，恐怕會幻滅。古早以前，桃園縣也有一戶專供外賓參觀的「示範農家」，實為樣板，此種表象，一直穿透時空，在地球各地重複呈現，好像樂此不疲。

攤販的攤位，均用藍白色的帆布搭建，景觀單一，也是國營，並無髒亂的景象。大街小巷未見販售香菸，許多場所禁止抽菸，未見邊走邊抽菸者和滿地的菸蒂。草民不抽菸，對菸味極為敏感，感覺空氣無比新鮮。

從人民大學習堂眺望大同江及主體思想塔，堂前金日成廣場為舉行閱兵的場所

眼尖者會發現，人人在左衣襟上，別著一枚領袖的金質紀念章，禁止出售，也不可遺失。男子穿西裝，卻不打領帶（伊朗人亦如此），也不穿襯衣，只有內衣。在遇到節慶時，女子會穿上像燈籠也像孕婦裝的傳統服飾，色調的搭配與精緻的程度，比不上中國的漢服和日本的和服，感覺有些浪費布料，使用原色太多，中間色（如：紫色、粉紅色）較少。色彩本身並無太大的意義，只是不同的民族，畀予特殊的象徵意義。

沿途未帶咱們去 shopping，車上亦無「工商服務」節目，可謂「純」旅遊。只有在臺灣的旅遊，將忍受從早唱到晚的轟炸，耳根不得清靜，不然就是播放一些很 low 的秀場影片，或許這就是「本土」草根性的特色。奈何！

朝鮮並非面積大國、人口大國和貿易大國，卻是政治神話大國，造神運動乃世界第一，可能只有二戰之前的納粹德國和二戰之後的羅馬尼亞可匹敵。金日成的生日，訂為太陽節，金正日的生日，訂為光

　　明星節，加上金正恩的生日，是比農曆新年還重要的節日，會發給兒童餅乾和糖果。另有金日成花和金正日花。

　　國歌是「愛國歌」，第二國歌是「光輝的祖國」，只有 CD，沒有 VCD 或 DVD。軍樂隊的演奏水準不輸歐美國家，但多是歌功頌德的曲目，有洗腦的功效。

　　金正恩的正式頭銜是勞動黨總書記、國務委員長，不僅以黨領政，尚且實行「先軍主義」，軍隊最大，次為黨，再次為政，因「槍桿子裡面出政權」（毛澤東名言），人民軍地位崇高。中國大陸也是以黨領政，習近平有三個頭銜：中共中央總書記、國家主席、中央軍委主席，基督宗教以三位一體（Trinity）神學理論，描繪上帝神格的特徵，習近平亦可套用。

　　共產黨主張無神論（atheism, antitheism），本身卻成為新宗教。中國共產黨的黨員已達九千餘萬人，乃全球第一大政黨，建黨（1921年）已有一個世紀，擁有三大法寶：組織、宣傳與諜報。勞動黨是否為其 copy，仍待觀察與研究。

　　在街上，穿著前蘇聯式褐色軍裝的人民軍，隨處可見。禁止隨意拍照，若取得同意，可跟人民軍合拍。在中國大陸，試圖跟解放軍、公安、武警合拍，均會被拒絕。因實施先軍主義，軍銜等級之多，乃世界之最。分：大元帥（可跟納粹德國「帝國大元帥」——戈林媲美）、元帥、次帥、大將、上將、中將、少將、大校、上校、中校、少校、大尉、上尉、中尉、少尉、特務上士、上士、中士、下士、上等兵、中等兵、下等兵、列兵。其中的次帥、特務上士、中等兵、下等兵，乃朝鮮獨特的軍銜。擁有一百二十餘萬的軍隊，其中的特種部隊達三十萬，又是世界第一。

　　沿途未看到教堂，禁止攜帶《聖經》入境，亦不可傳福音，恐怕會被判刑。視傳教士為間諜，基於歷史的經驗，部分傳教士確實是情

報員，從事地下政治活動，故教案和教難層出不窮，並摧殘全球許多古老的文明，可謂劣跡斑斑，罄竹難書。

全球有二十餘國至今仍保留皇室，以歐洲最多，而各皇室之間不斷通婚，亦出現因近親繁殖所產生的遺傳性疾病。日本皇室為歷史最悠久者，維繫萬世一系的天皇體制，使用年號，還會高呼「天皇萬歲」，是否很封建？

朝鮮並無皇室，卻仍沿用世襲制，以維持金氏王朝的命脈，一直在製造政治神話，跟中國大陸的抗日神劇半斤八兩，徒增笑果而已。眾所周知，大日本帝國皇軍並無女性軍官，而神劇之中經常出現美貌卻心狠手辣的女軍官，日本鬼子兵，個個像腦殘＋智障＋白癡，因劇本審查比較容易通過，是否太「愛國」？不知日本人看了有何感想？造神運動歷久不衰，但並不限政治人物，如：關羽、媽祖，即為實例。

禁止批評政府，從小灌輸「政府至上」的觀念，見到領袖要鼓掌歡呼，往往會感動落淚。每個國家皆有隱形的紅線不可碰觸，朝鮮對韓戰的爆發有另外一套理論，可惜未能深入探討。

房屋免費配給，有些還提供家具，故無法炒房。另外，不徵收水、電費，並發給生活費。對傑出的人士（如：科學家、運動員），還配給汽車。朝鮮人民以享受此種優渥的待遇而自傲。社會主義注重社會福利，資本主義造成貧富極度的懸殊。

二○○五年九月，仁川市主辦第十六屆亞洲田徑錦標賽，朝鮮代表團啦啦隊（又稱應援團）的顏值，轟動武林，驚動四海。規定不可染髮，不可穿牛仔褲和迷你裙，因均屬資本主義國家腐敗和墮落的象徵，可保持「清純」的樣貌，因「美貌是無言的推薦」。一如長得好看的記者（不論男女），比較不會讓人設防，容易挖到獨家的內幕新聞。

旅途之中，唯一痛苦的經驗，就是不幸烙賽，上吐下瀉，可能是盛食物的銅器不潔所致。全陪帶草民去看醫生，當然是免費，返臺之

後，還休養一段時間才恢復。另外一次是絲路之旅，在甘肅省發生，因品嚐路邊攤的水果，結果亦「中獎」。正好造訪蘭州大學，結果草民勤跑廁所，未能隨團參觀該校的設施，甚感遺憾。自我解嘲：草民的胃，大概無法忍受「紅色」細菌的作怪，而付出應有的代價。

朝鮮的正式國號是朝鮮民主主義人民共和國（Democratic People's Republic of Korea），朝鮮人自稱共和國或共和國北部，因朝鮮宣稱對南韓擁有主權，但未實際控制，韓國人稱其為金氏朝鮮、北傀，臺灣、香港、澳門、韓國稱為北韓，日本則稱北朝鮮。韓國的全名是大韓民國（Republic Korea），或稱南韓。"Korea" 亦即高麗，是否應改為高麗民主主義人民共和國和高麗民國？韓國的英文國名之中，並無「大」字，大韓民國是否有些膨風？

一九四八年八月十五日，大韓民國成立，一九四八年九月九日，朝鮮成立，格言是「強鄉大國」。山西省臨汾市浮山縣有北韓鄉，一九五三年設立，二○二一年，併入北王鄉，改稱北王鎮。

朝鮮被西方視為隱士王國（Hermit Kingdom）、不可預測的國家、神祕的國度，既封閉，且鎖國，跟寮國、不丹、阿富汗、土庫曼斯坦為鄰。政治偏見無所不在，脫北者的陳述亦不可盡信。政治犯收容所，再教育營，集中營林立，是中央集權國家的陰暗面，假如沒有脫逃者爆料，外界對其內情幾乎一無所知。

譬如分析大人物的人格特質，要將與其為友、為敵、身邊核心人士（如：秘書、司機、廚師、佣人）的看法，進行交叉比對，才能捕捉其真面目。因「天威不可測」，在公領域和私領域，常呈現兩副面孔，假面具之下的告白，聽聽就好。

在行政區畫方面，朝鮮有九個道，一個特別市，二個直轄市，韓國則有九個道，一個特別市，五個直轄市，兩國相近。朝鮮山多（占八成），平地少，面積十二萬二千八百平方公里，占朝鮮半島百分之

五十五，比韓國（九‧九萬平方公里）大，但人口（二千四百萬）只有韓國（五千一百七十四萬）的一半弱。最特別的是不論南北，並無少數民族（先住民），只有單一的朝鮮族。

首都平壤，因地勢平坦而得名，乃朝鮮民族的搖籃，是最大的城市，唯一的直轄市，也是朝鮮半島第三大城市，僅次於首爾及釜山，人口三百二十五萬人，綠化甚佳。美國總統尼克森，曾造訪一百多國，認為廈門市是最美的城市，因福建省的綠化乃大陸第一，平壤的綠化亦屬佼佼者。

柳京大飯店，高度乃世界第一，施工已三十年，仍未竣工，外形像金字塔，在裡面長期居住，不知會不會脫水變成木乃伊。

昔日，言及中國人民志願軍的陣亡人數是十五萬，今根據遼寧省丹東市抗美援朝紀念館的統計，烈士名單共有十八萬三千一百零八人。在草民的學生時代，背誦二戰的死亡人數是五千萬人，目前已改為七千五百萬人，以俄羅斯、中國、德國的往生者最多。

親愛的讀者，瀏覽至此，是否會覺得口乾舌燥？為沖淡嚴肅的氣氛，在此穿插一則朝式幽默：稱未婚的女子是新裙子，已婚者是舊裙子，離婚者是破裙子；未婚的男子是新褲子，已婚者是舊褲子，離婚者是破褲子。甚為傳神，可搏君一笑。

朝鮮半島、南中國海與以色列周邊，是目前全球的三大火藥庫，牽一髮而動全身。韓國人夾在中、日、俄三強之間，如何安身立命，殊為不易。波蘭夾在德、俄、瑞典之間，曾經三次被瓜分，是亡國經驗甚為豐富的國家。

金正恩及其胞妹金與正，均在歐洲念過書，喝過洋墨水，豈可鄙視為目光短淺的「土八路」？朝鮮人使用阿里郎牌智慧型手機，官方扮演「思想警察」的角色，但世界已是平面，到底還能管制多少資訊？

尚未參觀的重要景點計有：第一名山——金剛山、朝鮮中央歷史

博物館、朝鮮革命博物館、錦繡山太陽宮，以及鼎鼎大名的板門店。
此外，漢長城是中國歷代所建的長城中（元代除外）路線最長者，東
起平壤，西至玉門關，平壤有建築物標示，盼望能一睹風采。

　　每個國家均有光明面和陰暗面，「多了解，少批評」是旅遊者的座
右銘，切勿只從臺灣看世界，世界本為多元，生物宜多樣性（diver-
sity），才不會滅絕。

　　二〇〇八年九月赴朝鮮一遊，至今已是十五年前的往事，許多國
家的旅遊印象已逐漸被時間稀釋，但朝鮮經驗依舊活潑鮮明，在內心
深處沉澱不少東西。假如對外開放的旅遊景點增加，還會再去，主因
是朝鮮美女，賞心悅目，百看不厭，成為觀光的亮點之一，可跟伊朗
美女品頭論足一番。（kuso 版）

**中國與朝鮮的界河 —— 鴨綠江的中朝友誼橋及斷橋
（韓戰時被美國空軍炸毀）**

關於日本的二三事

人至耄耋之年，多沉醉在回憶之中。

話說早在八百年前，首次出國即是去日本。在東京羽田國際機場入境時，海關的「外國人」標示，竟然用 "Alien" 字眼，在下跟旁邊的洋人戲稱，咱們是從外太空來的「外星人」，後已改為 "Foreigner"。日本人的英文水準眾所周知，因翻譯企業發達，既快、且狠、又準，故無需花費太多的時間學習外語。

中日關係複雜多變，孫中山的日本友人，直接或間接協助推翻清室的革命大業，但民國以後的侵華戰爭，不僅助長共產黨的坐大，也給中國人帶來極大的傷害。愛恨交織，才是豐富卻不一定是完美的人生。親日、媚日、反日、仇日恐非健康的心態，更重要的是能知日。

從歷史經驗的視角觀之，全球近兩百個主權獨立的國家之中，有三個國家似乎放錯了位置：一為東歐的波蘭，夾在德、俄、瑞典之間，乃近代「亡國經驗」最豐富的國家；二是西亞的以色列，是被伊斯蘭諸國包圍的孤島，以阿戰爭為一無解的死結；三為東北亞的韓國，夾在中、俄、日之間，既是三國的緩衝區，亦是戰爭的跳板。

日本的神山──富士山

在下從北海道到琉球均曾留下足跡，日本的硬體建設，尤其是交通設施，令人印象深刻。某次曾在

圖片：https://tw.trip.com/things-to-do/detail/60366965/。

東京鐵塔上，簽名支持日本收復北方失土，即國后島、色丹島、擇捉島和齒舞諸島，不妨再來一次日俄戰爭，咱們可坐收漁翁之利。

廣島紀念碑　　　　　　　廣島原爆圓頂館，為當時核爆的中心點

　　日本人自稱「東方的日耳曼人」，但德國人從未自稱為「西方的日本人」。日本學術界受德國人治學嚴謹的影響，進行地毯式的調研，有如收集情報的間諜工作。

　　凡熟悉日本歷史者皆知，有兩次革命性的變化，一為大化革新，即唐化運動，二為明治維新，即西化運動。甲午戰爭（日清戰爭），打敗大清帝國；日俄戰爭（日露戰爭），打敗俄羅斯帝國；太平洋戰爭初期，打敗英、法、荷蘭、美軍。截至目前為止，日本是唯一擊敗中、俄、美三強的國家。此種特殊的立國經驗，值得做深入的研究。

　　常言道，退一步則海闊天空，但在國際事務上，讓一步則死路一條。日本皇軍發動大東亞戰爭，欲建立亞洲新秩序，起初甚受被西方殖民主義者壓迫的亞洲人民所歡迎，但政略誤入歧途，在戰場上胡作非為，引起被佔領地人民的抗日戰爭。猶如德軍侵入蘇聯時，受到百姓簞食壺漿的歡迎，視為解放者，但其後被德國人當作劣等民族，進

左圖：https://upload.wikimedia.org/wikipedia/commons/9/9f/Laika_ac_Cenotaph_for_the_A-Bomb_Victims_%288629480185%29.jpg。

右圖：https://vn.japo.news/contents/du-lich/dia-diem-du-lich/16830.html。

行凌虐和屠殺，逼迫俄人投入游擊戰，優秀的戰略不敵錯誤的政略，導致東線戰場的全面潰敗，終成「失去的勝利」。

　　日本的國花櫻花，生命短暫，象徵「不在乎天長地久，只在乎曾經擁有」；同時，日本的垃圾分類極其細膩，也是世界所罕見；此外，日本人愛貓成痴，"House＋Cats＝Home"。凡此種種，族繁不及備載。

　　無論你喜不喜歡日本，咱們無法與其割捨。臺灣應向新加坡、以色列、瑞士，甚至芬蘭學習立國之道。目前的日本走向富國強兵，準備將自衛隊擴編為國防軍，盼勿重蹈二戰以前的向外擴張之路，則全球人類幸甚矣。

1 京都金閣寺
2 京都銀閣寺
3 奈良東大寺

圖1：https://www.agoda.com/wp-content/uploads/2024/03/The-Golden-Pavilion-Kinkaku-ji-Temple-and-blooming-sakura-in-Rokuon-ji-complex-Kyoto-Japan.jpg。
圖2：https://wowlavie-aws.hmgcdn.com/files/article/a0/5826/atl_m_150005826_618.jpg。
圖3：https://res.klook.com/images/fl_lossy.progressive,q_65/c_fill,w_1295,h_857/w_80,x_15,y_15,g_south_west,l_Klook_water_br_trans_yhcmh3/activities/rnw8936eup8xmkedpoil/%E5%A5%88%E8%89%AF%E5%85%AC%E5%9C%92%EF%BC%86%E6%9D%B1%E5%A4%A7%E5%AF%BA%EF%BC%86%E5%AE%87%E6%B2%BB%EF%BC%86%E6%BA%90%E6%B0%8F%E3%81%AE%E6%B9%AF%E4%B8%80%E6%97%A5%E9%81%8A%EF%BC%88%E5%A4%A7%E9%98%AA%E5%87%BA%E7%99%BC%EF%BC%89.webp。

1 岐阜縣白川鄉合掌村
2 東京塔
3 東京明治神宮
4 兵庫縣姬路城

西馬來西亞驚鴻一瞥

　　話說早在八百年前，草民不知死活，前往東馬沙巴州（Sabah）調研（中國大陸用語）時，竟然會去攀登東南亞第一高峰——神山（京那巴魯，Kinabalu Park，高4095.2公尺，又名「中國寡婦山」），曾強顏歡笑地在最高點拍照留念，差點得到高山症，幾乎以身殉山，若彼時未能生還，則今日所見到的在下，無疑必為幽靈。西馬從未涉足，藉中國文化大學校友年會在吉隆坡召開，義不容辭即刻報名，並拔得頭籌。

　　旅遊是草民生活的一部分，四海為家，隨遇而安，貫徹蘇格拉底（Socrates, 470?-399 B.C.E.）所倡 "citizen of the world" 的精神，生命應浪費在美好的事物上，而旅遊乃是最佳的消費。

　　大會盛況空前，可謂冠蓋雲集，該來的都來了，規模超過印尼峇里島及上海的年會，一則馬來西亞僑生留臺者眾，二則柯文煥會長人脈極廣，靠個人超凡的魅力（charisma），有如此的業績，可窺平日即勤於進行「地下工作」（並非見不得人），許多他校的校友會會長亦被邀請前來共襄盛舉，彰顯「人和」才能「政通」（非「政通人和」）的潛規則。

　　大概前世有緣（非孽緣），在會場上邂逅許多以前被「誤」過的子弟，馬僑的素質一向優異，印象中並無被死當者，大伙如同見到外星人，興奮不已。其中有位李政賢同學，竟然「混到」彭亨州吉打里區州議員，尚擔任民主行動黨彭亨州秘書和文冬區秘書，真是有兩把刷子。因草民年事已高，許多陳年往事不復記憶，此際已塵封許久的

「山中傳奇」，再度躍出舞臺，猶如迴光返照。學生功成名就，是為人師表者最大的安慰。

　　在遊覽車上大家不由自主的唱起校歌，像卡到陰似的，High 到最高點。校友因曾有共同的生活經驗，容易建立革命的情感。離開風景秀麗的華岡，闖蕩江湖，深切體驗人脈的決定性影響力，拉幫結派，古今中外皆然。「今日我以華岡為榮，明日華岡以我為榮」，校友的成就是評鑑一所大學的最高指標。

　　區區五日，欲深入了解一個比臺灣大九點五倍的國家，不啻為天方夜譚。只有走馬看花，浮光掠影，能捕捉多少算多少。

　　縱觀馬來西亞的歷史，葡萄牙人、荷蘭人及英國人，先後在此建立殖民政府，均各超過一個世紀以上，二戰時又被日本皇軍佔領。「外來政權」更替，雖然血跡斑斑，卻也沉澱出豐富的多元文化。自然環境無火山、地震與颱風，堪稱風水寶地。

　　位在吉隆坡南方七十公里處 Sepang 的國際機場，是被森林環繞的機場，與芬蘭赫爾辛基國際機場雷同。吉隆坡的馬路彎彎曲曲，靠左行走，猶如迷宮，好像新北市的永和區和中和區。

吉隆坡雙子星塔

首都吉隆坡（Kuala Lumpur）的字義乃「沼澤河口」，不知何以將 "Kuala" 譯成「吉」？最享譽國際的建築即是國家石油雙子星大樓（Petronas Twin Towers），又名吉隆坡城市中心（Kuala Lumpur City Centre, KLCC），這棟玉米形的建築是由美國建築師所設計，日韓共建，一九九八年竣工，高四

圖片：https://angeltraveling.tw/petronas-twin-towers/。

百五十二公尺（1,483呎），各有八
十八層，在第四十一至四十二層
樓之間（170公尺處），有一座長
達五十八公尺的天空之橋（Sky
Bridge）相連。至二〇〇三年之
間，為世界第一高樓，二〇〇四
年，被臺北市的101大樓（508公
尺）取代，但至今仍是世界最高

雪蘭莪州黑風洞

的相連接建築物。由老牌007大帥哥 Sean Connery 與大正妹 Catherine
Zeta-Jones 主演的美國電影《將計就計》（*Entrapment, 1999*），片中有
段高空走鋼索的鏡頭，將雙子星塔的知名度推向世界。

　　從吉隆坡北上霹靂州（Perak）首府——怡保（Ipoh）途中所見到
的建築，多以白色為基調，在陽光照射之下亮麗光鮮，但易被汙染，
維護工作甚為費心。"Ipok" 本為植物名，汁液有毒，卻因水質絕佳，
盛產美女，如才貌雙全的楊紫瓊和華怡保（擁有19吋蜂腰的歌手）。

　　代表性的景點是有「南島敦煌」之稱的霹靂洞，鐘乳石隨處可見，
牆壁上為華人世界名人的書法和繪畫作品，猶如一部中國近現代史。

　　環繞在吉隆坡周圍的景點，較具代表性者有：

　　雪蘭莪州（Selangor）與黑風洞（Batu Caves）：為印度教聖地，
亦為宗教、科學與旅遊勝地，為石灰岩洞穴群，面積二點五五平方公
里，內有二十處洞穴，以黑洞、光洞最著名，二百七十二級的階梯可
考驗體力，成群結隊的小孫悟空活蹦亂跳。入口處右側有一座巨大的
Murugan 神像，高達一百四十呎，由黃金鑄造，Murugan 為馬來西亞
泰米爾族（Tamil）的守護神，為印度教三相神之中的破壞神濕婆
（Siva）與 Parvati 的次子。

圖片：https://yama.tw/batu-caves/。

　　錫博物館：馬來西亞為產錫大國，該館又名皇家雪蘭莪錫器博物館，館內展示錫器的製造過程和錫文化，館外有一世界最大的錫啤酒杯。

　　獨立廣場（Merdeka Square）：為揮別殖民歷史的紀念地標，一九五七年八月三十一日，正式脫離英國的統治而獨立，在綠草如茵的廣場上，有一支高達一百公尺，號稱全球最高的旗桿，昇上一幅巨大的馬來西亞國旗。

　　馬來蘇丹皇宮（Istana Negara, National Palace）：為國家元首的官邸，不對外開放，原為中國商人的住宅，一九二六年出售，改建為皇宮。

　　武吉丁宜法國村（Colmar Tropicale）與日本村：位在海拔二千五百公尺的武吉丁宜，係仿造十六世紀法國南部的科馬爾小鎮而建，意外遇見一對來自伊朗的新人在拍婚紗照。

　　亞羅街（Jl, Alor）：為吉隆坡最大的攤販街，各國風味的餐館林立，難忘美味的烤雞翅和沙爹（Satay，烤雞、羊、牛肉串）。

　　太子城（Putrajaya Garden City）：又名布特拉再也行政中心，為首相府所在地。著名的地標是粉紅清真寺（Masjid Putra），為一座現代化極其壯觀的建築，因外觀呈現淡粉紅色，故名。吉隆坡街上，書報攤罕見，但此寺免費提供許多介紹伊斯蘭教的出版品。

　　咱們多從美國人或日本人的視角看世界，卻對鄰近的東南亞各國不甚了解，在各大學歷史系所專攻及講授東南亞史的人才奇缺。政治大學原設有馬來語系和印尼語系，唯早已「壽終正寢」。越南、菲律賓、汶萊、馬來西亞、印尼與東帝汶均使用羅馬拼音文字，而寮國、柬埔寨、泰國及緬甸仍保留本身的文字。

　　臺灣 vs 中國大陸、馬來西亞 vs 印尼、新加坡 vs 馬來西亞、紐西蘭 vs 澳大利亞、以色列 vs 伊斯蘭諸國，如何以小事大，新加坡、以

色列、瑞士,甚至芬蘭的立國之道,足資借鏡。

西馬與東馬「分居」日久,不知會不會「離婚」?昔日東巴基斯坦脫離西巴基斯坦獨立,改國號為孟加拉,即為一例。西馬占馬來半島(又名馬六甲半島)的大部分,形狀如蕃薯,西岸比東岸繁華,與狀如魚乾的臺灣島相似,開發的過程係由南向北,再由北向東。臺灣的「後山」標榜「好山好水」,理應再加「好無聊」,適合修行、研究、隱居、出家和長眠。

伊斯蘭國家的治安甚佳,並非黎民的秉性如何善良,而是刑罰比較嚴厲所致。禁食豬肉、禁煙、禁酒,可免於吸二手煙的風險。西方的媒體,尤其是美國的媒體被猶太人控制,一直將其醜化和妖魔化,製造出奇特的新三位一體(Trinity)——阿拉伯人＝穆斯林＝恐怖份子＝阿拉伯人,奈何!

數年之後,或可再去東馬砂勞越州(Sarawak)古晉(Kuching,貓城)召開,人貓共生,幸福無比,無貓無法生活,有貓無法工作。二〇一七年將移師「世界音樂之都」——維也納(Wien, Vienna),雖為舊地重遊,但還是不會缺席。

李校長、魏學務長及林秘書長,因肩負沉重的「政治任務」(拜會相關單位及招生),並未參與旅遊活動。草民和柏杉兄同居,為黨國春秋大業奔波,但「神龍見首不見尾」,難得促膝長談至深夜。該地的地陪,服務

吉隆坡蘇丹阿都沙末大廈,前高等法院所在地,並為馬來西亞聯邦法院及上訴院舊址

圖片:https://zh.wikipedia.org/zh-tw/%E8%8B%8F%E4%B8%B9%E9%98%BF%E9%83%BD%E6%B2%99%E6%9C%AB%E5%A4%A7%E5%8E%A6#/media/File:2016_Kuala_Lumpur,_Budynek_Su%C5%82tana_Abdula_Samada_(06).jpg。

態度極佳，見多識廣，語帶幽默，非常上道，在此謹致最誠摯的謝意。對舉辦此次年會所有流血流汗的幕後工作者，用馬來語說聲 "Terima Kasih"（謝謝，音譯為「帶你媽看戲」）。[4]

◀西馬來西亞太子城粉紅清真寺

◀西馬來西亞雪蘭莪州──蘇丹沙拉胡丁阿不都阿茲茲清真寺（又名藍色清真寺）

上圖：https://www.expedia.com.tw/Putra-Mosque-Kuala-Lumpur.d6116236.Place-To-Visit?gallery-dialog=gallery-open。

下圖：https://kualalumpurgogo.com/wp-content/uploads/2024/03/%E5%90%89%E9%9A%86%E5%9D%A1GOGO-25.jpg。

遨遊旅遊勝地——印尼峇里島

習史者通常作「長距離，寬視野，大範圍」的思考，事過境遷之後一年，當沉澱出一絲心得。

各位看官，請允許草民吊一下書袋，"show off" 一番。馬其頓人（Macedonian）亞歷山大大帝（Alexander the Great, 356-323 B.C.E.）以短短十二年的時間，建立世界史上第二個橫跨歐亞非三洲的大帝國（第一個是波斯帝國），其政治理念型鑄成四海一家主義（世界主義，cosmopolitanism）。

中國文化大學校友已有二十六萬，占中華民國總人口的百分之一，可謂縱橫黑白兩道和陰陽兩界，草民熱愛旅遊，在國內外常邂逅校友，堪稱陰魂不散加常相左右。

「好的開始是成功的一半」，搭華航班機從桃園直飛峇里島，登機時竟有貌似林慧萍的空姐前來搭訕，以為是飛來豔福，原來她是草民兼課的國立臺北大學的畢業生，曾修過在下的通識課。五個小時的飛行中，喜有美女相伴，晤談甚歡，此種八十億分之一的機緣，為旅途之中難忘的奇特經驗。

印尼為全球穆斯林最多（88%信奉伊斯蘭教）的國家，其總人口（兩億七千萬）已占世界第四位（僅次於印度、中國和美國），但峇里島卻保留印度教（Hinduism）信仰，未被伊斯蘭化，猶如德國統一之前的西柏林，孤懸海上，成為伊斯蘭世界中的孤島。而東帝汶（East Timor）因曾為葡萄牙的殖民地，故信仰天主教，為爭取獨立，犧牲極大，可謂是早期印尼境內的兩處「異鄉」。

　　李校長及唐理事長「御駕親征」，加上承辦的鳳凰旅行社領導——張金明夫婦（亦為觀光學系校友，與草民同屆）的「加持」，找來一位酷似小甜甜的領隊，在諸位尊敬的大人「法眼」注視之下，必定不敢造次，使出渾身解數，逗得大家開心不已。校友因有共同的生活經驗，雖然系別和屆別相異，但相見恨晚，一見如故，好像軍中令人回味無窮的袍澤之情。

　　李校長發表主題演講 "We have a dream"，不知是否受金恩（Martin Luther King, Jr., 1929-1968）"I have a dream" 或習大大「中國夢」的影響？洪禾秝主任的學術演講，語帶幽默，圖文並茂，乃一收穫豐富的心靈饗宴，充分體驗「隔行如隔山」的真諦。領導人是否有遠見，可將一個團體帶入天堂或地獄，影響成千上萬人的生計，「知人善任」為統治者成功的第一要素。

　　人間有三大心靈珍寶，即親情、友情和愛情，而同學、同事與同鄉的三同關係，比較不設防。有些校友遠從英國、美國趕來，所費不貲，只為區區五日的相聚，令人感動不已。人人都希望成熟，卻不願意衰老。諸校友皆歷經滄桑，海闊天空，百無禁忌，如白頭宮女，話天寶遺事。途中有浮潛活動，因草民年事已高，不便「下海」，與未下海的校友大擺龍門陣。

峇里島舞者

　　由於此次聚會的主題為校友聯誼，而非雲遊四海，只在峇里省的最南邊出沒，故投宿一家飯店：Nusa Dua Beach Hotel & Spa，房間格局呈長蛇狀，房號與門板同色，不易辨認。本校大恩館的標示和建物本身同色，辦

識度甚低。該飯店採正南北向，Lobby 的入口在正南方，為峇里島最高檔的飯店之一，故團費亦水漲船高，不知是否與皇宮的風水雷同？

身為喵喵社會主義貓民民主共和國不可救藥的死忠公民，深信「女人誠可貴，愛情價更高；若為貓咪故，兩者皆可拋。」貓咪有致命的吸引力，易使人失去理性，可與此種不可思議的毛小孩玩上一整天而不膩。每隻貓都很可愛，但不是每個女人都可愛。穆斯林不殺貓、狗、豬，亦不啖其肉，視狗與豬不潔，因與教義的規範有關。印尼以生產有關貓咪的藝術品聞名於世，但在旅途當中，未見到一隻活貓，甚感鬱卒。

旅遊宣傳品，常與實景相去甚遠，尤以所謂經典美景，常是電腦合成或過度修飾的產品，身歷其境，往往深受感動或大失所望，可謂「美得令人心醉，醜得令人心碎」。峇里島應屬前者。

海神廟（Pura Luhur Tanah Lot）的 "Tanah Lot" 即「海中的陸地」之意，為峇里島最著名的地標，亦為人氣最旺的景點。十五世紀由來自爪哇島的高僧所建，為中西部海岸六大寺廟之一，漲潮時則成為島嶼，相傳情侶勿進，否則會分手。以此處當背景拍照，猶如人間天堂。

烏布的猴子非常精明，遊覽神聖猴子森林保護區（Sacred Monkey Forest Sanctuary），有五百多隻猴子棲息，遊客循例購買香蕉以搞好「親子」關係。眾孫悟空盤踞在 Ulu watu 山崖，隨時伺機搶奪遊客的帽子、眼鏡、相機和背包，成為打家劫舍的小賊，管理員將失物取回，需付小費。切記勿逗弄小猴，以免引發母猴攻擊。凡此種種，不知是否經過訓練來上演雙簧？堪稱人猴勾結，坑人錢財，不亦樂乎。

凡去一國旅遊必先做好功課，像007一樣，先摸摸底。從統計數字上來看，印尼屬於實力雄厚的超級大國。國土東西寬達五千三百公里，南北長達二千一百公里，從東向西猶如從中國大陸的黑龍江省到帕米爾高原。印尼共有一萬七千五百零八個島嶼，只有六千零四十四

聖泉寺入口處

個島嶼有人居住，總面積達一百九十餘萬平方公里，為全球最大的島嶼國家。擁有四百多座火山，森林覆蓋達百分之七十四。被戲稱為「什麼都有，什麼都沒有」的國家，已被上天寵壞。

峇里島位在印尼中間偏左的南方，東西寬一百四十公里，南北長八十公里，面積約為五千八百平方公里，為印尼三十三個一級行政區之一。"Bali" 地名的來源，因該島的形狀類似正在下蛋的母雞，頭部朝左方，島民認為係富饒的象徵，故以「盛放祭品的盤子」稱之，印尼語為 "Kuali"，其後演變成 "Bali"。中國大陸譯成「巴里」或「巴厘」，臺灣與香港則譯成「峇里」，查「峇」一字，原指山洞或山的形態，不知何以採用如此詰屈聱牙的非常用字？

省會為登帕薩（Denpasar，舊名巴東〔Badung〕），全島人口四百四十萬人。箴言為「豐饒的峇里島」（Bali Dwipa Java）。峇里人操峇里語，至今仍有一百餘萬人使用，峇里文為從左向右橫寫，字體圓圓滾滾，類似緬甸文，後被用羅馬拼音的印尼文取代。每年四月到九月為乾季，吹東南季風。十月到三月為雨季，吹西北季風。因海上聯絡不易，有獨立發展的歷史軌跡。旅遊界稱為「神明之島」、「天堂之島」、「魔幻之島」、「花之島」、「千宇之島」、「萬神之居」。國際機場名為 "Ngurah Rai"，採用

無所不在的神像

民族英雄之名，因內部裝潢色彩豐富，情不自禁拍照，卻被安全人員阻止。二〇〇二年及二〇〇五年，峇里島曾發生震驚世界的爆炸案，乃基本教義派的伊斯蘭教祈禱團所為，後規定機場不准拍照。

聖泉寺一景

峇里島無鐵路，靠左走，紅綠燈少見，無騎樓，電線糾纏如蜘蛛網，並未地下化。摩托車大軍隨處可見，猶如越南。學校及公共建築漂亮，民宅則乏善可陳。百分之九十三信奉印度教，穆斯林僅占百分之四，老百姓將血汗錢捐給廟宇，以取悅神明，與華人相同。凡陽光充沛之地，對顏色比較敏感。印尼的蠟染聞名全球，女裝光鮮亮麗，男裝多以咖啡色做底色，生活悠閒，遲到、慢慢來乃其民族性。

動物園的展示說明，有印尼、英、俄三種文字，因昔日曾與蘇聯友好，俄國曾贈送潛水艇，成為爪哇島泗水（Surabaya）的潛艇博物館。一六〇二年，荷蘭人東來，成立荷屬東印度公司，統治三百四十年。分化印尼人與華人，希望印尼有更多皇室，彼此不團結，以有利統治。

二戰初期，日本皇軍攻打東南亞，摧枯拉朽，所向披靡，美、英、法、荷、澳軍皆為手下敗兵。一九四二年，日軍正式佔領。印尼人與日本人合作，部分日軍曾參與印尼獨立戰爭，與荷軍對抗。一九四五年八月十七日正式獨立。歷史上，西班牙和葡萄牙人亦曾入侵。荷蘭人來印尼旅遊，猶如懷舊之旅。

印尼的貨幣單位稱為 "Rupiah"，縮寫為 "Rp."，應稱為「盧比」，不知何故，華人稱為「盾」。新臺幣一元可兌換四百四十七盾，一美

販售糖果的小女孩

元可兌換一萬五千盾。身為中低（中產階級的底層）收入戶，不敢胡亂血拼。鈔票、郵票和地圖乃印刷術的極致。雖說「錢多煩惱多」（Much coin, much care.），但「錢到用時方恨少」。凡去一國，必然交換該地完整的紙幣及硬幣，當做藝術品欣賞。印尼的現行紙幣計有：一百、五百、一千、兩千、五千、一萬、兩萬、五萬、十萬等九種幣值，印刷品質和美工設計甚為精美；硬幣分為：二十五元、五十元、一百元、二百元、五百元、一千元等六種；十萬印尼盾可購買七件 T 恤，簽證費需五萬盾，機場稅則需二十萬盾。

草民業餘研究旗幟學（vexillo-logy）與紋章學（heraldry, armory, armoury），印尼的國旗比例為二比三，與摩納哥公國（Principality of Monaco）的國旗完全相同，即上紅下白橫帶組成，印尼人稱「榮耀紅白」（Sang Merah Putih），一九四五年使用，一九四九年正式採用。摩納哥的國旗，早在一八八一年即已使用，曾向印尼多次抗議，即使抗辯有理，卻莫可奈何。印尼人宣稱，其國旗在十三世紀即已出現。波蘭國旗為上白下紅，極易混淆。印尼人喜用國旗當裝飾品，像日本的加油站均升起國旗。

有些國家只要去過一次，一顆熾熱的心就會被偷走，如同吸毒，會上癮，還想一去再去（如土耳其、捷克）。有些國家被媒體過度妖魔化，與實況差異甚大（如朝鮮、伊朗）。而朝鮮、越南和以色列，均不直接在護照上加蓋戳記，係使用夾頁，在出境時回收。若有以色

列的戳記，則無法入境印尼和馬來西亞。昔日草民從約旦進入以色列時，海關見護照上有伊朗的簽證，眼睛一亮，詢問許久，草民「溫良恭儉讓」，忠厚老實，絕非恐怖份子。

旅遊時當忘記身分與地位，與大自然融為一體，學習貓咪保持單純的好奇心。人為「宇宙之子」，亦為「地球之子」，猶如百代之過客，面對大宇宙，人與人之間的恩怨情仇，如此微不足道。從婚喪喜慶，到帝國滅亡、世界大戰、天災地變，皆為小事。權力、財富、學歷的傲慢，必將化為烏有，不僅不會像電子媒體上的那些名嘴，自我膨脹到罹患大頭症而不自知，應該像成熟的低垂的竹子，謙卑滿懷。

期待各路英雄好漢，二○一五年六月的校友會將「反攻大陸」，咱們在上海見！

當地盛行的鬥雞

1 在前往印尼的華航班機上，巧遇草民以前的學生
2 印尼特有的蘇門答臘虎
3 印尼常見的蝙蝠
4 印尼傳統舞蹈表演

土耳其安那托利亞文明博物館浮光掠影

緣起

　　西亞與東地中海地區為古文明發展的搖籃，其中尤以今土耳其共和國（Türkiye Cumhuriyet）可能最為豐富，在其境內先後有六十五種文明孕育，遺留龐大而豐富的古蹟與文物。

　　首座在國都安卡拉（Ankara）成立的博物館即安那托利亞文明博物館（Anadolu Medeniyetleri Müzesi, The Anatolian Civilizations Museum）。何以未稱為國立歷史博物館？因土耳其歷史發展的空間變化極大，故以安那托利亞（Anatolia）為範疇，乃小亞細亞（Asia Minor）的舊稱，指黑海與地中海之間的陸地，即今土耳其的亞洲部分，地理學上名為安那托利亞高原（或半島）。而此一名詞源自希臘文 «anatolē»，意即「日出」、「東方」，拉丁文為 "Anatolius"，法文為 « Anatole »，當作名字使用，"Anatoles" 即「日出之地」，"Anatolia" 乃羅馬人所使用。

博物館建築沿革

　　該館位於安卡拉城堡（Ankara Castle）南方的 "Atpazarl" 區，即「馬市」之意，為兩幢鄂圖曼土耳其帝國（Ottoman Empire, 1300-

安納托利亞文明博物館招牌

1920）時期的建築，名為 "Mahmut Paşa Bedesteni" 與 "Kurşunlu Han"。

"Bedesteni" 為 Mahmut Paşa 所建，原為市集（bazaar）中貯存貴重貨物的所在，時為一四六四至一四七一年，Mahmut 為著名的「征服者」梅荷美特二世（Mehmed II, *Called* Fatih, the Conqueror, 1432-1481，在位期間1444-1446, 1451-1481，於一四五三年五月二十九日攻陷君士坦丁堡，滅東羅馬帝國）的首相。但是建築物中並無碑銘，依據史料，用山羊或駱駝毛製成的布 "sof"，即是從此處供應。該建築乃伊斯蘭標準型式，為長方形，中有十個圓頂，周圍環繞如穹窿的拱廊，當作展覽室。

根據最近安卡拉的土地記錄及司法資料顯示，"Kurşunlu Han"為 Mahmut Paşa 的繼承者 Mehmet Paşa 所建，直至一四七〇年。主要提供伊斯坦堡 "Üsküdar" 區的施粥場及窮人的收入，尚在該區建造清真寺，後長眠於該寺。這幢建築物中亦無碑銘，至一九四六年進行修復工程時，發現穆拉二世（Murad II, 1404-1451，在位期間1421-1451）時的錢幣，證實建於十五世紀的前半期。其風格為鄂圖曼帝國的典範，中間有一庭院，周圍由許多展覽室環繞，一樓有二十八間，二樓有三十間，所有的房間均有壁爐。西側與南側的地下室有 L 形的馬廄，北側有十間展覽室，東側有九間，中有四間在兩端未封閉的拱形前廳中間的對面。

圖片：https://ciuigi.blogspot.com/2015/11/7-ankara-anadolu-medeniyetleri-muzesi.html。

博物館發展簡史

一九二一年，文化事務局局長 Mübarek Galip Bey 在安卡拉城堡一塔中成立博物館，名為 "Akkale"。而奧古斯都神廟（Temple of Augustus）和羅馬浴場（Roman Bath）也在蒐集文物。其後，國父凱末爾（Mustafa Kemal Atatürk, 1881-1938）指示應建立西臺博物館（Hittite Museum），其他各博物館中所典藏有關西臺帝國的文物集中於安卡拉。因藏品豐富，需擴建博物館，文化事務局局長 Hamit Zübayir Koşay 向教育部部長 Suffet Arıkan 建議，可將 "Mehmet Paşa Bedesteni" 和 "Kurşunlu Han" 改建為博物館。一九三八年著手改建，至一九六八年完全竣工。

"Bedesteni" 中間的圓頂部分於一九四○年修復，在 H. G. Guterbock 教授的指導之下，至一九四三年先開放參觀，彼時其他部分的工程尚在進行。經激烈的競爭之後，採用建築師 Macit Kural 設計的藍圖，並由建築師 Zühtü Bey 監工。一九四八年，將 "Akkale" 中的博物館遷至 "Kurşunlu Han" 的四個展覽室，"Akkale" 則改為倉庫。紀念碑部門的工程師 İhsan Kıygı 負責維修及展覽規畫。五間展覽室保持原狀，其他展覽室的圍牆則予以拆除，連接成遼闊的展示走廊。

目前的博物館形貌是在一九六八年定案，"Kurşunlu Han" 當作行政區，包括研究室、圖書館、會議廳、實驗室和工作室，"Mahmut Paşa Bedesteni" 則專作展覽之用。

展品巡禮

該館為世界著名的歷史文物博物館之一，展品共分九大主題，十一大展示區，茲分別簡述於下：

人面獅身壁雕

一、舊石器時代（The Palaeolithic Age）：指二百萬至一萬年前，又名 "Old Stone Age"，再畫分為早（Lower）、中（Middle）、晚（Upper）三期。安那托利亞地區在此時已有稠密的人口分佈，今西南部港口安塔利亞（Antalya）西北方三十公里處有一 "Karain" 洞穴，為西亞地區舊石器時代的重要遺址之一。展示從十點五公尺深的地層中出土的各種石器、手斧、刮石器、箭頭，以及骨製的鑽子、針和裝飾品。

二、新石器時代（The Neolithic Age）：又名無陶器時期（Aceramic Period）。在孔雅（Konya）東南方五十一公里處有一 "Çatalhöyük" 遺址，為愛琴海世界高度發展的遺址之一。經碳十四測定其年代為公元前六八〇〇年至五七〇〇年。展示品之中最著名者厥為母親女神像，用黏土曬乾和雕刻石頭而成，乃公元前六千年前半期的遺物，身軀豐腴，象徵生育力，通常以少女、老婦或孕婦的形象顯現。另一遺址在布爾杜爾（Burdur）東南方二十五公里處的 "Hacılar"。值得注意的是將過世者埋葬在家中，而非另擇墓地，並有陪葬物。

三、銅器時代（The Chalcolithic Age）：分為早、中、晚三期。著名的遺址有 "Hacılar"、"Canhasan"（在卡拉曼〔Karaman〕東南方十三公里處）、"Beycesultan"（在齊夫利爾〔Çivril〕東南方五公里處）、"Alişar"（在約茲加特〔Yozgat〕東南方六十七公里處）、"Alacahö-yük"（在喬魯姆〔Çorum〕省），開始使用銅（copper），年代為公元前五

圖片：https://ciuigi.blogspot.com/2015/11/7-ankara-anadolu-medeniyetleri-muzesi.html。

四○○年至三○○○年。埋葬的習俗各地區相異，係將遺體放在大口
瓶或石棺內，並用陶器、飾物和武器陪葬，文化發展亦呈現出多元化
現象。

四、早期青銅器時代（The Early Bronze Age）：肇始於公元前四
千年後期或三千年前期，已有金、銀、金銀合金出現，房屋採用長
形，但只有一間屋子的 "megaron" 型。此一時代的安那托利亞已成為
西亞文化的中心，館中的展品極為豐富。觀其造型，已非純屬寫實主
義（realism），而是具有相當抽象的現代性（modernity），或謂現代藝
術受到原始藝術的啟示，追溯生命的原點，以單純（simplicity）的結
構表達複雜（complicacy）的意念。

五、亞述殖民時期（The Assyrian Colonies Period）：公元前一九
五○年至一七五○年，乃書寫歷史之始。公元前一九六○年，在兩河
流域北方的亞述人，已與安那托利亞建立複雜的貿易體系，並傳入楔
形文字（cuneiform）及圓柱體印章。封建城邦出現，多由哈遜人
（Hattians）統治，後為著名的西臺人（Hittites）接管。令人印象深
刻者是像魚骨頭的楔形文字竟然如此「迷你」，要使用放大鏡才能看
清楚，據悉，國內尚無對此種文字有研究的學者。而在世界史的領域
之中，亞述學、西臺學和埃及學（Egyptology）一樣，不僅可成為獨
立的學科，尚值得作終身的研究。

六、古西臺與西臺帝國時期（Old Hittite and Hittite Imperial
Periods）：公元前一七五○年至一二○○年。Anitta 建立西臺王國，
諸神的造型皆有杏眼、相連的眉毛（如新疆的維吾爾人〔Uigurs〕）、
碩大的羅馬鼻和微笑的嘴唇，身體採正面呈現，頭和腳則為側面。
Kadeş 之役以後，西臺人與埃及人簽訂 Kadeş 條約，時為公元前一二
七○年，乃安那托利亞最早的一項條約。

七、新西臺帝國時期（The Neo-Hittite States）：公元前一二○○年

壁面浮雕：驍勇善戰的士兵

至七〇〇年。海上民族（Sea Peoples）入侵，西臺人遷徙至南方的托羅斯山區（Taurus Mts.），帝國雖瓦解，但傳統猶存，直至公元前七〇〇年，因受亞述人的攻擊，而在歷史舞臺上完全消失。此時在安那托利亞的西部與北部尚有佛利幾亞王國（Phrygian Kingdom），東部則有尤拉遜王國（Urartian Kingdom）。展示品中以雕刻居多，比較特殊的是西臺人已不使用楔形文字，而自創象形文字（hieroglyphic）。

八、佛利幾亞人（Phrygians）：公元前一二〇〇年至七〇〇年。佛利幾亞人從東南歐遷入，建都於戈第安（Gordion），屬於印歐語系。「西方史學之父」希羅多德（Herodotus〔Herodotos〕of Halicarnassus, c. 484-c. 420 B.C.E.）言及彼等係來自馬其頓（Macedonia）。至公元前八世紀，國勢鼎盛，公元前七世紀，瑟美倫人（Cimmerians，詩人荷馬〔Homer, 9th-8th? century B.C.E.〕所稱古代居於永遠黑暗陸地上的神秘人類）入侵，逐漸式微，里底亞王國（Kingdom of Lydia）興起，至公元前五五〇年，波斯人滅佛利幾亞。其藝術風格分為前後兩期，以公元前七世紀為分水嶺，展示的黑白陶器與彩色裝飾陶器極為精緻，可欣賞單純之美和繁複之美。而其國都戈第安，因東征的亞歷山大帝（Alexander III, Alexander the Great, 356-323 B.C.E.，在位336-323 B.C.E.）於公元前三三三年冬季，在此揮劍切斷傳說中由 Gordios 王打

圖片：https://ciuigi.blogspot.com/2015/11/7-ankara-anadolu-medeniyetleri-muzesi.html。

在雙輪戰車上的死結，俗稱戈第安結（Gordian knot），以應驗可征服東方的寓言而享譽世界。

九、尤拉遜人（Urartians）：公元前一千年，在今土耳其最大的湖泊——凡湖（Van Gölü）建國，名為尤拉圖（Urartu），至公元前六世紀，被從北方入侵的梅迪斯人

哥貝克力石陣展示區

（Medes）與塞西亞人（Scythians）所消滅。彼等不屬於閃族語（Semitic）及印歐語系，而屬於休倫人（Hurrians）的後裔。展示品中以象牙雕刻的獅子像及有翼惡魔像最具特色。

十、里底亞時期（Lydian Period）：里底亞人和西臺人忽敵忽友，擁有本身的語言及文化，曾與希臘人、埃及人、佛利幾亞人有接觸，至公元前七世紀國勢達到高峰。一般的外國史教科書上，多喜使用「富有、逸樂、柔媚、淫蕩」等字眼形容里底亞人，觀其藝術品，不論金器、銀器、珠寶、印章、雕刻品、壁畫，皆光鮮亮麗，靈氣逼人，毫無陳舊的「骨董」氣息。

十一、公元前七世紀以後：多利安人（Dorians）在公元前二〇〇〇年前末期於此建立第一個希臘殖民地，歷經「前系統時代」（Protogeometric Age, 1100-950 B.C.E.）、「系統時代」（Geometric Age, 950-600 B.C.E.）、「古典時代」（Archaic or Classical Age, 600-480 B.C.），融合希臘與波斯文化，進入「大希臘時代」（Hellenistic Age, 330-30 B.C.E.）。公元前一三三年，在羅馬人統治之下，曾出現柏伽蒙王國（Pergamon Kingdom）。後有東羅馬帝國時代、塞爾柱（Seljuk）土耳其人及鄂圖曼

圖片：https://www.flickr.com/photos/60396351@N05/39197862992。

（Ottoman）土耳其人，直至十五世紀。研究錢幣學（numismatics）者至此參觀，必會大開眼界。

結論

該館的建築並非宏偉，但館內的設計極具特色，猶如聆聽室內樂般的溫馨。展品的數量亦非常龐大，卻多屬藝術史上的珍品。唯服務人員的態度相當冷漠，這可能是吃公糧者的普遍性特徵，但所出售的書刊、地圖及明信片卻比坊間便宜，可大膽瞎拼（shopping）一番。允許拍照，但不准使用閃光燈。中間展示巨大石刻品的展覽室，備有許多椅子，提供參觀者休息和聽解說之用。

若走馬看花，參觀時間約需一個小時，假如對考古和歷史情有獨鍾，則可消磨半日，仔細品味。歷史類博物館通常為涵泳愛國思想教育的最佳場所，土耳其境內先後有六十五種文明盛衰興亡，又有著名的絲路（silk road）通過，作為東西文化的輻輳地帶，廣袤的大地之下，自然沈澱相當驚人的文物。文化大國、政治大國、軍事大國和經濟大國，何者較具永恆的宰制性？

附錄　安卡拉主要的博物館

一、國父陵墓（Anıtkabir Müzesi, Mausoleum of Atatürk）
二、安卡拉國父文化中心──博物館群──共和國時期博物館──民俗展覽館與圖書館（Atatürk Kültür Merkezi Müzesi, Ankara Atatürk Center of Culture a Complex of Museum-Exhibition Folklore and Library The Republican Era Museum）
三、安卡拉奧古斯都神廟（Augustus Tapınağı, The Augustus Temple of Ankara）

四、安卡拉國立繪畫與雕塑博物館（Ank. Devlet Resim ve Heykel Müzesi, The Ankara State Museum of Painting and Sculpture）

五、安卡拉大學教育科學院玩具博物館（A. Ü. Eğt. Bilim. Fak. Oyuncak Müzesi, The Toy Museum of the Faculty of Educational Sciences, Ankara University）

六、國父模範農場──國父博物館（Atatürk Orman Çiftliği, Atatürk Evi Müzesi, The Atatürk Museum In The Atatürk Model Farm）

七、共和國博物館（Cumhuriyet Müzesi, Museum of The Republic）

八、Çankaya Köşk 博物館（Çankaya Müze Köşk, The Çankaya Köşk Museum）

九、國立氣象服務博物館（Devlet Meteoroloji İşleri Genel Müdürlüğü Müzesi, State Meteorological Service's Museum）

十、國家公墓博物館（Devlet Mezarlığı Müzesi, Museum of The State Cemetery）

十一、人種誌博物館（Etnografya Müzesi, Ethnography Museum）

十二、Gazi 大學職業教育學院博物館（G. Ü. Meslek Eğitim Fak. Müzesi, The Museum of Professional Education Faculty of Gazi University）

十三、戈第安博物館（Gordion Müzesi, Gordion Museum）

十四、女子技術教育研究博物館（Kız Teknik Öğretim Olgunlaşma Enstitüsü Müzesi, Girl's Technical Education Institute Museum）

十五、獨立戰爭博物館（Kurtuluş Savaşı Müzesi, The Independence War Museum）

十六、礦物研究與探測總局──自然歷史博物館（MTA Genel Müdürlüğü Tabiat Tarihi Müzesi, Mineral Research and Exploration (MTA) General Directorate History of Nature Museum）

十七、Mehmet Akif Ersoy 博物館（Mehmet Akif Ersoy Müze Evi, The Museum House of Mehmet Afif Ersoy）

十八、獨立戰爭期間國父故居（Milli Mücadelede Atatürk Konutu, Atatürk's Residence During The War of Independence）

十九、鐵路博物館與畫廊（Demiryolu Müzesi ve Sanat Galerisi, Railway Museum and Art Gallery）

二十、國防部製圖博物館（Milli Savunma Bakanlığı Harita Genel Komut-anlığı Haritacılık Müzesi, Mapping Museum of Ministry of National Defence）

二一、中東工業大學博物館（Orta Doğu Teknik Üniversitesi Müzesi, Museum of Middle East Technical University）

二二、郵政博物館（PTT Müzesi, Post Office Museum）

二三、羅馬浴場（Roma Hamamı, The Roman Bath）

二四、土耳其共和國銀行博物館（T. C. Ziraat Bankası Müzesi, Museum of T.C. (Turkish Republic) Ziraat Bank）

二五、百年運動博物館（100. Yıl Spor Tarihi Müzesi, 100th Year Sports History Museum）

二六、教育博物館（Eğitim Müzesi, The Education Museum）

安卡拉凱末爾紀念館

圖片：https://upload.wikimedia.org/wikipedia/commons/thumb/b/b3/Ankara_asv2021-10_img 04_An%C4%B1tkabir.jpg/2560px-Ankara_asv2021-10_img04_An%C4%B1tkabir. jpg。

以色列耶路撒冷哭牆的故事

緣起

　　身為長期被喵星人霸凌，命運悲慘的貓奴，不惜作賤自己，仰貓鼻息，自得其樂。深覺貓是一種不可思議的動物，被人類豢養數千年，卻永遠保持獨立的個性，不屑於被醜陋的人類所同化。

耶路撒冷

　　耶路撒冷亦為地球上最不可思議的城市，乃「聖地中之聖地」，有「聖城」（Celestial City, Holy City）之稱，雖然羅馬與麥加（Mecca）亦有聖城之稱，但其複雜性遠不及耶路撒冷。耶路撒冷為三教——猶太教、基督宗教、伊斯蘭教發源地，前同後異，卻水火不容。（全球知名度最高的城市，首推維也納，藉著音樂，享譽世界。）耶路撒冷建城已屆四千年，可在大學裡單獨開城市發展史，以釐清上下數千年交織的脈絡。

耶路撒冷

　　"Jerusalem"＝"Jebus"（城市）＋"Shalom"（和平），即「和平之

圖片：https://cdn-news.readmoo.com/wp-content/uploads/2018/08/jerusalem-news.jpg。

城」之意，"Salem" 即聖都，然而極為諷刺的是，此城一直發生戰事。歷史上有三十七次被佔領或被戰火波及，其中毀滅十八次。上帝給世界十分美麗和哀愁，九分給了耶路撒冷，一分給了其他地方。

上古時代，羅馬人跟猶太人互相屠殺，不留活口，假如以德報怨，會被敵人消滅殆盡。中古時代，歐洲國家藉宗教之名，實為經濟因素，發動的十字軍（Crusade）東侵，長達兩個世紀之久，手段更為殘酷。遑論近代一直陷於戰爭的漩渦之中，恐永無寧日。理應有許多阿飄在此出沒，可媲美世界「鬼都」倫敦——有鬼屋之旅，食、宿和參訪的景點均屬鬧鬼之地，參加者需先寫好遺囑，如果不幸被好兄弟抓交替，則一切後果自行負責。

耶路撒冷是外國觀光客赴以色列的首選，如去法國的首選一定是巴黎。在世界文化遺產之中，是宗教氣息最濃厚，亦最複雜之地，除了教堂還是教堂（包括不同的教派），而不具宗教色彩的景點，似乎毫無致命的吸引力。

耶路撒冷分為四個區域：東北方是穆斯林區，西北方是基督徒區，西南方是亞美尼亞區，東南方是猶太區。正東方即是鼎鼎大名的哭牆所在，猶太區商店前面整潔異常，隔壁的穆斯林區則有些髒亂，大概是「自掃門前雪」的心態使然，從一神論（monotheism）到多神論（polytheism）的有神論（theism）信徒，彼等外在的行為卻有極大的差異。

在草民曾造訪的國家之中，以伊朗人對華人最友善，次為土耳其人，而感受最特別者，首推朝鮮（俗稱北韓），次為以色列。在今日各種媒體，尤其是電子媒體，被特定的團體（政黨、宗教、種族）掌控之下，刻意美化或醜化，甚至妖魔化（demonization），已扭曲世界真實的面目。俗云「百聞不如一見」，身歷其境，直接觀察，不失為一良方。

「他山之石，可以攻錯。」（《詩經・小雅》），臺灣這蕞爾小國，並不具國際知名度，在網路資訊爆炸的當下，老外仍弄不清 "Taiwan" 和 "Thailand" 有可不同？新加坡、以色列與瑞士的立國之道，值得咱們學習。

金頂清真寺

以色列與美國同屬民族大熔爐（melting pot），均源於因信仰問題而遭受迫害的宗教難民。美國又別稱 "Land of Opportunity"（亦為阿肯色州〈Arkansas〉的暱稱），實為大雜燴（salad bowl）。而以色列因忠於猶太教（Judaism）的核心信仰，具有高度的同質性。

西牆

「西牆」（Western Wall of the Temple Mt.）最早出現於猶太經典，但地點無法確定。十一世紀，Ahimaaz ben Paltiel 使用「西牆」一詞。十九世紀，英國文壇稱為「哭牆」（Wailing Wall），原名「歐洲之牆」，被視為歐洲的盡頭，歐亞的分界線，亦稱「嘆息之壁」。猶太人在此祈禱，有時會喜極而泣，也可稱為「歡樂之牆」。在聖殿的四面牆之中，西牆最靠近聖殿，乃跟上帝直接對話之地。

因屬於世界文化遺產，二十四小時開放，不收門票，每週一、四清晨，播放猶太經文。中間隔開，男左女右，男子區空間大於女子區空間，可站著或坐在椅子上祈禱。女子可不蒙頭巾，不戴帽，禁止穿無袖上衣，離開時不可轉身，要面對哭牆後退。未見穿短褲者，也不

圖片：https://app.move-hub.net/MH-FC-JERUSALEM/assets/img/jerusalem/jerusalem_2.jpg。

可穿拖鞋，男女皆然。男子須戴名為亞莫克（yarmulka）的無檐小帽，有紙質、布質和皮質（富人使用），外國人也要入境問俗，因體積甚小，容易滑落，須用髮夾固定，猶如天主教教宗頭上的小帽，象徵卑微的人類不可超越上帝，跟上帝神交，仍須注意儀容。

　　男孩十三歲，女孩十二歲，即可在此進行成年禮，會感到無上光榮。每週五早上，通常舉行男孩成年禮，教士令男孩背誦經文，婦女在女子祈禱區觀看，儀式結束後會尖叫，並灑米祝福。

　　祈禱者將心中的話寫在小紙條裡，捲成圓筒狀，然後塞在石牆的縫隙中。每隔一段時間會被清理，不可窺視內容，禁止焚燒。而是埋在墓園裡，回歸大自然。

　　西牆位在耶路撒冷老城，聖殿山（舊名摩利亞山）下西側，海拔七百四十三公尺，是猶太教最神聖之地。凡是聖山、聖河、聖湖和聖井，不可任意侵犯或汙染。西牆是用石灰岩構築，共有十九層，高六十呎（18公尺），地下深二十呎（6公尺），長一百六十呎（50公尺）。左側有一隧道（Kotel Tunnels），原來長達六百公尺，為今日的十二倍，延伸至穆斯林區建築物的後方。在週五日落至週六日落之間，即安息日（Sabbath），以及節日期間，禁止攝影，以懷念消失的聖殿。西牆的表面，因長期被信眾觸摸，而變得非常光滑。草民聯到面壁思過或面壁修行，兩者有異曲同工之妙。

　　以色列的天氣高溫乾燥，猶太教男士，有身穿深黑色服裝，頭戴深黑色大盤禮帽，不知會不會中暑？有些在耳邊紮著像炸麻花的小辮子。在祈禱時，有些唸唸有辭，有些痛哭流涕，有些則全身顫抖，猶如起乩，或是聖靈附身（obsession），或是神魂超拔（ecstasy），信仰的感染力確實強大。

　　阿拉伯人稱為布拉克牆（Al-Burāq），希伯來語為 "HaKotel Ha Ma'Aravi"。公元六二一年七月二十七日（回曆前1年7月17日），穆罕

默德由天使長（熾天使）克卜利勒（Saint Gabriel the Archangel）帶領，騎著一頭神獸布拉克，飛到阿克薩清真寺，將牠繫於此，然後飛上七重天，此即著名的「夜行登宵」或「夜間旅行」。

穆斯林稱此地為 "Haram-esh-Sharif"，即「高貴的殿堂」（Noble Sanctuary），包括磐石清真寺（金頂寺）（Dome of the Rock）和阿克薩清真寺（al-Aqsā Mosque）。磐石清真寺又名圓頂清真寺，是耶路撒冷最著名的地標之一，公元六八八至六九一年建成，遊客稱為奧瑪清真寺，中間有一塊岩石，是穆罕默德「夜行登宵」之處，尚留下腳印（？）。阿克薩（意即遙遠）清真寺，又名「遠寺」，公元七〇五年建成，可容納五千人。兩間清真寺均禁止非穆斯林入內禱告，亦不可攜入《聖經》或禱告本。

猶太教、基督宗教與伊斯蘭教共同的始祖——亞伯拉罕（Abraham），在此將其子獻給上帝，以考驗其忠誠，後被阻止，卻有精神摧殘（menticide）之嫌。公元前一〇〇三年，著名的大衛王（King David, 1040-970 B.C.E.）統一各部落，將耶布斯（Yevus）改名為耶路撒冷，定為首都。第一聖殿原為所羅門王（King Solomon, 1010-931 B.C.E.）所建，動員二十萬人，歷時七年（969-962 B.C.E.）（一說15年），又名所羅門聖殿（Solomonic Temple），典藏著名的約櫃（法櫃，Ark of the Covenant [Testimony]），今只剩殘跡。公元前一世紀，羅馬共和國猶太行省希律大帝（Herod the Great, 72-4 B.C.E.）重建底部大石塊區段，但並未完工。

所羅門王死後，國家分裂為以色列（Israel）（北方）與猶大（Judah）（南方）兩個國家。公元前七二二年，亞述（Assyria）國王薩爾恭二世（Sargon II, 762-705 B.C.E.）征服以色列。公元前五八六年，新巴比倫帝國（Neo-Babylonian Empire）（即加爾底亞，Chaldea）國王尼布甲尼薩二世（Nebuchadnezzar II, 627-562 B.C.E.，在位605-562

B.C.E.）征服猶大，摧毀聖殿，只留下西牆，公元前五三八年，波斯滅加爾底亞，猶太人返回故地，用二十年時間建立第二聖殿。

以色列濱海凱撒利亞國家公園中希律王王宮殘存石柱

公元七十年，羅馬將軍提圖斯（Titus Flavius Vespasianus, 41-81，後任皇帝：79-81），在第一次猶太－羅馬戰爭中毀之，羅馬軍隊將原為聖殿平臺的擋土牆夷為平地，但未損壞臺基以下的擋土牆，傳說天使在牆上哭泣。羅馬人統治時期，禁止猶太人進入耶路撒冷。東羅馬（拜占庭）帝國時，允許每年只有一次，即聖殿被毀紀念日——埃波月第九日（9thof Av）（不可享樂），才可在西牆停留。

四世紀以後，猶太人習慣在此聚集，尤其是星期五，悲嘆耶路撒冷的陷落（597-586 B.C.E.）及神廟的毀滅（C.E. 70, 135），悼念亡國，祈禱復原。奧瑪雅王朝（Umayyad Caliphate, 661-750），在上方中型石塊區段，興建兩大清真寺。鄂圖曼土耳其帝國時期，畫出長二十公尺，寬三公尺的空間，讓猶太人祈禱，但至今仍無法確定原有聖殿的位置。穆斯林區亦有小西牆（Little Western Wall, Small Kotel, HaKotel HaKatan, Kotel Katan），而西牆隧道（Minheret HaKotel）隱藏四百八十五公尺。南牆長九百二十二呎。十九世紀中葉，猶太人試圖買下，但未成功。是猶太人跟穆斯林之間衝突之地，常發生暴力行為。一九三〇年，召開國際會議，以解決所有權問題。

東羅馬帝國時期，允許猶太人在此跟上帝最接近的地方聚集，悲傷的祈禱，「上通天聽」，深信「聖靈（Presence）從未離開過西牆」。公元六三八年，阿拉伯人在猶太人引領之下，佔領耶路撒冷，並協助征服者清理殘跡。

　　第一次世界大戰（1914-1918）期間，英軍控制耶路撒冷，允許猶太人在此祈禱。一九四八年，以阿戰爭爆發，以色列控制新城，約旦控制舊城達十九年之久，禁止猶太人聚集。一九六七年，爆發六日戰爭，以色列佔領舊城，三日後拆掉西牆區有七百七十年歷史的摩洛哥區。一九八〇年七月二十三日，以色列國會正式通過協議，耶路撒冷是以色列「永久和不可分割的首都」，國會及最高法院皆設於此。今日的耶路撒冷是以色列與巴勒斯坦共同的首都。

　　二〇〇七年，耶路撒冷的以色列研究所的民調顯示，百分之九十六的以色列猶太人反對放棄西牆。伊斯蘭運動的領導人主張，將西牆伊斯蘭化和去猶太化，而原教旨主義（基本教義，fundamentalism）者，主張對非穆斯林使用暴力。末世預言實現論（Preterism），預言會有第三聖殿出現，穆斯林反對，認為修建第三聖殿，為對彼等的冒犯，因已有圓頂清真寺和阿克薩清真寺。猶太人認為阿克薩清真寺是建在原來的聖殿的廢墟上，卻只剩下西牆，未來的彌賽亞（救世主，Messiah）將在此建立第三聖殿。

　　猶太人在祈禱時，會出現全身顫抖的現象，可能比較不易入睡，或可稱為起乩禱告法。以色列哲學家 Yeshayahu Leibowitz 稱為「偶像崇拜」和「迪斯可舞廳」（Disco of the Divine Presence）。

　　在此可跟上帝直接對話之地，作為祈禱場所，已有三百年歷史。以色列進行考古工作，挖掘希律大帝時的建築物，引起阿拉伯世界強烈的抗議，因係穆斯林心目中的聖地，如同聖山不可攀爬。一九九二年，考古發現五塊巨大的基石，有二千多年的歷史，是用聲波探測法確定，其中有一塊長十三點六公尺，寬四點六公尺，高三點五公尺，重達五百七十噸，為世界上第三大人造巨石（megalith）。

　　第一次世界大戰時，德國在西部修築西牆（Der Westwall），即著名的齊格飛防線（Siegfired-Linie），以對抗法國的馬其諾防線（Maginot

Line）。今日在美國首都，華盛頓紀念碑與林肯紀念堂間的草地上亦有哭牆。

　　身為「上帝的選民」（Chosen People），實為「悲情民族」，若對四周虎視眈眈的強敵以德報怨，恐怕早就消失在歷史之中。漢摩拉比法典（Code of Hammurabi）提倡「以眼還眼，以牙還牙」的報復主義原則，猶太人發揮得淋漓盡致。假如是小國、弱國、窮國，再怎麼「德不孤」，恐怕也不會「必有鄰」。

　　耶路撒冷有二百七十九個旅遊景點（北京有360餘個景點），住上一個月都看不完。除了宗教還是宗教，理應涉獵《聖經》和《古蘭經》（Koran），才有更深的感受。從傳統、歷史、考古研究，已確定哭牆的真實性，從公元前二世紀至今，猶太人跟阿拉伯人衝突不斷。基督徒視耶穌是救世主，穆斯林認為耶穌只是先知而已，穆罕默德是最後和最偉大的先知。否認三位一體（Trinity）說，因割裂真主的完整性，亦否認作為基督教信仰根基的復活（Resurrection）。

　　毀人宗廟，挖人祖墳，喪盡天良，彰顯恨的力量使人瘋狂，而愛的力量卻如此脆弱，不堪一擊。寄望摩西（Moses）、耶穌與穆罕默德應顯靈（manifestation），召開國際高峰會議，以有效解決以色列跟周邊國家數千年的宿怨，否則將持續至世界末日（doomsday）而無解。

哭牆

圖片：https://upload.wikimedia.org/wikipedia/commons/thumb/8/82/Klagemauer.JPG/2560px-Klagemauer.JPG。

歐洲語文小常識

　　各位看官，您見過歐洲語文之中最長的詞彙嗎？在嘗試唸出下列字句之前，請先作深呼吸，以免斷了氣。

一、西班牙文：Superextraordinarisimo（22個字母），即特別的之意。

二、法文：Anticonstitutionnellement（25個字母），即反對憲法的之意。

三、義大利文：Precipitevolissimevolmente（26個字母），即儘可能的迅速之意。

四、土耳其文：Çekoslovakyalılaştıramadıkiarımızdanmışınız（43個字母），即你是我們無法捷克化的那些人們之一嗎？

五、荷蘭文：Kindercarnavalsoptochtvoorbereidingswerkzaamhedenplan（53個字母），即為兒童嘉年華會的遊行作準備之意。

六、德文：Donaudampfschiffahrtselektrizitätenhauptbetriebswerkbau-unterbeamtengesellschaft（79個字母），為一九三九年以前，維也納一家俱樂部的名稱。

　　而同一詞句用各國的文字表達出來卻有天壤之別，如「此處何人說英語？」以十一種語文書寫於下，汝可作一比較：

一、英文：Does anyone here speak English?

二、法文：Y-a-t-il quelqu'un ici qui parle Anglais?

三、德文：Spricht hier jemand Englisch?

四、義大利文：C'è qualcuno qui che parla l'inglese?

五、西班牙文：¿Hay alguien aquí que hable inglés?

六、葡萄牙文：Alguém fala inglês?

七、芬蘭文：Puhuuko kukaan englantia?

八、挪威文：Er det noen her som snakker engelsk?

九、丹麥文：Er der nogen her, der taler engelsk?

十、荷蘭文：Spreekt er hier iemand Engels?

十一、希臘文：Mila kanis anglika?

　　若欲遠征泰西，不妨死背以資及時運用。而最流行的英語，不論是 British English 或 American English，除在法國佬面前勿太 "show off" 以外，大江南北多可通行無阻。但英國這塊化外之地，「外來政權」更迭，故英語之中的外來語甚夥，除拉丁文（如：audio、ego、index、super、veto、video）占有優勢以外，其他來自歐陸的各種詞彙亦被涵化（acculturation）成英語的單字，雖然發音迥異，卻仍未更動任何字母，今摘錄一些，令吾人有似曾相識之感。

一、法文：cigarette, garage, parliament, prison

二、德文：delicatessen, kindergarten, hamburger, seminar, waltz

三、義大利文：carnival, cartoon, solo, umbrella,violin

四、西班牙文：cargo, guerilla, mosquito, patio, potato

五、荷蘭文：boss, landscape, wagon, yacht

六、捷克文：pistol, robot

七、匈牙利文：coach, paprika

　　語文的交互影響乃自然形成，年長者已無法完全瞭解年輕者所說的日語，因其外來語（主要是英語）氾濫

波蘭華沙瓦津基公園之蕭邦雕像

成災,並多保持原文的發音。今日的「中華民國在臺灣」仍未脫離殖民地的陰影,從政治上、經濟上、社會上、軍事上,乃至心理上均與美、日兩國有曖昧的「外遇」關係。不知何時,日文的「園遊會」取代中文的「遊園會」,「一級棒」取代「優異」,或許「和平」亦會成為「平和」。

波蘭華沙聖十字教堂內部,「鋼琴詩人」蕭邦的心臟保存於此

歐洲的導遊像語言翻譯機,學者開會多不需翻譯,"multilingual" 比比皆是,令人汗顏。當閣下打開短波收音機,是否能分辨出係哪國語言?至於圖書館翻閱外文書刊,是否能認出是何種文字?見到國旗是否能辨識?更高竿者,竟能從相貌及身材鑑定屬於那一種族,兼具人類學家和 "007" James Bond 的專長。

自兩百餘年以前,工業革命在英國肇始,已徹底改造世界的面貌。交通工具的快速促使咱們進入「天涯若比鄰」的嶄新時代,您若不想在老外面前成為尷尬的啞巴,還不趕快痛下針砭,努力提升自己的外語能力。

愛沙尼亞塔林亞歷山大
涅夫斯基主教教堂

下圖:https://www.sundaytour.com.tw/zh-tw/attractions/detail.php?pid=8213#&gid=null&pid=1。

▲波蘭維利奇卡鹽礦內的教堂祭壇
◄匈牙利布達佩斯馬加什教堂
▼奧地利維也納文化史博物館

歐遊展痕

基本小檔案

日期：民國八十三年八月六日至二十九日。

所到國家：法國、瑞士、義大利、奧地利、德國、荷蘭、比利時、英國。

交通工具：臺北→巴黎（Charles de Gaulle 國際機場，泰航，途經曼谷轉機）、巴黎→第戎（高速火車 TGV）→琉德本納→盧森→米蘭→比薩→西恩納→羅馬→提弗利→梵蒂岡→佛羅倫斯→威尼斯→基爾希伯格→薩爾茲堡→因斯布魯克→福森→慕尼黑→羅騰堡→海德堡→巴哈拉赫→聖‧歌阿（萊茵河遊輪）→桑茲漢→福倫丹→阿姆斯特丹→布魯塞爾→布魯日→奧斯坦德→藍斯蓋特（英吉利海峽渡輪）→倫敦→牛津→倫敦（Heathrow 國際機場）→臺北（泰航，途經曼谷轉機）。

所到旅遊點

一、法國（République Française）：

　　（一）巴黎（Paris）：凡爾賽宮（Château de Versailles）、新凱旋門（La Grande Arche）、凱旋門（L' Arc de Triomphe）、羅浮宮（Musée du Louvre）、歌劇院（L'Opéra）、協和廣場（La Place de la Concorde）、艾菲爾鐵塔（La Tour Eiffel）、聖母院（La Cathédrale Notre-Dame）、聖心教堂（Le Sacré-Cœur）。

（二）第戎（Dijon）：walking tour。

二、瑞士（Confoederatio Helvetica, Switzerland, Schweiz, Suisse, Svizzera）：

（一）琉德本納（Lauterbrunnen）：少女峰（Jungfrau, 4158m）。

（二）盧森（Luzern）：walking tour。

三、義大利（Italia, Repubblica Italiana）：

（一）米蘭（Milano）：大教堂（Duomo Cathedral）。

（二）比薩（Piza）：大教堂廣場（La Piazza del Duomo，又名奇蹟廣場〈La Piazza dei Miracoli〉）：大教堂（La Cattedrale）、塔（La Torre，即著名的斜塔〈La Torre pendente〉）、洗禮堂（Il Battistero）。

（三）西恩納（Siena）：walking tour。

（四）羅馬（Roma）：鬥獸場（Colosseo）、威尼斯廣場（Piazza Venezia）、羅馬廣場（Foro Romano）、萬神廟（Pantheon）、特萊維噴泉（Fontana di Trevi）、西班牙廣場（Piazza di Spagna）。

（五）提弗利（Tivoli）：艾斯特別墅（Villa D'Este）。

（六）梵蒂岡（Citta del Vaticano）：梵蒂岡博物館（Musei Vaticani）、西斯汀小教堂（Cappella Sistina）、聖彼得大教堂（Basilica San Pietro）。

（七）佛羅倫斯（Firenze）：舊宮（Palazzo Vecchio）、聖十字架大教堂（Basilica di S. Croce）、聖瑪麗亞百花主教堂（Cattedrale di S. Maria del Fiore）、喬托鐘樓（Il Campanile di Giotto）、洗禮堂（Battistero）。

（八）威尼斯（Venezia）：聖馬可大教堂（Basilicata di San Marco）、考古學博物館（Museo Archeologico）。

四、奧地利（Republik Österreich）：

　　（一）基爾希伯格（Kirchberg）：walking tour。

　　（二）薩爾茲堡（Salzburg）：莫差爾特故居（Mozarts Geburts-
　　　　　haus）、米拉貝爾花園及皇宮（Mirabellgarten und
　　　　　Schloß）。

　　（三）因斯布魯克（Innsbruck）：walking tour。

五、德國（Bundesrepublik Deutschland）：

　　（一）福森（Füssen）：新天鵝石堡（Schloß Neuschwanstein）。

　　（二）慕尼黑（München）：寶馬博物館（BMW Museum）、奧
　　　　　林匹克公園（Olympiapark）、德意志博物館（Deutsches
　　　　　Museum）。

　　（三）羅騰堡（Rothenburg ob der Taube）：市場與市政廳（Mark-
　　　　　tplatz und Rathaus）、中世紀犯罪博物館（Mittelalterliches
　　　　　Kriminalmuseum）。

　　（四）海德堡（Heidelberg）：walking tour。

六、荷蘭（Nederland, Kingdom of The Netherlands）：

　　（一）桑茲漢（Zaanse Schans）：戶外博物館（風車）。

　　（二）福倫丹（Volendam）：walking tour。

　　（三）阿姆斯特丹（Amsterdam）：walking tour。

七、比利時（België, Belgique, Kingdom of Belgium）：

　　（一）布魯塞爾（Bruxelles, Brussels）：walking tour。

　　（二）布魯日（Brugge）：walking tour。

　　（三）奧斯坦德（Oostende）：walking tour。

八、英國：（United Kingdom of Great Britain and Northern Ireland）：

　　（一）藍斯蓋特（Ramsgate）：walking tour。

　　（二）倫敦（London）：西敏寺（Westminster Abbey）、國會大

廈（Houses of Parliament）、聖保羅大教堂（St. Paul's Cathe-dral）、白金漢宮（Buckingham Palace）、倫敦塔（Tower of London）、大英博物館（British Museum）。

（三）伯克郡（Berkshire）：溫莎堡（Windsor Castle）。

（四）牛津大學（University City of Oxford）。

緣起

對已日益接近「天人合一」境界的中老年人而言，凡是不能撞擊到靈魂的東西，已不感興趣。旅遊能充份享受暫時切斷複雜的人際關係，而超越至另一境界的愉悅。

人文景觀與自然景觀不能相提並論。中國人饑餓了五千年，雖不影響人口的暴增，但似乎將所有的智慧均貫注在吃的藝術上。歐式餐點，多鹹而無味，又不供應開水，像法國人的習慣，是一桌換菜，同時進行，並非一個一個收。而露天的餐廳，天花板上懸掛蒜頭，作薰蚊子用，而非對付吸血鬼（vampire）。臺胞則攜帶成箱的生力麵，以備不時之需，因為只要填飽肚皮，則天下太平矣！

旅途隨筆

城市創造文明，鄉村保存傳統，因前者承受較大的生活壓力，才能迸出智慧的火花。平日家中只剩老人，最好能請廣東人（包括香港人）同住或當鄰居，因老廣一向以聒噪著稱。法國人選擇梧桐為國樹，可謂「梧桐鎖深秋」，冬季在下午三、四點鐘即天黑，至十月則可觀楓紅。與日本相同者，是摩托車可上高速公路。不論大街小巷，建築物皆亮麗光鮮，環境整潔，尤其是「花都」巴黎，不像「霧都」

倫敦的陰沉，嫵媚異常、風
情萬種，國強民富的感覺相
當強烈。

愛沙尼亞首都塔林觀光巴士

瑞士的山河壯麗，如人
間仙境，但部分店員對咱們
黃面孔的闖入者（intruder）
並不友善，卻未遇見黑人。
而義大利的海關抽查手錶甚
嚴，防範脫手圖利。公廁供
應衛生紙，而公共浴室雖有隔間，卻可男女混用。難忘聖彼得大教堂
廣場上遍地的煙蒂。

永久中立國──瑞士，雖然不加入聯合國，但其銀行業極受國際
青睞。士兵接受四個月的軍事訓練，若體檢不合格，需繳防禦稅，軍
服及武器可放在家中。至梵蒂岡當傭兵，需六年以上，才可穿上由米
開朗基羅所設計的華麗制服。

觀其公共墓園花團錦簇，多享高壽，不摘花（插花是在殺生），
但栽花，未見將草木修剪成各種圖案者。走山路，大車讓小車先行，
若遇特殊狀況，司機們會主動告訴後方來車。鐵路為單軌，登山軌道
之中有巨大的鏈狀軌，以防滑落。一般民宅多懸掛正方形、紅底白十
字的國旗，旁升地方旗幟，並不降旗，作為長期的裝飾品。司機們在
大清早擦拭車窗上的手印，以免有礙觀瞻。至於垃圾的處理極具智
慧，瓶子要清洗以後才可丟棄，而罐頭需壓扁才可放入垃圾桶（桶旁
有腳踏的壓扁裝置）。

工業化國家的生活壓力甚鉅，故休閒活動不可或缺，瑞士的上班
族每一年有一個月的給薪大假，以保持身心平衡。但遇到罹患工作狂
（work mania），不惜過勞死的大和民族，則自然會略輸一籌。沿途

常聽見失業的問題，是否因常去度假、生活太有情調、太悠閒，所以致此？但勞碌終生，擁有龐大的財富，卻無暇享受，是否值得？

宗教具自利性、排他性與擴張性等特徵。如佛羅倫斯在聖母昇天節當日，即禁止遊覽車進入。著名的旅行家馬可波羅（Marco Polo, c. 1254-1324），將中國的麵條帶入義大利，即今日的通心粉。因雨量少，森林不多，但義大利人熱情，富色彩感，看似散漫，但國民所得卻高於英國。廣告凌亂，CD便宜，與咱們的習性接近。

義大利的機場名稱多用人名（如羅馬為 Leonardo da Vinci），但無政治人物。而義文單字後面均用母音，讀起來頗具音樂旋律之美。義大利人的民族性和中國人相似，重家庭生活，成年男子可在母親面前哭泣。商店在中午十二點半至下午三點半休息午睡，三點半至晚上七點營業，然後就是全家人團聚、享受天倫之樂的晚餐時間。

因電信事業發達，郵局不多，各地小商店通常都代售郵票。而薩爾茲堡藉「音樂神童」——莫差爾特發財，巧克力以其作商標，對音樂盲而言，莫差爾特係藉巧克力永垂不朽，其故居的門票，成人、兒童及學生均不相同。

阿姆斯特丹的運河狹窄，船隻體積小，如蜑民一樣的水上人家隨處可見。疇昔課稅標準之一，是看人口的大小，因門大則可購買大型家具，乃財力較富裕的象徵，聰明的荷蘭人除將窗戶設計得比門還大之外，又在屋頂上安裝可吊運家具的凸出物，以便有正當理由逃稅，今日卻成觀光的焦點。

德國不愧為霸權國家，整體印象可以「井然有序」一句話來形。海德堡全城極富氣質，不出哲學家、詩人、藝術家也困難。沿途最常說的一句話竟是 „Guten Tag! Bitte, können Sie mir sagen, wo Toilette ist?"，好像他們都不喝水似的。織錦般的錦繡河山，猶若人間天堂，而第三和第四世界的同胞，簡直像純粹的生物。文明的遞演，端賴生

命的層創進化，當常懷感恩的心
情，使其內涵更為豐富，最起碼
不要成為破壞者。歐洲人得上蒼
眷顧，融入美麗的大自然和高度
的文明之中，但彼等所擁有的一
切並非全係坐享其成。

愛沙尼亞塔林港口的帆船

　　來自中國大陸的遊客不多，
恐怕以使用公款出國「考察」者
為主。彼等的行徑，和早期出去觀光的臺胞相似，不論在任何場
所──「我叫故我在」，非常令人側目。上著深色西裝，下穿白色球
鞋，又配戴末代皇帝溥儀式的墨鏡，堪稱好土又土＋光怪陸離，大概
假以時日才能真正「上路」。

　　與海爭地的蕞爾小國──荷蘭，邊境絲毫不設防，因生活比較艱
苦，故同情弱者，今已成神女出沒之地和國際毒品轉運站。義大利的
夏季燠熱若臺灣，翻過阿爾卑斯山的瑞士，一雨便成冬。英國則涼爽
無比，適合穿西裝、打領帶。上班族衣冠楚楚，紳士與淑女隨處可
見，奇怪的是007手提箱都是特大號的，唯公共場合未聞高分貝的喧
嘩聲。

　　觀光區多有外幣自動兌換機，不必查驗護照，極為方便。民宅的
小耳朵安裝在側面，而非屋頂。男廁所的小便池有隔間，甚尊重隱私
權。國人長期被膚淺的好萊塢文化洗腦，以為洋鬼子經常會來個「巴
黎最後的探戈」，事實上，來自教養嚴格的家庭，仍很在意傳統的道
德規範，如果想成人上人，則必須要愛惜羽毛，以免遭人非議。

　　萊茵河像少女，多瑙河如貴婦，塞納河若蕩婦，泰晤士河則成老
處女。嗜殺成性的民族，證明人性之中仍有不可改變的成分。但觀各
國的民宅，雖造型各異，卻均具獨特的美感，唯有在德國西部見到龐

大的工業區，不知那些工廠都躲到何處去矣？佛羅倫斯的露營地設備齊全，有騎馬場、游泳池和撞球場，當可作吾人經營的借鏡。

　　店員多能說英語，幾乎各種商店皆出售風景明信片，除銀行以外，辦公室及店面均無鐵門和鐵窗，夜間則開著燈鎖門。色彩多樣化，但羅馬、阿姆斯特丹、倫敦的街景髒亂，似乎與黑人較多有關（絕非種族歧視）。法國的「氣死」（cheese）竟有三百六十多種，而法式麵包像砲管，外殼堅硬無比，要使用鋸齒狀的刀子切割，但風味絕佳。

　　不論城市或鄉村的道路皆無坑洞，實令只知以外匯存底作炫耀的咱們感到汗顏。德國與荷蘭的邊界為一片綠意盎然的平原，火車多電氣化。德國政府規定在旅行車外面不可晾衣服，而義大利則可以。荷蘭的高速公路旁有大象標誌，提示車輛減速，饒富趣味。德國及瑞士皆有腳踏車專用道。而德國六線道的高速公路（Autobahnen）的最內線，除大型車限速一百公里之外，其他車輛則無時速限制。

　　各國的警察罕見，更未遇到交通警察。"Esso Shell" 加油站猶如藝品店，令人流連忘返，不忍離去。荷蘭人用風車發電和磨麵，而公路兩旁的隔音牆多為木質者，間有使用金屬，但每隔一段，部分使用玻璃，可透視後面的樹林。若擁有荷蘭的簽證，則可同遊荷、比、盧（Benelux）三國。

波蘭克拉科夫市場廣場的觀光馬車

　　旅遊團團員的行徑無奇不有，一位年華已逝的單身女貴族，一路上花費數千元的郵資寄信（部分是寄給自己），表示自己還活著；二八佳人則猛盯汽車和冰淇淋，沿途大肆採購衣服（不知是否會在返臺之

後擺地攤）；只注意各地的山珍海味，而無視文化藝術的成就；攜帶大量衣服，到處擺 pose 拍照，似乎在出外景；不論大專生或高中生，對西方文明興趣缺缺，吃喝玩樂重於尋幽探勝；學究型＋蒐集狂，一路猛買地圖、書刊、郵票和幣鈔（就是在下）；宣稱曾

立陶宛首都維爾紐斯總統府，
跟地陪合影

在英國遊學過的臺灣導遊，閱讀和書寫能力甚差，滿口毫無英國腔的低俗美語；東西南北弄不清的地理盲，因搭錯車而羞愧無比；曾去過不少國家的國中女老師，卻依然是心胸狹窄的島國小民。各位看官，您是哪一種類型呢？

　　"Nothing is Impossible"，原為兩次世界大戰戰敗國的德國，從廢墟之中茁壯成為歐洲的超強，馬克比美元更具影響力。而英國人（British）至今仍自視其本國史為世界史。義大利人和西班牙人可互看對方的報紙。

　　關卡換錢，匯率低，手續費高，不如至銀行兌換。義大利的觀光區吉普賽人出沒，彼等慣用的技倆，是兩個小女孩圍上來，一個人雙手覆蓋報紙，另一個人則以快速的手法掏口袋。更有看頭者，是少婦露出一個乳房餵嬰兒的奶，以吸引男性遊客的注意力，再伺機扒竊。雖然有「強盜王國」的雅稱，但觀光客人數乃歐洲第一，中歐、北歐的「優秀」民族紛紛南下，以暴曬其慘白的皮膚。日文、韓文、阿拉伯文、俄文的觀光資料甚多，唯中文版少見。

　　臺灣的觀光客，對買書的興趣不大，亦不看地圖，洋鬼子和日本人卻像做 "homework" 似的，查閱相關的書刊，觀看教堂和藝術品，並仔細地作筆記。遊客各有其 focus，有時「視而不見」得到令人驚

訝的地步，如詢及昨日曾去過那些旅遊點，彼等卻瞠目結舌、無言以對，人無法自視而明，此言的確不虛。飛越半個地球，花費十幾萬新臺幣，經過繁複的簽證手續，如果不能在內心深處沈澱出一些東西，是否值得呢？

長期旅遊，會使人愈來愈精明，故導遊多成老油條。吾人必須適應每一種文化，以求生存。犯罪源於有機可乘，若能提高警覺，當可「快快樂樂出門，平平安安回家」。而周遊列國的經驗，對個人的世界觀及人生觀會作適度的調整，不僅能豐富內在的精神生活，尚可消弭自殺的念頭。

幼年出國，浮光掠影，無太大意義，只具炫耀作用。面貌相似者，亦有不同的靈魂，人性的底層之中，可變與不可變的成分到底各占多少？但兩者之間永存緊張的關係。傳統宗教因俗世化和商業化而逐漸式微，恢復對原始宗教的信仰是否就能徹底解決現實問題？基本教義派極易走向極端，法律多如牛毛，亦未能降低犯罪率。古聖先賢的格言金句，因陳義太高，只存活在少數人的價值觀念之中。

生前不可一世的帝王將相，死後則製成木乃伊供人觀賞，繼續造福後代子民，賺取可觀的外匯，可謂「功在黨國」。自殺乃追求完美的另一方式，在社會福利制度完善的北歐國家，自殺的成功率亦水漲船高，功成名就，征服一切以後的空虛感，常成永不回頭的致命傷。

小結

「五嶽歸來不看山，黃山歸來不看嶽」，比較理想的旅遊安排，是由近而遠，從第三世界至第一世界，若常跑高度開發國家，則可能對開發中和低度開發國家興致缺缺。對貧富倍率日益加大的臺胞而言，赴歐觀光可能是中低收入者「高貴的夢」，因機票昂貴，來回需

扣除一兩天，故行程安排至少以二十日以上為原則，由於治安狀況尚稱良好，自助旅行可充份遊目騁懷。

　　自從「英明」的領導者受國內外的環境所迫，實施開放觀光的「德政」以後，全球主要的旅遊點均有臺胞出沒，外來的豐富資訊和親身的體驗，促使咱們警覺對成為世界公民認知的不足，「豬八戒到此一遊」點名式的行程，已逐漸被專業化、精緻化的旅遊所取代。

　　檢視坊間如雨後春筍的旅遊書刊，除直接從外文資料翻譯以外，多係抄錄手冊上的基本簡介，不知作者的感受焉在？經常環遊世界的飛行員和船員，不一定見多識廣，正如中國人可能比外國人更不了解中國的一切，必須從知識而非經驗 "approach"，再加上敏銳的 "feeling"，則會對自己的人生觀和世界觀產生脫胎換骨式的修正。

匈牙利布達佩斯勝利廣場前跟導遊合影

　　凡愈具美感的文化結晶愈有永恆性，可對重覆而乏味的物質生活注入新生命。今日的西方文明仍居世界的宰制地位，浸潤其中，方知其優越處。旅途行色匆匆，但溫馨滿懷，那些番邦的夷人，並未將寡人視為 E.T.，可能當作外匯的泉源，只是不知「四海之內皆兄弟」何時才會實現？

國家	GNP（美元）	面積（平方公里）	人口	人口密度（每平方公里）	貨幣單位
瑞士	30,270	41,285	6,712,000	163	法郎（Franc, SF）
德國	20,750	357,868	79,479,000	222	馬克（Mark, DM）
法國	17,830	543,965	56,440,000	104	法郎（Franc, FF）
奧地利	17,360	83,855	7,712,000	92	仙令（Schilling, öS）
比利時	16,390	30,520	9,845,000	323	法郎（Franc, BF）
荷蘭	16,010	41,160	14,937,000	365	盾（Gulden, fl.）
義大利	15,150	301,245	57,662,000	191	里拉（Lira, L.）
英國	14,570	244,755	57,411,000	235	鎊（Pound, £）
中華民國	7,990	35,990	20,300,000	564	元（Dollar, NTD）

荷蘭鬱金香花田及風車

圖片：https://img.ltn.com.tw/Upload/talk/page/800/2018/05/26/phpLFP1eq.jpg。

歐遊隨筆

學習西文的重要性

話說以「歐洲共同市場」（European Common Market，正式名稱為
European〈Economic〉Community，縮寫為 E.E.C. 或 EEC）為基礎而
成立的「歐洲聯盟」（俗稱歐共體）（European Union），起初有丹麥、
德國、荷蘭、比利時、盧森堡、法國、英國、愛爾蘭、西班牙、葡萄
牙、義大利、希臘等十二個會員國，採用藍底，上有十二顆圍繞成圓
圈狀的黃色五角星為旗幟。而不設防的邊界，使入出境極為方便。

歐洲人歷經兩次世界大戰的災難，尋求「異中求同，同中存異」
之道，民族主義已被世界主義所取代，各色人種摩肩接踵，五味雜
陳，大同世紀似乎即將來臨。但採用何種語言作為世界語或歐洲「國
語」，仍有爭議。

小草字體——“i”，即為 “Tourist Information Centre”，遍布各
地，服務人員態度親切，旅遊資訊極為豐富，只要能懂「夷」文、通
「番」語，則可單槍匹馬，雲遊四海。反觀昔日咱們新聞局與觀光局
所印製的出版品，內含強烈的政治八股意味，自我膨脹的心態，令人
望之生厭。

大寫字體——“P”，即為停車處（park），均為藍底白字，上附箭
頭，亦有使用飄揚的旗幟者。交通號誌設施完善，大街小巷，路面結
實，不僅未見坑洞，電線桿亦不知焉在？許多石質道路擁有數百年的
歷史，每當馬車經過，則發出悅耳而極富節奏感的馬蹄聲。

檢視各國的觀光資料，均係多種語文並列，"bilinguist" 實不足為奇，而選用哪些外文，則各有玄機。

德國：德文、英文、法文、義文、西班牙文、日文，如果只印三、四種文字，則其中必有日文。而地圖的說

匈牙利布達佩斯多瑙河河畔維加多音樂廳

明文字竟然多達八種：德文、英文、法文、義文、西班牙文、荷蘭文、丹麥文、捷克文。

戰前（指第二次世界大戰）的德國有十個鄰國，戰後則有九個，可與前蘇聯、中國及巴西媲美。故其選擇外交的標準，除考慮強勢語文之外，尚需顧及與鄰國的關係。歐洲的語言地圖幾與政治疆域相同，各國均有方言，但一定要使用官方語言（即國語）溝通，以免因長期隔閡而走向分裂。而德文與德國馬克（DM）的影響力與日俱增，前者成為知識分子的社交語言和高層次的學術用語，後者則因色彩精美及幣值穩定，愈來愈受歡迎。

義大利：義文、英文、法文、德文、西班牙文、捷克文、匈牙利文、波蘭文。因係觀光大國，亦採用八種文字。

荷蘭：荷蘭文、英文、法文、德文。這個以花卉及風車聞名於世的小國，近已成吸毒、販毒者的天堂和世界人種展覽場。

英國：英文、德文、荷蘭文、法文、西班牙文。學 "American English" 長大的臺胞，對 "British English" 常一知半解。

法國最獨特，只印法文，自視其語言的優美乃天下第一。筆者用英語和法國佬交談，彼等卻用法語回覆，可愛的店員明明會說英語，

但在找錢時卻說 "Un, deux, trois, quarte, cinq, ……" ，令人欲哭無淚，大開聽界。唯彼等所印製的歐洲地圖，有六種文字（法、英、德、義、西班牙、荷蘭文）說明，均以其鄰國為主。

德國人稱法國為 „Frankreich"，奧地利為 „Österreich"，係沿襲舊稱。義大利人稱德國為 "Germania"，法國為 "Francia"，西班牙為 "Spagna"，似乎嗅到古羅馬帝國光輝的氣息。各國的國名，若比較各種語文的稱呼，則差異性甚大，若以本身的文字書寫，實不易辨認，如：„Polska"（波蘭），"Sverige"（瑞典），"Česká"（捷克），"Eesti"（愛沙尼亞），„Magyarország"（匈牙利）。

英文的引文以 "－－－" 標示，德文則為 „－－－"，而荷蘭文簡化為' —— ,，如西班牙文的問句書寫為¿—— ——？，只看第一個字即知其性質。吾人己熟悉 "B.C." 與 "A.D." 為公元前和西元後之意，而義大利文則寫成 "A.C."（Avanti Cristo）與 "D.C."（Dopo Christo）。考古學家及人類學家，通常使用 "B.P."（Before Present）標明文物與化石的年代，因公元前與西元後對古老的過去並無太大的意義。

梵蒂岡名 "Vatican City"，又名 "Città del Vaticano"（義大利文），"Status Civitatis Vaticanæ"、"Vaticānus"（拉丁文），"State of The Vatican City"、"Holy See"，„Staat der Vantikanstadt "（德文），"The Papacy"、"Papal States" 等，堪稱「族繁不及備載」。故在每年 "Xmas" 前夕，教宗需使用數十種語言致賀詞，令人肅然起敬。凡自稱為世界精神領袖者，從宗教領導人至靠看相算命維生的升斗小民均有，而在最近的寶島上產量驚人，莫非為末世的現象？

在海德堡的民宅外遇見一隻漂亮的貓咪，遂用德語跟牠打招呼：„Schone Katze! Guten Tag! Ich komme aus Taiwan. Wie geht es Ihnen?" 牠也發出善意的回應，此即入境問俗之道也！貓能透視人類的靈魂，懼怕貓族者實為罪惡感深重，假如貓兒不喜歡您，則您應該要重新做人了！

周遊列國浮光掠影

法國的輔幣上，大革命時著名的口號「自由、平等、同胞愛」（Liberte, Egalite, Fraternite）無所不在，伴隨其著名的藍白紅三色國旗，影響全球至深且遠。

德國為洗刷昔日軍國主義（militarism）的刻板印象，未見任何與軍隊或武器有關的圖案，但其國徽老鷹，卻仍然散發張牙舞爪的侵略意味。一個已被烙印的民族，似乎很難脫胎換骨、再世為人，猶 "Chinaman" 常成具嘲弄意涵的詞彙。

英國的郵票無國名，只印上女王的頭像，即已驗明正身，這大概是全世界最熟悉的腦袋。而風景明信片後面竟出現 "Printed in the E.E.C." 字眼，儼然又是歐洲的主人，大英帝國的陰魂果然不散。倫敦雖甚黯淡、陳舊，但衣冠楚楚的紳士與淑女，仍令人目不暇給。

使用信用卡（記帳卡，credit card）購物，一路刷得過癮，但事後繳款，臉色會從發青變成慘綠。很驚訝地見到路邊的攤販亦可刷卡，某些商店定有下限，像在英國只要購物在一英鎊以上即接受刷卡。在先進國家旅遊，的確是「手持一卡，行遍天下」。

加油站亦出售卡帶及 CD，書店像美術館，餐廳如博物館，而瑞士的銀行猶若花卉市場，毫無銅臭氣。德國、奧地利與瑞士的入境檢查較嚴，德語民族一向以重法律、守秩序著稱，黑人罕見，治安良好。而英國、法國、荷蘭的街頭，黑人地攤隨處可見，頗有不安

愛沙尼亞塔林亞歷山大‧涅夫斯基主教座堂

全感，原為疇昔殖民地的子民，返回母國謀生，大概是天經地義的事情吧！

　　歐洲人多不喜配戴仿製品，以免有失身份。而更奇特的是沿途未見孕婦、野狗、當鋪、影印店、銀樓和髮廊，大哥大則偶有發現。司機每日有 "driving hour" 的限制，車上的記錄器和飛機上的黑盒子一樣，無法作假，自可減少意外事故的發生。而在等紅綠燈時，則往往關掉引擎，以避免排出更多的廢氣，的確是文明人的高尚舉止。

　　蜜蜂與鴿子環伺左右，卻未聞廢氣味與喇叭聲。民宅與商店均無騎樓，大概與氣候有關。冷氣機罕見，暖氣管則到處都有。小店多出售郵票，卻無明信片，多購買印製精美但價格甚昂的風景明信片貼用。私家轎車多小型車，一來省油，二來停車方便，並無開大車以炫耀身份地位的膚淺心態。火車、公車多老人乘坐，但乘客甚少，不論何種車輛，外表皆亮麗光鮮，部分以幽默的漫畫裝飾。

　　巴黎香榭里榭大道（Avenue des Champs-Élysées）的萬種風情、海德堡巧克力商店像貴婦般的店員、黑色兄弟（Negros）身上的「異」味、阿姆斯特丹紅燈區女神們的騷首弄姿、威尼斯五光十色的商店櫥窗、以為寡人是神父的梵蒂岡外籍修女（大概是看朕慈眉善目、忠厚老實，咳！咳！不准偷笑！）、布魯塞爾骨董軍品商店健談的老闆、薩爾斯堡街頭只會拉 Vivaldi「四季」的賣藝「小提琴家」、牛津大學遇到麗質天生的大陸妹卻未詢問其芳名及住址、慕尼黑「德意志博物館（Deutsches Museum）」長達十六公里會走死人的展覽路線、瑞士花卉遍地美得豈有此理的墳場、米蘭大教堂廣場上的吉普賽小扒手、倫敦大英博物館（British Museum）中琳瑯滿目的古埃及文物（大概除了金字塔以外，該搬的都搬來了！）各位看官，讓小弟喘口氣好嗎？

　　在奧地利凡建築外懸掛長幅國旗者，皆為古蹟。但湖光山色、風

拉脫維亞里加黑頭宮

景秀麗之地，仍會產生凶殘之人，兩次世界大戰即為明證，也許人性的底層之中，仍存在著一些無法教化的因子。瑞士的個人GNP 已達三萬零兩百七十美元，但自殺率亦甚高，社會福利良好，使國民喪失打拚和遭遇失敗的樂趣。寧願下地獄的惡人，厭惡在天堂裡無犯罪的快感也！

奧地利的洗手間，只見„Heren"、„Dames"，無圖案和英文，害慘不懂德文的老外。德國高速公路休息站的廁所，只歡迎用餐者使用，而義大利高速公路的廁所，則因房間較多，來者不拒。但必須要當心，義大利的太陽，具毀容效果，會嚇到閣下的鏡子。人文景觀有時不能和自然景觀相提並論，如中國大陸山河壯麗，但有許多同胞實在並不可愛。

塗鴉（graffito）隨處可見，以羅馬最為猖獗，大概人人皆有權發洩憤世嫉俗的不滿。阿姆斯特丹的髒亂，可直比已成為世界最大工地及最大停車場的臺北市。義大利農村的景觀與臺灣相似，廣告張貼凌亂，未若法國的整齊精緻。一代梟雄希特勒誤交「最佳損友」墨索里尼，而這位「二十世紀的小丑」、擁有失敗天才的政客，不僅埋葬了義大利，更拖垮了第三帝國。

車內的乘客皆有綁安全帶，而大車多讓小車先行，未見蛇行和爭道情事。唯一感覺不方便之處，即公廁甚少，多需付費，實在心有不

甘。故寡人一見四下無人，即找個隱密之處出野恭，一則可省錢，二則可吸收日月精華，修煉成東方不敗之身。突然瞥見一隻大黃貓正在欺負一隻大狗，誠屬伸張弱勢團體的正義、大快人心之事也！欲知後事如何，且聽下回分解。

諸神的黃昏

話說宗教猶若兩刃刀，可使人成聖亦可使人成獸。作為西方文明重要柱石之一的基督宗教（Christian Religions），歷經近二千年漫長的歲月，至今仍宰制西方人的心靈世界，因為人類雖建立了教會，但教會卻不屬於這個俗世，其崇高性與超越性也許是長期屹立於社會的基本原因。

歐洲各國的觀光收入，在國家總收入之中，已占舉足輕重的地位。古蹟、博物館、美術館、教堂和大學構成人文景觀的主體。若無相當的知識基礎，則不易分辨其時代背景及差異性，還不如去瘋狂「瞎拚」（shopping）來得有趣兒。

縱觀歐洲各地的教堂，不論在大都市或鄉村，皆各具其獨特的風格，氣勢雄偉和靈巧精緻者均極富美感，成為建築群中不可或缺的景觀，然而其內側、地下室及附近的庭園，常成埋葬帝王將相與博學鴻儒的墳場，吸引朝聖者與觀光客前來消費。但常與外界俗人（layman）交往，教士們的神性大概會逐漸被物性侵蝕，故《十日談》（Decameron）的情節不斷上演。

今日教會的「業績」，已因經濟成長的遲滯而呈下降狀態。筆者目睹主日崇拜期間，教堂內的紀念品商店皆暫時休業，並保持肅靜，部分商品無人看守，如路邊販賣報紙的小攤位，係自付自取，不知是否會有人「不老實」？

　　時代變遷一日千里，專業知識及技術的折舊率亦甚速，面臨婚姻及家庭體制的逐漸解構，以及同性戀、墮胎、安樂死和未婚生子的浪潮，教會堅持來自信仰的道德原則，力挽狂瀾於既倒，究竟是聰明還是愚蠢？

　　神職人員的衣著亮麗光鮮，不論羅馬式、哥德式、巴洛克式、洛可可式、表現主義式和實用主義式的教堂，均富麗堂皇、氣勢雄偉。無神論者視出家人為社會的寄生蟲，而寺廟的營造經費必定來自信徒的民脂民膏。教會成為社交和尋找異性（或同性）朋友的場所，其內在有機的生命力日益流失，因此，教士的還俗自然不足為奇。

　　聞部分教會因教友奉獻的「瑪門」（mammon）不足，已呼籲前來聚會者自備餅乾和葡萄酒，「消費刺激生產」乃一不知天高地厚的誑語，如今應反思地球上有限的資源到底能揮霍至何時？神權高漲，使升斗小民難逃教會的魔掌，但宣告上帝死亡，又會令人肆無忌憚、胡作非為。

　　梵蒂岡聖彼得大教堂（St. Peter's Basilica）、西班牙塞維爾大教堂（Sevilla Cathedral）和米蘭大教堂（Duomo Cathedral），並稱歐洲三大教堂，今卻已成商業化的觀光勝地，即使是威尼斯造型奇特的聖馬可大教堂（Basilica di San Marco），亦只見人潮洶湧、龍蛇出沒，而各種精美的紀念品，猶如昔日著名的「赦罪券」（Indulgence），難免有大肆斂財之嫌。

　　歐洲各地的教堂，如係列入觀光點，則多需購票參觀，亦有進入祭壇（altar）附近再需付費者，似乎像土匪遍地、舉步維艱的中古時代，到處要留下買路錢。而吉普賽扒手出沒於四周，在教堂前的廣場及入口處均需小心。納粹黨清除為非作歹的吉普賽人，但並未像處理猶太人一樣，來個「種族絕滅」（genocide），然而吉普賽人實為無國家觀念的世界公民，堪稱走在時代的前端。

　　由於空氣汙染的效應，許多教堂的外觀甚陳舊、骯髒（鳥糞遍地），但內部仍值得觀賞。如巴黎聖母院（La Cathédrale Notre-Dame）因雨果（Victor-Marie Hugo, 1802-1855）著名的小說《鐘樓怪人》（*Notre-Dame de Paris, The Hunchback of Notre Dame*, 1831）而幾成觀光「聖地」，雖然駝背的鳴鐘者 Quasimodo 對吉普賽舞女 Esmeralda 悲劇式的愛情結局，令人唏噓不已，然而教堂裡面在燭光陪襯下的玫瑰式線紋圓窗（rose window），卻更令人嘆為觀止。

　　各大宗教多有男尊女卑的現象，對女性的規範比較嚴苛，而穿著無袖上衣及短褲的女子，通常會在教堂入口處被擋駕，理由是不可太暴露，以免引誘神職人員產生非份之想。假如是男性觀光客造訪修女們的修道院，不知是否會如法炮製？

　　拿破崙被放逐至南大西洋的聖赫勒那島（St. Helena）時曾言：
"I wanted to found a European system… one people throughout Europe."
歷代胸懷大志、氣吞宇宙的政治家及軍事將領，未嘗沒有一統天下的理想，但紛歧的語言和宗教信仰，恐怕是兩個最大的障礙。

　　芸芸眾生在絕對真理與相對真理之間擺渡，一言堂式的專制獨裁令人厭惡，但個人主義（individualism）又無法安身立命，因為人不為己，天誅地滅，而人太為己，也是天誅地滅。好好先生和鄉愿似乎在遊戲人間，卻可能活得並不怎麼愉快。「你不可為惡所勝，反要以善勝惡。」（羅馬書：十二：21）但「世界交在惡人手中，蒙蔽世界審判官的臉。」（約伯記：九：24）宗教的宰制力量逐漸流失，也許真是個末世（doomsday）的現象。

中國人的形象

　　在印度出生的英國小說家及詩人吉卜齡（Joseph Rudyard Kipling,

1865-1936）曾留下著名的詩句："Oh, East is East, and West is West, and never the twain shall meet."（"The Ballad of East and West"），所謂「東方」的地理範圍始終有些模糊，但影響力極大的文化中國應為其主體。著名的史學家黎東方先生的西方譯名，即稱為 "Orient Lee"。

我國傳統音樂的命名甚夥，如香港稱為「中」樂，新加坡稱為「華」樂，中國大陸則稱「民」樂，臺灣通稱為「國」樂，加起來正好成為「中華民國」的音樂。

洋人對中國人的尊敬，主要來自對中華文化的景仰，並不一定針對當前國力的強弱。弔詭的是幾乎百分之百都會被老外當成日本人，除極少數在心理上已被「皇民化」的國人（如：摩西登輝太郎）以外，似乎皆會感到不悅。寡人每遇此事，必定予以糾正一番，就憑在下一百八十三公分，像秦始皇兵馬俑的高挑身材，實在不屑於被當成日本鬼子。

在夜遊巴黎紅磨坊夜總會（La Moulin Rouge）附近的 "sex shop" 時（因門票包括半瓶香檳及小費高達一一〇美元，故拒絕觀賞），年輕的女性團友想「洗眼睛」（開眼界），遂在巷衖中遊蕩，途經成人電影院，竟然聽到門口的服務生用純正的中國話說「你好！謝謝！再見！」令人大吃一驚，後經小弟旁敲側擊、明查暗訪，才知日本女孩喜化濃妝，而中國女孩則多不施脂粉，加上臺胞「神風特攻隊」經常出沒聲色場所，威震四海，使那些法國佬終於磨練出能辨認中國人和日本人的本領，只欠沒掛出咱們的國旗了！

陳查禮（Charles Chen）的工於心機、瞇瞇眼、細長的八字鬍、怪腔怪調的英語，與傳統中國「無事袖手談心性，臨危一死報國君」的腐儒，充分顯現華人兩極化的民族性（ethos, national traits）。從蘇東坡至葉名琛，皆以舞文弄墨、琴棋書畫著稱，但文藝並不能治國。近代文人尚添加聲光化電，以作「現代化」風尚的裝飾品。

　　西方的史學家一口咬定十四世紀中葉襲捲歐陸的黑死病（Black Death），係導源於中國，而部分崇洋媚外的高等華人竟然亦引用此說，與 "Chosen People"——猶太人一樣，皆背負控制世界、毀滅世界的大陰謀。時至今日，聯合王國的海關人員，對「中華民國在臺灣」的同胞並不友善，這個老奸巨滑的帝國主義國家，似乎還想來個鴉片戰爭吧！

　　俗云「江山易改，本性難移」，但教育程度對人之一生仍具決定性的影響力。旅遊乃是最佳的消費，至一完全陌生的國度，與熟悉的文化網路割離，心中必有相當程度的恐懼。文化差異的衝擊，可能暫時會使人迷失方向，但中國人的調適能力一向為天下第一，只要有陽光、空氣、水「三寶」，則都能存活。

　　當老外詢問新臺幣的紙幣及輔幣上的那些人頭，是不是 "Chairman Mao"（毛主席）時，閣下將如何解釋？為什麼有些五星級的大飯店至今仍不接受財大氣粗的臺胞訂房？而觀光區的文字說明資料何以均有日文？（韓文及簡體字中文也有日益增加的趨勢）為什麼老外不把日本人當作中國人？不妨可作午夜失眠時思考的素材。

博物館與美術館巡禮

　　話說欲在最短的時日之內，對一個國家的歷史文化有常識性的認識，以參觀展示民族創造精華的各類博物館最具實效。唯遊客多如過江之鯽，最好趁早前往排隊，寡人目睹法國凡爾賽宮和教廷梵蒂岡博物館入口處綿延數百公尺的人龍，彼此互相打量，猶如世界人種展覽場。

　　德國以濃厚的學術氣息聞名於世，對知識分子甚為尊重，在大學教書的先生，係將頭銜 "Prof."（教授）放在學位 "Dr."（博士）前

面。凡在職的大中小學教師,可繳交證明文件的影印本,委託國內的旅行社代辦一張 "International Teacher/ Professor Identity Card",係由 "International Student Travel Confederation (ISTC) in Denmark" 所製發,可免費參觀博物館。

觀米開蘭基羅(Michelangelo di Lodovico Buonarroti Simoni, 1475-1564)在西斯汀小禮拜堂(Sistine Chapel)天花板上所繪的「創世紀」(Genesis),感動莫名,眼中淚水湧現,久久不能平息,藝術品的永恆價值即在呼喚出向善的倫理意識。

懷抱現世邪惡優勢說(malism)的宗教狂,似乎對偉大的藝術品視而不見,雖然有許多作品是為榮耀上帝而存在。而靈魂寂滅論(annihilationism)力主靈魂與肉體必將慘遭毀滅性的覆亡,故不必對來世的一切憂心忡忡。

波蘭華沙猶太人起義博物館　　　　博物館前方的雕塑

銀行裡亦可取得免費的旅遊資訊,而博物館與美術館的紀念品商店,可謂琳瑯滿目,令人愛不釋手,雖然售價甚昂(如一張明信片折合臺幣二、三十元),但仍經不起引誘,掏空荷包,滿載而歸,至今尚未覺得後悔。

旅遊團的全陪和地陪不可在未經允許的狀況下,充當臨時的解說員,否則會遭警衛取締。在下以極不愉快的心情,遇到臺胞阿公阿婆

團在大英博物館中高聲喧嘩，彼等穿金戴銀、珠光寶氣，猶如初入京師的鄉巴佬，對解說及展示的文物毫不感興趣，只是圍成一堆一堆地在聊天，朕基於中國人的尊嚴，前往干涉，卻發現地陪是位大陸妹（可能是留學生），只換得無可奈何的微笑。

日本遊客像小學生般守秩序，以作功課的心態仔細瀏覽，並會採購相關的書刊，故日文版的解說隨處可見，至於中文（包括繁體字及簡體字）書籍則甚為罕見。觀出版業發達的國家幾乎均是強國，紙張的消耗量亦為衡量一國文化水準的重要指標，臺灣要到何時才能成為文化大國？

德國南方靠近奧地利邊界福森（Füssen）附近的新天鵝石堡（Neuschwanstein），乃一名聞遐邇的童話世界，遊人如織，在該處見識到德國人的高效率精神，導覽人員先將訪客區分為聆聽德語解說和英語解說兩批，再按時讓二十名左右的遊客分批入堡參觀，從頭到尾是由一位操牛津腔典雅英語、年輕貌美的德國小姐帶領逐屋說明，既不會行色匆匆，又不會漫無目標地到處亂竄，整個過程猶如經歷一場豐盛的心靈饗宴。

而世界規模最大的科技類博物館——慕尼黑德意志博物館（Deutsches Museum），為保護鳥類誤撞其巨大的玻璃窗，故在上面黏貼鳥群的圖案，極富人道主義精神。而其中介紹著名的國民車（Volkswagen, VW）發展史展覽室內，有一張希特勒視察其工廠的照片，唯「元首」的頭部已被人刮掉，政治人物的確難以蓋棺論定。

巴黎羅浮宮不愧為世界第一流的美術館，享譽藝壇的世界名畫目不暇給，參觀者川流不息，常見擺起畫架的臨摹者，旁邊亦圍著一群好奇的遊客。自然採光的設計、美籍華裔建築師貝聿銘先生的傑作——透明金字塔狀的入口處，以及規模極大的附屬書店，"I shall return"、"I'll be back"的聲音在耳際迴盪。迷死人的巴黎，朕在有生

之年還會再御駕親征，真感謝在 WWII 期間和羅馬一樣，宣布為不設防的城市，不然會成為第二個柏林、漢堡和德勒斯登（Dresden）。

浸淫在瑰麗的藝術寶庫，如同聆聽一場由大師指揮的交響樂演奏會，內心像被電熨斗燙過一樣的舒坦，午夜夢迴，仍會面帶笑容。

國內的旅行社通常會設計「制式」的行程，讓觀光客感覺該看的都看到了。時至今日，仍有一天跑五、六處旅遊點的「神風特攻隊」式的型態，故有只在大門口照張「豬八戒到此一遊」的大頭照，即匆匆趕場的趣事，成為「上車睡覺，下車撒尿，沿途買藥，一問三不知」的奇特旅遊團。

休閒活動亦為再充電的契機，而旅遊是最好的消費，自然當以知識性及趣味性為規畫的原則，而非變成赴泰國放浪形骸的「砲兵團」，染上國際級的「紀念品」返臺。故行前應下功夫閱讀有關該地的資料，以語文、歷史及地理知識為首要，而伊斯蘭國家的禁忌甚多，必須要入境問俗。若無基本的常識，則可能會發生如此趣事：目睹維納斯雕像，並非感動得落淚，而是想到自己的身材羞愧得潸然淚下。

從世界看臺灣

凡有出國經驗者均會發現，只要一離開此「海角一樂園」，則音訊全然中斷。外國的各種媒體對蕞爾小島上所發生的一切似乎興趣缺缺，除立法院袞袞諸公上演鐵公雞諸般情事，曾被列入世界十大「體育」新聞之外，大概只有天災人禍才會被當作 "headline"。

老外對中國大陸、臺灣、港澳、新加坡四地的華人有何差異懵懵懂懂，正如國人搞不清楚同文同種的德國和奧地利有何不同。見到愛爾蘭共和國（Éire, Emerald Isle）的地圖，仍將已屬於聯合王國的北愛爾蘭畫入自己的版圖，以及印度與巴基斯坦的地圖、郵票和觀光資

料中，均將喀什米爾（Kashmir）視為本身的領土時，恐怕會成為歷史盲和地理盲，屆時才猛然覺悟區區小我的世界觀竟是如此貧乏。

在泰航班機上（臺北至曼谷），服務員以泰語、英語及韓語廣播，未聞華語。而全機禁煙，若躲在機尾的廁所抽煙，則處罰二千泰銖。馬桶為空氣吸取式，無需沖水，一、二秒清潔溜溜。法國高速火車（TGV，時速380公里）上的廁所亦如此。

未見當街吐痰和邊走邊抽煙者，野貓與野狗罕見，只有在羅馬的部分古蹟，看到成群的貓咪出沒，羅馬以「噴泉多、野貓多、扒手多」等「三多」名震武林。待朕前往獵取眾貓美麗的倩影時，卻發現牠們個個腦滿腸肥，享用豐富的貓餅乾，顯然有善心人士照顧，既無癩痢貓，又不怕陌生人，面對鏡頭，落落大方地擺起 "pose"，令寡人龍心大悅，心頭溫暖無比。

巴黎艾菲爾鐵塔（La Tour Eiffel）的塔頂瞭望臺內，面向四方位以國旗標示與世界各國著名城市的距離，其中與中國有關者計有北京、天津、上海、瀋陽、武漢、廣州等六處，而臺灣並無任何城市入選。

中國大陸內地有些同胞根本不知「臺灣」是什麼「東西」，請問閣下，"Guinea"，"Guinea-Bissau"，"Equatorial Guinea"，"Papua New Guinea"四個國家位在何處？那些與我國有邦交，位在大洋洲及加勒比海，海水漲潮與退潮時面積大不相同的「小朋友」國家有那些？莫怪老外對咱們一無所知，至二十一世紀全球的獨立國將達二百個之多，您能說出二分之一或三分之一的國名嗎？昔日曾有公務員不知臺灣省有幾縣幾市的真實笑譚，臺北市的市民也不一定能列出所有的區名，只是「快樂」、「希望」地活著而已。

巴黎的美，堪稱美得豈有此理，而威尼斯的萬種風情，會將閣下那顆熾熱的心給偷走。臺灣的自然景觀之美享譽世界，但公共建築物及民宅多缺乏美感，部分醜得連狗看了都會痛哭流涕。追究其原因，

大概是將建築學系列入工學院，而未畫歸藝術學院有關，使建築師們的美學素養不足，易成純技術性的工匠。同樣是直立狀有智慧的兩足生物，何以生活品味的差異如此鉅大？

達官貴人造訪外國，在虛偽的官方儀式中自我陶醉，不如遣派學者、藝術家，對該國的影響較大，猶如大學教授往往比大學校長更具知名度。國民外交有時比大官外交更受歡迎，因平民百姓之間比較不設防，尤以天真無邪的兒童最有說服力，維也納少年合唱團及漢城小天使舞蹈團，幾成國家形象的象徵。

言及克里米亞戰爭（Crimea War, 1853-1856），立刻聯想到白衣天使之祖——南丁格爾（Florence Nightingale, "the Lady with the Lamp", "Nightingale in the East", 1820-1910），而非彼時的帝王將相。臺灣錢只淹極少數人的腳目，因文化素養貧乏，雖受重視卻不被尊敬。每當洋人詢問孤打何處來時，不得不說 "China"，而非 "Taiwan"，免得又要花時間解釋一番。

國內的三民主義學者力言全世界必將走向三民主義的世紀，竊以為不如說是社會主義的世紀比較貼切，來自所謂「光明的東方」的影響，只限存在於文物藝術品之中，意識型態與日常生活仍屬純西方式的風格，不論大國或小國的國民，均以其本身的文化成就感到自傲。

觀察歐洲的商店，猶如進修社會大學的學分，一掃「無奸不成商」的刻板印象。讓顧客心甘情願的前來消費，並且愉快地離開，勢必成為商戰思維的焦點。像瑞士及奧地利遍地花海，連教堂旁邊的墓園也是花團錦簇、美不勝收，害得寡人消耗不少底片，可惜沒拍到不該出現的「好兄弟」（apparition）。一九三八年三月十二日，德國合併奧地利（Anschluß）時，迎接德軍的是張燈結綵、滿地鮮花，故被稱為花卉戰爭（Blumenkrieg）。

鄰國日本的大學共同必修課程（教養課程），非常重視外國語文

的教學，通常會開兩種外語，而應修學分佔總學分的十分之一強。部分著名的大學規定，自前年入學的大學生必須選修兩種外語才能畢業。美國、日本和德國的總生產值已佔世界三分之二，語文的工具價值大於內容價值，邁向國際化的首要工作，即在培養各種外語人才。

後蔣經國時代的臺灣，雖然門戶大開、百花齊放，但掌權者的心態常反其道而行，近幾年閩南語（河洛話）沙文主義高漲，似有凌駕官方語言之勢。中國大陸的經濟成長快速，中文或許會成為世界強勢語文，而其 "standard voice" 仍以北京語為基準，若放棄國語（普通話），而改習方言，是否為明智之舉？

西裝革履的現代太監，為取悅今上以長保既得利益，充分彰顯厚黑學的真諦，「良臣與忠臣齊飛，佞臣共長天一色」，在此海島的小朝廷中「與人鬥，其樂無窮」，而不知東方之既白。曾有一朋友至國外專拍洗手間裡的各種新奇的設備，返臺之後大肆批評咱們的落伍，又發現德國的計程車多使賓士牌（Mercedes-Benz）汽車，而國內開進口車的同胞有何驕傲可言？

錯誤的觀念貽害終生，最可悲者莫過於對本身的無知尚不自知。美國人至歐洲多有文化上的自卑感，朕已能從穿著上分辨歐洲人與美國人的不同，正努力從人類學的原理上區分歐洲各主要民族的差異。

銀行及觀光區多有外幣兌換機，不必查驗護照和填寫單據，通常一定有日幣而無臺幣。而各種語文說明的前面係用該國國旗標示，故認識主要國家的國旗亦屬「普通」常識。人類的心靈世界浩瀚無垠，希望你我勿成環境決定論（environmentalism, geographic determinism）下的囚徒。

1 匈牙利布達佩斯國會大廈
2 各式各樣棒棒糖的櫥窗
3 歐洲路邊的裝飾藝術
4 波蘭華沙展示二戰的照片（左
　為俄軍，右為德軍，著黑衣者
　是裝甲兵，雙方在Brest會晤）

歐洲的魅力

　　對喜愛旅遊的朋友而言，歐洲可能是最富魅力的地區，「五嶽歸來不看山，黃山歸來不看嶽」，凡擁有歐洲旅遊經驗者，可能對其他國家興趣缺缺，所以最好將歐洲安排至周遊列國之後。

　　除南歐部分地區以外，森林、綠地、花圃無所不在，歐洲人若無花卉的陪伴，似乎將活不下去了。

　　花草扶疏，綠意盎然，未見慘遭修剪的植物，若以佛教有情世界的觀點而言，草木亦有意識，也會感覺痛苦。此地的街頭和公園，常見為求「創意」而任意裁剪的樹木，天地為之含悲。

　　建築物陳舊但整潔，不論格局的大小，均精緻可愛，透過無污染的視覺，當可收淨化心靈之大益。即使在工地的圍籬上，亦繪製美觀的畫作。世界若失去美感，則必如了無生命情趣的沙漠。

　　高齡化現象見諸先進國家，平日在家澆水、打掃者多為銀髮族，對咱們這黃皮膚「洋鬼子」既新奇又熱情，若獲得允許，尚可登堂入室，參觀猶若美術館的室內擺設，但在談笑風生之間，仍難掩落落寡歡的孤寂之情。

　　鮮花遍地，美得豈有此理的墓園，使人驚為天

愛情鎖

人，原來長眠之地也可以弄得如此漂亮，不僅毫無恐怖感，而且可當作郊遊、烤肉的名勝。綠化的效益，是皮鞋可數日擦一次，袖口、領口不易弄髒，自然也不必天天洗澡了！

　　生命的情趣，藉花卉的色彩闡揚，自花團錦簇如織錦般的平疇沃野中，當能孕育無盡的創作靈感。

▲立陶宛維爾紐斯主教座堂
◀匈牙利布達佩斯安納塔拉
　紐約皇宮酒店
◀瑞士首都伯恩

下圖：https://www.kkday.com/zh-tw/blog/wp-content/uploads/2023/09/%E4%BC%AF%E6%81%A9-scaled.jpg。

歐洲墓園一瞥

　　歐洲自然景觀與人文景觀之美，成為吸引各國觀光客消費的基本資源。養生送死，茲事體大，故在旅途之中，多留意各地的墓園設計，以作個人「百年之後」的參考。

　　中國傳統的饅頭式墳墓，即使有皇天后土陪伴，亦成為聶小倩出沒、恐怖異常的地區。尤其是一頭大，而另一頭小的棺材，實在毫無美感可言。

　　久聞歐洲的墓園值得一看，尤以文學家、音樂家、畫家和名人的長眠之地為然，部分甚至列入重要的觀光點。公共建築物與民宅內外，鮮花無所不在，即使是人煙罕至的墳場，也幾乎成為鮮豔無比的花圃。

　　觀其墓園，傳統與現代雕塑林立，墓碑的造型五花八門，碑文多只有姓名及生卒年月日，或添加一句上帝的祝福和摯愛短文。不像咱們的墓誌銘，除歌功頌德以外，順便介紹其皇親貴族，似乎個個皆係聖賢偉人，使人對豎立無字碑的武則天蕭然起敬。

　　部分墓碑上附照片，

羅馬尼亞西北方，馬拉穆雷什地區Sapanta小鎮的歡樂墓園（Merry Cemetery）

圖片：https://wellkangtoworld.com/wp-content/uploads/2021/08/DSC_2940_edited-4.jpg。

但皆具美感，間或有燭臺，但均像精心設計的藝術品。耶穌基督及聖母馬利亞的圖像點綴其間，益增莊嚴肅穆的氣息。而墓園附近必有教堂，構成如詩如畫的特殊景致。

　　國人忌諱在墳場照相，迷信會折損陽壽，假如此一說法可信，則日與好兄弟遺骸為伍的考古學者，豈不均應短命？在下秉浩然之正氣，胸懷虔敬之心，拍攝各種角度的「風景」照片，尚未見到任何靈異現象。

◀希臘用大理石修建的墓園

澳大利亞墓園▶

上圖：https://cw-image-resizer.cwg.tw/resize/uri/https%3A%2F%2Fstorage.googleapis.com%2Fcrossing-cms-cwg-tw%2Fckeditor%2F202304%2Fckeditor-6434cd71070c9.　jpg/?format=webp。

下圖：https://lgnsw.org.au/images/Weekly/2022/Waverley_Cemetery.jpg。

馬路新聞

　　"Window-shopping" 為赴歐洲旅遊者最難忘的經驗。

　　現代化的大都會和寧靜的小村莊，皆有其獨特的魅力，唯有用 "walking tour" 方式，才能了解各地風情。

　　因歐洲各地的商店，內外多佈置得像美術館或博物館，讓人流連忘返，不忍離去，若未採購一些東西，似乎對不起列祖列宗。而櫥窗的設計及招牌的別出心裁，會使人目瞪口呆、佩服無比。

　　態度和藹的店員，服務親切，在英國見到身著十九世紀維多利亞女王時期服裝的女服務員，驚為「清秀佳人」。上班族的服飾整潔大方，其實欣賞彼等的儀容，亦為人生一大享受也！奇怪的是，垃圾和野狗均不見蹤影。

　　廣告與外交官一樣，均屬為著本身（國）利益而可原諒的說謊者，如何絞盡腦汁，推銷自己的產品，堪稱十八般武藝盡現江湖。商場、考場及情場都是殺人不見血的戰場，但商業活動仍可經由巧妙的包裝，而洋溢著五光十色的美感。瞧瞧這些歐洲商店，真是滿街創意，俯拾皆美！

花團錦簇

1 商店的陳設
2 年輕的街頭藝人
3 路邊商店的娃娃架
4 展售明信片的攤子
5 可愛的招牌

人生大事見聞錄

　　各位看官，請別誤會，此處的人生大事並非指婚喪喜慶，而是上「香格里拉」（Shangrila）——廁所去「解放」諸般情事。

　　中國大陸的廁所，只要發揮嗅覺功能即可找到，而內部的「奇觀」，確實令人終生難忘。高度開發國家的廁所，猶如花店＋美術館，色彩調和，花香撲鼻，常使人流連忘返，再三品味，唯多需付費，頗傷感情。

　　說時遲，那時快，只要尋得隱密處所，無聶小倩出沒，即可享受出野恭，吸收日月精華的樂趣。

　　唯西亞的土耳其最為奇特，在某地的休息站，竟然發現管理員是住在公廁內部的隔間之中，使用者需付土耳其里拉一萬元至一萬五千元（折合新臺幣三元至五元），而付費處類似電影院的售票處，有小平臺及窗戶，還會找錢呢！

以繪畫重現位於英國哈德良長城（Hadrian's Wall）豪塞斯特茲羅馬要塞（Housesteads Roman Fort）附近的古羅馬公共廁所

圖片：https://img.ltn.com.tw/Upload/talk/page/800/2022/05/18/phpC4d2lt.jpg。

1 歐洲中世紀城堡廁所
2 克里特島古希臘時代米諾斯廢墟具沖水功能的廁所
3 重慶大型公廁，占地九百坪、共四層，有一千個便斗及馬桶。最特別的是頂層可以一邊如廁，一邊享受日光浴
4 台中市大坑八號步道特色彩繪公廁
5 日本大阪天王寺動物園，廁所標誌無小人圖案，而是用貓咪表示
6 廁所標誌沒有男女，只有小貓和雞，雞是站著，小貓是坐著，可分辨男廁和女廁

圖1：https://n1image.hjfile.cn/qa/2022/01/07/884aa82c114eafaece3e949b53c1bb77.jpeg。
圖2：https://whb.cn/u/cms/www/201811/19182351epty.jpg。
圖3：https://www.taiwantoilet.org.tw/epaper/014/photo%20(4).jpg。
圖4：https://news.owlting.com/articles/205875#&gid=1&pid=1。
圖5：https://img.ltn.com.tw/Upload/news/600/2017/04/29/phphHr3rH.jpg。
圖6：https://i3.read01.com/sSZxpwXEvczNBOnEm_LSTy8/0.jpg。

凡爾賽的奢華皇后瑪莉安東尼

　　出身奧地利皇室的法國瑪莉皇后，貌美絕倫卻聲名狼藉，揮霍無度，三十八歲時被送上斷頭臺，了卻短暫且備受爭議的一生。不少稗官野史喜歡拿她做文章，然而真相究竟為何？請看史學家的揭密。

Q1　瑪莉皇后究竟有多美？

　　瑪莉皇后之美，據說連路易十五（其夫路易十六的爺爺）也為之讚嘆。瑪莉的身材纖細苗條，舉止優雅，活潑大方，風情萬種，為典型的金髮碧眼美女。但她驕傲任性，為所欲為，不喜歡學習音樂、舞蹈，德文和法文亦差，法國皇室派遣神父擔任家教，將她調教成淑女。路易十五有「英俊國王」之稱，為公認的歐洲美國子，見到瑪莉時，忍不住親吻她的雙頰，比他的孫子路易十六對她還感興趣，不作鑑賞女性的專家，可能有相見恨晚之憾。

瑪莉安東尼皇后畫像

Q2　瑪莉皇后為何被稱為「凡爾賽的玫瑰」？

　　在歷史上並沒有這個稱號，她的

圖片：https://upload.wikimedia.org/wikipedia/commons/thumb/4/42/Marie-Antoinette%3B_koningin_der_Fransen_cropped.jpg/1024px-Marie-Antoinette%3B_koningin_der_Fransen_cropped.jpg。

稱號之中最著名的是「卡佩的寡婦」。路易十六原名「Louis Capet, Duke of Berry」,「卡佩的寡婦」意即「路易十六的寡婦」。瑪莉皇后被送上斷頭臺的行刑之日,在三萬名法軍戒備下登上囚車步向刑場,因極度恐懼而頭髮變白,沿途受盡羞辱,「卡佩的寡婦」之名不脛而走。

Q3 傳說音樂家莫札特也曾經拜倒在瑪莉皇后的石榴裙下?

莫札特(又譯莫差爾特)和瑪莉皇后的故事有兩種說法。一說小莫札特在瑪莉亞‧特蕾西亞御前演奏,深獲皇后喜愛,他在豪華的麗泉宮奔跑時摔倒,瑪莉小公主前來扶持,小莫札特說:「妳人真好,我要娶你。」另一種說法是,小莫札特見到瑪莉小公主時,驚為天人,皇后戲問長大之後要作何事?小莫札特望著瑪莉小公主說:「我以後會娶妳的。」

Q4 瑪莉皇后是否曾在凡爾賽宮留下什麼樣的奢華「典範」?

凡爾賽宮後方的小特里亞農宮(Petit Trianon)原為御苑,路易十六送給瑪莉之後,大興土木,改建成鄉間生活景緻,另花費十四萬金幣建造私人劇場,貴族們稱其為「小麗泉宮」、「小維也納」,總計開銷約二百萬金幣。十八世紀下半葉,法國上流社會流行「中國風尚」,不僅蒐購中國骨董,並修築中國式庭園。法國的國債增加三倍,但瑪莉揮金如土,在紙牌賭博上動輒輸數十萬元,並大方賞賜親信,人民將國庫虧空的帳歸罪於她,稱其為「赤字夫人」。

Q5 瑪莉皇后的生活到底有多奢華?

瑪莉沉迷徹夜狂歡的宮廷舞會及打牌,白晝酣睡,為標準的夜貓族。在她心中最重要的國家大事就是「著裝」。路易十六時代,法國的時裝中心不在巴黎而在凡爾賽,瑪莉則是時裝中心的中心。

所有的服飾均由貼身侍女列冊管理，不能重複穿相同的服裝。

第二件大事就是「髮型設計」，用髮夾及潤滑油使頭髮豎起，每日變換不同的髮型，甚至加上水果、羽毛、珠寶、雕像等，為進出方便，宮殿的門和天花板均需加高或改成拱型。

第三件大事則是「珠寶首飾」，舉凡項鍊、戒指、手鐲、髮帶均在大肆蒐購之列，常貴買賤賣，債臺高築。

Q6　她不知民間疾苦的歷史名言為何？

瑪莉皇后成長於深宮之中，雖非大奸大惡之徒，卻不知民間疾苦，聞百姓無麵包吃，冷漠地留下「永垂不朽」的名言：「讓他們吃蛋糕！」（有誤傳之虞），與中國西晉惠帝的「何不食肉糜？」可謂東西輝映。

Q7　究竟是什麼原因造就了她扭曲的性格？與母親瑪莉亞·特蕾西亞有關係嗎？

一位瑞典貴族曾說：「瑪莉是我所見過的所有貴族中，最親切可愛的女性。」但圍繞在她身邊的人，不是窮奢極侈的竊國之輩，就是荒淫縱慾的誤國之徒。瑪莉亞·特蕾西亞對女兒未來的命運感到憂心忡忡；約瑟夫二世（Joseph II）在瑪莉亞·特蕾西亞過世之後，繼任神聖羅馬帝國皇帝，這位有「人民皇帝」之稱的開明專制君主曾親赴巴黎探視瑪莉，臨走前留下三十頁的手冊，提醒妹妹勿再虛度年華：「也許某日，你會為自己的行為付出代價」；另在訪法日記中寫著：「她是個美女，可是非常無知。她沒有看到自己的優勢，而把光陰都浪費在揮霍和消遣上。」

Q8　瑪莉皇后為什麼會被送上斷頭臺？

瑪莉的奢侈與法國的財政困窘呈現強烈的對比，成為革命黨攻擊的目標。她派密使去奧地利，請其兄弟出兵拯救王室，觸犯了通

敵罪。一七九一年六月，瑪莉力勸路易十六逃亡，雖經化妝，但因排場龐大，啟人疑竇，被革命分子識破而予以逮捕。她在王朝岌岌可危之際玩弄兩面手法，一方面盼望各國聯軍在邊界對革命黨施壓，一方面虛與委蛇接受新憲法，為擊敗革命黨，竟然將法軍的情資透露給敵國，被革命法庭以反革命通敵罪判處死刑，送上了斷頭臺。

瑪莉皇后小檔案

瑪莉安托瓦內特（電影中譯名為瑪麗安東尼），法文全名為 Marie-Antoinette-Josèphe-Jeanne D'Autriche-Lorraine，德文全名為 Maria Antonia Josefa Johanna von Habsburg-Lothringen。一七五五年十一月二日生於維也納，為神聖羅馬帝國皇帝法蘭西斯一世（Francis I）和瑪莉亞・特蕾西亞（Maria Theresa）的第十一位女兒，十五歲時嫁給法王路易十五之孫，即後來的路易十六，豈料兩人均在斷頭臺上殞命。一七九三年十月十六日死於巴黎，享年三十八歲。

瑪莉皇后畫像

圖片：https://today-obs.line-scdn.net/0hwhso8GkrKEdOFgCaxttXEHRAKyh9ejtEKiB5RA14dnM3dT8Ydng3cmJCfnU0dm8ZJ3BnJGIUM3YwcWhBIHk3/w1200。

幣鈔傳奇

「余致力蒐集世界各國幣鈔，凡四十年來，其目的在求生活之調劑，以預防自裁。積四十年之經驗，深知欲達到此目的，必須喚起同好之良知，和聯合世界上以平等待我之泉友，共同奮鬥。」寡人參考孫中山先生之遺囑，擬定收藏界之誓言，以作終生奉行不渝之圭臬。

"Beautiful affair will be eternal delights." 從大自然、貓咪、音樂、女人（只有部分），至郵票、幣鈔皆有美感蘊藏其中，凡自視有智慧、有氣質者，豈可視而不見？茶餘飯後，檢視來自世界各地之藏品，甚有大塊在胸之充實感，若有幸陪葬，則考古學者或盜墓者，應知長眠者為何方神聖。

朕對貓科動物永不厭倦，猶如莘莘學子對蹺課永不厭倦，但最讓全人類永不厭倦者唯有幣鈔，即使是盲人亦知其價值。俗云：「一毛錢會逼死英雄好漢」，錢財令人又愛又恨。身為典型之中產階級，深知靠販賣知識為生者，並非清高，實為清貧，雖擁有些許「福」氣及「壽」命，但確定無厚「祿」，終生將與「橫財」絕緣。

人因夢想使其變得偉大，白日夢亦具有治療心靈創傷之大益。目前世界流通之幣鈔中，有兩張高額之鈔票，一為土耳其之一百萬里拉，一為南斯拉夫之五十億狄納。各位看官，請勿故作昏倒狀，需知新臺幣一元可兌換土耳其幣近三千里拉，美金一元則值八萬多里拉。一百美金可換八百多萬里拉，每位觀光客皆成百萬、千萬富翁矣！

而苦命之南斯拉夫，疇昔曾為第一次世界大戰導火線之發生地，二次大戰與德軍鏖戰仍被佔領，戰後投身北極熊之懷抱，後因內戰分

裂成六個國家。寡人有位該地之郵友，每寄一函竟歷時半載方可收到，實為郵政史上之奇蹟。觀其巨額紙幣，雖不知與美金之兌換率，想必形同廢紙，貨幣成色偏低，常成國家滅亡之主因。

第一次世界大戰結束之後十年，經濟大恐慌（Great Depression）蔓延全球，戰敗之德國創下四兆馬克兌換美金一元之世界紀錄。原始時代以物易物之交易方式再度出現，婦女可為一包香煙出賣靈肉，而裝在麻袋中成噸之紙幣，連充當衛生紙之剩餘價值皆無，命運真夠悲慘。

猶記美國大明星 Gregory Peck（1916-2003）主演過一部嘲諷拜金主義（mammonism）之喜劇片，謂一群富翁暫借給一位窮小子一百萬美金，但只可炫耀，不可動用一文，主角之命運成為「富在深山有遠親」，不僅到處賒帳，而且招蜂引蝶，樂不可支，待借期已到，完璧歸趙之後，一切恢復原狀，呂伯大夢終於甦醒。各位朋友，您是否領悟到一些真理呢？

南斯拉夫高面額鈔票，為五千億面額、五十億面額、一億面額

德國境內世界文化遺產巡禮

聯合國教育科學文化組織（UNESCO）所審定的世界文化遺產，已累積至一千一百五十七處。不論第一、第二或第三（甚至第四）世界，已成觀光業的主要收入。臺灣島內亦出現一級、二級、三級古蹟，受「本土化」政策的主導，相關的書刊汗牛充棟，但似乎上不了國際舞臺。

自然與人文景觀是文明的結晶，雖然山川河嶽非人為因素所造成，但在「大自然的頭號殺手」——人類的干涉之下，仍會面目全非。美國人首創 "National Park"，吾人譯成「國家公園」或「國立公園」，不僅隱含政治氣息，且延伸與人民的距離，何不改為「國民公園」？而黃石公園（Yellowstone National Park）已成為全球同性質公園的典範。

「需要乃發明之母」（Necessity is the mother of invention.），宇宙間的任何有機物皆戮力生存競爭，若從物理學的角度觀之，無機物亦有生命，因為原子亦有半衰期，成為地質學家及考古學家鑑定年代的利器。分分秒秒，瞬息萬變，時間是最無情的篩子，會將一切虛浮不實的成分過濾至淨。如何向上帝爭時間，田野工作（field survey，此一名詞有待

柏林博物館島

圖片：https://img.remediosdigitales.com/e51a94/berlin-museos/1366_2000.jpg。

商榷）與口述歷史的進行，實刻不容緩。歷史長河，浩浩蕩蕩，史實如河面的漂流物，總是流失者多，被撈起者少，如同演化原理，存在些許運氣的成分。

　　傳統與現代可以和平共存，而非互相毀滅。亞理斯多德曾言「美比歷史還真實」。罹患失憶症的邊緣人，為經濟發展而拆毀古宅，依此原理，光碟的儲存量驚人，則圖書館典藏的善本書可付之一炬矣！

　　解說員的專業知識及熱誠，令人如沐春風，觀光客裡臥虎藏龍，豈可信口開河的瞎掰一通。「嘉慶君遊臺灣」、「張飛殺岳飛，殺得滿天飛」類型的歷史科幻情節，從未聽聞。

　　國際問題專家動輒侈論「世界局勢嚴重惡化，價值混亂，人慾橫流」，而神職人員喜添加「世界末日」詮釋，唯恐天下不亂，實則彼等本身即為亂源。翻閱《聖經》、《春秋》、《資治通鑑》，人類自古至今，本性依然未變。徜徉文化遺產，從部分的殘垣斷壁間，可窺戰爭無情的破壞，但有許多係歲月腐蝕的結果，與人為因素無關。

　　博物館、美術館、教堂、大學、古蹟、古城皆為人文景觀的重點。參觀名人故居，感動莫名，亦收「見賢思齊」之大益。工匠（artisan）雖無社會地位，卻為文明的躍昇留下最佳的見證。普羅大眾對三度空間的文物深深著迷，唯有學者才對二度空間的文獻情有獨鍾。

　　自視有文化的國家，莫不耗費鉅資保存文化遺產，以讓後人可目睹前人努力的成果，俾便踩在巨人的肩膀上看得更遠，不必再回到生命的原點。

　　咱們這裡的超級市民將自宅佈置得富麗堂皇，而戶外的公共場域卻遍地髒亂，充份顯現「各人自掃門前雪」的心態。昔日當作「三娘教子」的教材——二十四孝，今日視之，猶如二十四則笑話。愚公移山的故事，不僅破壞自然景觀，可能還會造成土石流，唯有精神可取而已。

　　西諺「人如其食」（You are what you eat.），而人的氣質亦受其所

好的影響。德國已成歐洲的首強，優
秀的日耳曼人誠可當之無愧。一戰及
二戰使其受創甚深，但彼等卻能依原
有的樣式，一磚一瓦的重建，公共建
築物乃群體的記憶，不應只存在於歷
史照片之中。

波茨坦無憂宮葡萄藤山梯形露臺

　　未列入世界文化遺產的集中營
（Konzentrationslager），遊客絡繹不絕，人性的醜惡與上帝的死亡，
成為活生生的時代劇，目睹宰割人體的手術室，心中吶喊人命真是賤
如螻蟻，而操刀者不乏高學歷的專業醫師，似乎印證「偉大領
袖」──毛主席的名言「讀書越多越反動」。

　　讀者諸君，只要您逛過部分文化遺產，即可體驗德國及歐洲國家，
何以仍是世界文化的樞軸，"Rome was not built in a day." "When in
Rome, do as the Romans do." 臨場的心靈悸動，遠勝於居於斗室之中，
專注於螢幕圖像的呆滯。

遺產清單

　　一、柏林邦（Berlin）
　　　　（一）博物館島（Museumsinsel）。
　　　　（二）現代住宅群落。
　　二、布蘭登堡邦（Brandenburg）
　　　　波茨坦（Potsdam）：無憂宮城堡與公園（Schlösser und Parks
　　　　von Potsdam Sanssouci）、Glienicke 與孔雀島（Glienicke und
　　　　Pfaueninsel）。

圖片：https://guias-viajar.com/wp-content/uploads/2023/06/alemania-potsdam-29.jpg。

三、薩克森─安赫特邦（Sachsen-Anhalt）

　　（一）德紹（Dessau）：沃利茨園林王國（Wörlitz Gartenreich）、
　　　　　包浩斯屋（Bauhausstätten）。

　　（二）路德市─維滕貝格（Lutherstadt Wittenberg）：城堡教堂
　　　　　（Schloßkirche）、市區教堂（Stadtkirche）、路德與梅蘭
　　　　　荷滕故居（Luther-und-Melanchthonhaus）。

　　（三）路德市─艾斯雷本（Lutherstadt Eisleben）：路德誕生與
　　　　　過世之故居（Luthers Geburts-und- Sterbehaus），與維滕
　　　　　貝格合稱為路德紀念地（Luther Memorials）。

　　（四）奎德林堡（Quedlinburg）：大學教堂、城堡與古城
　　　　　（Stiftskirche, Schloß und Altstadt）。

　　（五）瑙姆堡（Naumburg）：主教座堂（Dom）。

四、圖林根邦（Thüringen）

　　（一）威瑪（Weimar）：包浩斯屋（Bauhausstätten）。

　　（二）愛森納赫（Eisenach）：瓦爾特堡（Wartburg）。

　　（三）艾爾福特（Erfurt）：猶太中世紀遺產。

五、什勒斯維希─荷爾斯坦因邦（Schleswig-Holstein）
　　呂貝克（Lübeck）：古城。

六、下薩克森邦（Niedersachsen）

　　（一）希爾德斯海姆（Hildesheim）：聖瑪利亞主教座堂與聖
　　　　　米迦勒教堂（Dom St. Mariä Himmelfahrt und Michaelis-
　　　　　kirche）。

　　（二）哥斯拉（Goslar）：古城與拉梅爾斯貝格礦山（Altstadt
　　　　　und Bergwerk Rammelsberg）和上哈茲山的水利工程
　　　　　（Oberharzer Wasserregal）。

　　（三）阿費爾德（Alfeld）：法古斯工廠（Fagus-Werk）。

七、北萊茵—西伐利亞邦（Nordrhein-
　　Westfalen）[3]

阿亨主教座堂

（一）科隆（Köln）：主教座堂
　　　（Dom）。
（二）布律爾（Brühl）：奧古斯
　　　都堡與獵趣園（Schlösser
　　　Augu-stusburg und Falken-
　　　lust）。
（三）阿亨（亞琛，Aachen）：主教座堂（Dom）。
（四）埃森（Essen）：關稅同盟煤礦工業建築群。
（五）赫克斯特（Höxter）：卡洛林（Karolingi）時期面西建築
　　　和柯維修道院（Fürststift Corvey）。

八、萊茵蘭—法爾茲邦（Rheinland-Pfalz）：
（一）梅塞爾礦坑（Grube Messel）：化石出土處（Fossilienla-
　　　gerstätte）。
（二）洛爾施（Lorsch）：早期本篤會大修道院與古教堂修道院
　　　（Ehem. Benediktiner-Abtei mit ehem. Kloster Altenmünster）
（三）斯派爾（Speyer）：主教座堂（Dom）。
（四）特里爾（Trier）：羅馬遺址、聖彼得主教座堂與聖母教堂
　　　（Römische Baudenkmäler, Dom und Liebfrauenkirche）。
（五）斯派爾、沃姆斯（Worms）和美茵茨（Mainz）的 ShUM
　　　猶太社區。

九、薩爾邦（Saarland）
　　沃克林根（Völklingen）：煉鋼廠（Hütte）。

圖片：https://upload.wikimedia.org/wikipedia/commons/thumb/a/ad/Aachener_Dom_BW_201
6-07-09_17-10-03.jpg/1920px-Aachener_Dom_BW_2016-07-09_17-10-03.jpg。

十、巴登—符騰堡邦（Baden-Württemberg）

（一）斯圖加特（Stuttgart）

1. 勒・柯比意（Le Corbusier）建築作品——白院聚落（Weissenhof-Siedlung）。

2. 茅爾布隆修道院（Kloster Maulbronn）。

（二）康士坦茲（Konstanz）：波登湖（Bodensee）萊赫瑙島（Insel Reichenau）修道院（Kloster）。

（三）士瓦本侏羅山（Schwäbischer Jura）的洞穴和冰川時代的藝術。

十一、拜恩（巴伐利亞）邦（Bayern〔Bavaria〕）

（一）班貝格（Bamberg）：古城（Altstadt）。

（二）符茲堡（Würzburg）：官邸（Residenz）。

（三）威斯（Wies）：威斯教堂（Wieskirche）。

（四）拜魯特（Bayreuth）：侯爵歌劇院（Markgräfliches Opern-haus）。

（五）奧古斯堡（Augsburg）：水利設施、水利資源、飲用水和噴泉藝術。

（六）雷根斯堡（Regensburg）：古城與史達特阿姆霍夫區（Stadtamhof）。

十二、黑森邦（Hessen）

（一）達姆施塔特—迪堡縣（Landkreis Darmstadt-Dieburg）：梅塞爾坑（Messel pit）。

（二）卡塞爾（Kassel）：威廉高丘公園（Bergpark Wilhelms-höhe）。

（三）達姆施塔特（Darmstadt）：瑪蒂爾德高地藝術家村落（Künstlerkolonie）

十三、梅克倫堡—佛波門邦（Mec
klenburg-Vorpommern）
史特拉頌（Stralsund）和維斯
馬（Wismar）的歷史中心

呂貝克霍爾斯滕門

十四、不萊梅邦（Bremen）
不萊梅：市政廳（Rathaus）
和羅蘭（Roland）像。

十五、漢堡邦（Hamburg）
漢堡：倉庫城（Speicherstadt）、辦公區及智利大樓
（Chilehaus）。

十六、薩克森邦（Sachsen）：賽芬（Seiffen）：厄爾士山脈（Erzge-
birge）礦區。

十七、什勒斯維希—霍爾斯坦邦（Schleswig—Holstein）
海德比和丹尼維爾克的古城池建築群。

十八、羅馬帝國的邊界：上日耳曼—雷蒂安邊牆。

十九、萊茵河中上游河谷：從呂德斯海姆（Rüdesheim）至科布倫
茨（Koblenz）之間。

二十、穆斯考爾園（Muskauer Park）：位於德國與波蘭的界河奈薩
河兩岸。

二一、喀爾巴阡山脈及歐洲其它地區的原始山毛櫸林：範圍遍及十
二個歐洲國家的森林。

二二、歐洲溫泉療養勝地：共有七國十一處。

二三、瓦登海（Wattenmeer）：丹麥－德國－荷蘭海岸。

二四、阿爾卑斯地區的史前湖岸木樁（干欄）建築：共有六國一一
一處湖沼及濕地。

圖片：https://upload.wikimedia.org/wikipedia/commons/thumb/c/cf/Holstentor_in_L%C3%
BCbeck_2015.jpg/1920px-Holstentor_in_L%C3%BCbeck_2015.jpg。

二五、羅馬帝國的邊界：下日耳曼邊牆，德國與荷蘭萊茵河沿岸地
　　　區四十四處。

二六、羅馬帝國的邊界：多瑙河古防線，從德國經奧地利到斯洛
　　　伐克。

1 萊茵河
2 不萊梅市政廳
3 卡塞爾，威廉高丘公園
4 上日耳曼-雷蒂安邊牆

圖1：https://m.tuniucdn.com/filebroker/cdn/snc/51/eb/51eb06a7e544a8940b8ebba0ba242730_w700_h0_c0_t0.jpg。

圖2：https://upload.wikimedia.org/wikipedia/commons/thumb/4/42/Das_Rathaus_%28858765
9004%29.jpg/1920px-Das_Rathaus_%288587659004%29.jpg。

圖3：https://bkimg.cdn.bcebos.com/pic/1c950a7b02087bf47c1ec110f8d3572c10dfcf5d?x-bce-process=image/format,f_auto/watermark,image_d2F0ZXIvYmFpa2UyNzI,g_7,
xp_5,yp_5,P_20/resize,m_lfit,limit_1,h_1080。

圖4：http://www.thegreatwall.com.cn/photo/upload/2014/01/13909120931.jpg。

德國之旅雪泥鴻爪

　　炎炎溽暑，令人煩躁，總統大選的狂熱，商品拜物教（fetishism）的囂張，深深體會環境比教育更能滲透人性底層的真諦，為暫時逃避此一關起門來當皇帝的「小朝廷」，遂以會員家屬的身分，參加由中國農業推廣學會所主辦的「德國農業推廣及休閒農業考察團」。一則昔日訪德，難忘新天鵝石堡年輕貌美、風度翩翩的解說小姐，不知如今是否健在？二則為重操舊業的「德國史」選修課程，注入一些新生命，以免乏人問津，成為非主流的邊緣學科。

　　每次出國，皆以小學生做功課的心態，忘記自己的身分和地位，吸收四面八方紛湧而至的資訊，寡人堅信旅遊是最佳的消費，故藉雲遊四海進修社會大學的學分，其樂真是無窮。唯老外至今仍分不清 "Taiwan" 與 "Thailand" 有何不同，咱們的國際形象確實有待加強。

　　德國統一（1990年10月3日）已近十年，但「中華民國在臺灣」的部分官員，仍不時冒出「東德」與「西德」如何如何，似乎仍活在古早的歷史之中，在建構正確的世界觀方面嚴重的認知不足。出版品及網路資訊爆炸，卻有自視甚高者陶醉於與外界隔絕的小天地之中，可歎復可悲。清末憂國憂時的知識分子皆以為，近代中國國力的羸弱，實肇因於人民的素質低落，富國強兵的先決條件在提昇國民的素質，今日亦然。

　　「辛辛苦苦四十年，一覺睡到解放前」，中國的現代化緩如蝸步，旅行社的旅遊行程一定會出現搭乘「豪華」客機字眼，不知有無「不豪華」客機？憶疇昔軍事院校的招生簡章上，通常皆有「思想純正、

相貌端正、無不良嗜好」等奇特的標準，不知其衡量的要點為何？

　　"Let bygones be bygones." 陳年往事已進入時間的深處，但旅遊經驗在腦海裡依舊亮麗光鮮，尤以至高度開發國家為然。從意識型態到生活方式，何以有極大的差異？恐怕要自歷史經驗切入，以了解其來龍去脈。

　　德國人一直給世人冷漠、嚴肅、忠貞、死板的印象，外加好戰的軍國主義（Militarismus）風格，恐因在一、二次世界大戰表現「英勇」所致，而好萊塢（Hollywood）製作的戰爭片，亦給德軍（Jerry, Boche, Kraut, Squarehead, Fritz）貼上等同於蠻族（Huns）的標籤，似乎難以翻身矣！

　　十九世紀的鄂圖曼土耳其帝國被稱為「歐洲病夫」（Sick Man of Europe），唯今日在德國境內的土耳其人，已成數一數二的外來少數民族。極端的種族優劣論（racialism）信徒，仇視有色人種（colored race），似乎忘記白色亦是「有」色，莫非本身是「無」色的透明人？古希臘雅典城邦所揭櫫的民主政治，實為有限度、富歧視性的政體，今日何嘗不是如此？

　　部分銀行拒收一百美元現鈔，因偽鈔較多之故。商店無騎樓，招牌亦極具美感。郵箱為黃色，上有代表郵政的號角圖案，不過每日只收信一次，因無線電事業發達，天空電訊擁擠。公共設施

慕尼黑德意志博物館前「鐵血宰相」──俾斯麥巨像

圖片：https://zh-yue.m.wikipedia.org/wiki/File:Otto_Fuerst_von_Bismarck.jpg。

完善，充滿人文色彩，日耳曼民族務實的
精神，表現在交通及建築上，"Made in
Germ-any" 即指「金玉其中，樸素其
外」，雖不花俏卻非常耐用，天長地久日
益流露出潛德之幽光。

柏林奧林匹克運動場

　　歐洲國家（寡人曾跑過八國）的招牌
多無英文（不含英語系國家），各國皆以使用本國語文為榮，尤以法
國人罹患強烈的自戀症（narcissism），以為法文的優美乃天下第一，
此乃文化帝國主義（culture imperialism）的心態作祟。

　　未見乞丐，而流浪漢亦僅看到一、二人，唯可能有新納粹嫌疑的
光頭年青人，令人敬鬼神而遠之。從德東、德中、德西至德南，未遇
任何種族歧視情事（昔日在英國曾有不愉快的經驗）。水質不盡理
想，因寡人在就寢之前均會清洗眼鏡，翌日清晨觀之，皆出現白色汙
垢，可能含礦物質太多所以致此。猶記遠征土耳其時，水中竟含有類
似昆蟲的異味，真是大開「味」界。衡量一個國家的生活水準，自來
水是否可生飲實為重要的指標之一，此次「西征、北伐」，以身試
水，毫無ㄌㄠˋㄙㄞˋ後果，證明此言不虛。

　　書店裡備有糕餅點心，可讓來賓自由取用。塗鴉（graffiti）隨處
可見，但圖案及文字設計皆了無新意，徒增視覺污染而已。逛過各種
商店，均未見門口有感應設備，唯書店的設計最具人性化，內有書桌
及燈可安心看書，有些亦附設 coffee shop，臺北市的誠品書店頗有歐
洲風格。奇特的是海德堡的唱片行，架子上的 CD 只是空殼子，待顧
客決定要買，店員才從櫃子裡取出 CD，是否大學城的居民不太老實？

　　德國人戮力消除所有與納粹有關的痕跡，唯南方的農民家中尚

圖片：https://upload.wikimedia.org/wikipedia/commons/thumb/8/81/Olympiastadion_Berlin_
Sep-2015.jpg/1920px-Olympiastadion_Berlin_Sep-2015.jpg。

懸掛希特勒的肖像，一如中國大陸的農民至今尚懷念毛澤東。俗云四個中國人在一起就會打麻將，四個英國人則會組織政黨，而四個德國人自然會成為軍隊。全世界各民族的民族性和文化，藉交通的頻繁及網路的溝通將逐漸走向同質化，如上班族的服裝及百貨公司類多相似，因「城市創造文化，鄉村保存傳統」，歐盟會員國塑造出"Europeanism"，對全球仍具有宰制權（hegemony），或許此即嶄新的典範（paradigm）。

　　歐洲的機場多不禁煙，使寡人不知吸入多少致癌物質。而德國人抽煙的普遍，可能不輸給中國大陸，尤以青少年和成年女性最引人注目。如果吸煙是為抒解苦悶，則做為高度開發國家的國民，可能亦壓抑著不為人所知的辛酸。在從羅馬飛往柏林的義航班機上亦未禁煙、亦無冷氣。

　　塑膠袋少見，多使用紙袋及環保袋。椅子雖沈重，但在設計上極符合人體工學。只要天色較暗，則車輛均開大燈，可減少交通事故。公共建築物厚重、高大、富質感，無大紅大綠的俗氣，即使是新都柏林的市容，也可用「樸實無華」一詞形容之。禁止大卡車超車，大車禮讓小車，而救護車一出現，各種車輛皆迅速讓路，此即文明人的舉止。有兩節車廂的公共汽車，潔淨透明，然乘客不多，不知如何維持？至於火車則不如高速公路（Autobahn）著名，始建於一九三三年，乃納粹黨卓越的政績之一。

斯圖加特電視塔

　　點將不如激將，德東地區稱外國軍人為 "strange soldiers"，英語並不普遍，空屋及舊房舍多，有些原為猶太人所有，大戰期間不知去向，有些則是無經費整修，觀之頗像 "haunted house"。外人佔領或介入，並非一定有害，清末歐、美、日諸列強在華設立殖民地，卻給日薄崦嵫的古老中國注入新血輪，加速了現代化（modernization）的腳步。

　　「經手三分肥」，以前曾有人寄香蕉給東柏林的友人，豈料竟被東德海關將「裡子」沒收，只放行香蕉皮。北京及臺北「中央」政府皆宣稱擁有對方的主權，中華民國與中華人民共和國互相涵蓋對方，但海峽兩岸的貨暢其流，何以稱為「走私」？應改為「國內」貿易才對。

　　躬耕於南陽街，莘莘學子為升學而打拚，不會像德國的大學生見到教授要讓路。除去傳授謀生的知識和技術，如何讓受教育者的靈魂覺醒（erwachen），以達啟蒙（Aufklärung）的鵠的，實為設計教材者應思考的核心。參加座談的某位德國農業專家坦承，如何教育農民，使彼等能獨立自主，實為一浩大的工程。政府並非慈善機構，不能毫無止境地一味救助下去，反而會養成農民的依賴心理。

　　農村分為五個等級，第五級可作軍事基地。而占地六千五百公頃的農莊，只需二十人經營。因單一式造林無益於生態平衡，故採混合式造林。普魯士王國（Königreich Preußen）發跡於土地貧瘠的東北方，為克服惡劣的自然環境，刺激了化學工業的發展，文治與武功雙管齊下，至十九世紀成為德意志統一運動的領導者，而養尊處優、耽於逸樂的其他王國，只有遭受被統一的命運。

　　莎士比亞（William Shakespeare, 1564-1616）曾言 "What's past is prologue."（《暴風雨》〔The Tempest〕）未曾出過國門者，不可侈談國際事務，每次旅遊均會帶來不同層次的文化震盪（culture shock），而返國之後必浮現些許的憂鬱症（melancholia），寫作實為治療此症的良藥。意識者流，荒唐滿紙，棄之於市可也！

基本小檔案

日期：民國八十八年八月二十日至九月三日。

交通工具：臺北→羅馬（華航，Leonardo da Vinci 國際機場，中途曾在 Abu Dhabi, United Arab Emirates 停留）→柏林（義航，Tegel 機場）→新路平→萊茵斯堡→波茨坦→艾爾福特→耶拿→威瑪→聖‧歌阿（萊茵河遊輪）→海德堡→羅騰堡→紐倫堡→赫爾辛→慕尼黑→福森→格羅斯外爾→慕尼黑→法蘭克福（德航）→臺北（華航）。

所到旅遊點：

一、柏林（Berlin）（柏林邦，Berlin）

圍牆（Mauer）、圍牆博物館（Museum Haus am Checkpoint Charlie）、布蘭登堡大門（Brandenburger Tor）、國會大廈（Reichstag）、勝利柱（Siegessäule）、威廉皇帝紀念教堂（Kaiser-Wilhelm-Gedächtniskirche）、農業博物館（Domäne Dahlem—Landgut und Museum）。

二、新路平（Neuruppin）（布蘭登堡州邦，Brandenburg）：休閒農場（Märkische Höfe）。

三、萊茵斯堡（Rheinsberg）（布蘭登堡州邦）：萊恩斯城堡（Schloß Rheinsberg）。

四、波茨坦（Potsdam）（布蘭登堡州邦）：無憂宮（Schloß Sanssouci）、新宮（Neues Palais）。

五、艾爾福特（Erfurt）（圖林根邦，Thüringen）：walking tour。

六、耶拿（Jena）（圖林根邦）：walking tour。

七、威瑪（Weimar）（圖林根邦）：walking tour。

布痕瓦爾集中營（Konzentrationslager Buchenwald）、歌德—國立博物館（Goethe-Nationalmuseum）。

八、聖‧歌阿（St. Goar）（萊茵蘭—法爾茲邦，Rheinland-Pfalz）：
遊覽萊茵河。

九、海德堡（Heidelberg）（巴登—符騰堡邦，Baden-Württemberg）：walking tour。

十、羅騰堡（Rothenburg ob der Tauber）（拜恩〔巴伐利亞〕邦，Bayem〔Bavaria〕）：walking tour。中世紀犯罪博物館（Mittelalterliches Kriminalmuseum）。

十一、紐倫堡（Nürnberg）（拜恩邦）：walking tour。
皇帝堡（Kaiserburg）。

十二、慕尼黑（München）（拜恩邦）：walking tour。
寧芬堡（Schloß Nymphenburg）、奧林匹克公園（Olympiapark）、寶馬博物館（BMW Museum）、德意志博物館（Deutsches Museum）。

十三、福森（Füssen）（拜恩邦）：新天鵝石堡（Königsscholß Newschwanstein）。

十四、格羅斯外爾（Großweil）（拜恩邦）：上拜恩地區戶外博物館（Freilichtmuseum des Bezirks Oberbayem an der Glentleiten）。

後記

感謝李理事長文瑞教授卓越的領導統御能力和不可思議的口譯才華（可惜沒有小費），顏秘書長淑玲女士精心的策劃，以及張秘書錦娟女士的任勞任怨，使本團的團員展現「一個命令，一個動作」高紀律的團隊精神，使寡人深覺不虛此行，當可死而瞑目矣！

期盼能賡續舉辦類似的考察活動，以便呼朋引伴，共襄盛舉，即使遠赴非洲內陸、中南美洲，亦當赴湯蹈火，在所不惜，欽此。

1 柏林勝利柱
2 海德堡，坐落在半山腰的
　 海德堡大學韋伯紀念館
3 福森新天鵝石堡
4 柏林國會大廈
5 符茲堡官邸

圖1：https://upload.wikimedia.org/wikipedia/commons/thumb/0/0d/Berlin_reichstag_west_pa
norama_2.jpg/2560px-Berlin_reichstag_west_panorama_2.jpg。

圖2：https://images.chinatimes.com/newsphoto/2022-05-31/1024/BD0400_P_01_02. jpg。

圖3：https://upload.wikimedia.org/wikipedia/commons/thumb/f/ff/Hohenschwangau_-_Schl
oss_Neuschwanstein1.jpg/1920px-Hohenschwangau_-_Schloss_Neuschwanstein1.jpg。

圖4：https://upload.wikimedia.org/wikipedia/commons/thumb/0/0d/Berlin_reichstag_west_pa
norama_2.jpg/2560px-Berlin_reichstag_west_panorama_2.jpg。

圖5：http://photos.wikimapia.org/p/00/04/87/04/51_1280.jpg。

三訪德國隨筆

基本小檔案

日期：民國九十年八月八日至二十一日。

流程：臺北→法蘭克福（華航，中途曾在 Abu Dhabi, United Arab Emirates 停留）→科赫姆→波帕爾（萊茵河遊輪）→掃爾漢→卡塞爾→哥廷根→哥斯拉→維芬豪森→漢明登→卡塞爾→柏林→波茨坦→柏林→許瑪赫滕哈格納→艾爾福特→符茲堡→斯圖加特→蒂蒂湖新市→布雷特瑙→歐芬堡→海德堡→魯德斯海姆→法蘭克福→臺北（華航）。

所到旅遊點：

一、柏林邦（Berlin）

柏林：圍牆（Mauer）、洪保德大學（Humboldt-Universität Unter den Linden）、布蘭登堡大門（Brandenburger Tor）、國會大廈（Reichstag）、勝利柱（Siegessäule）、夏洛登堡宮（Schloß Charlottenburg）、埃及博物館（Ägyptisches Museum）、帕加蒙博物館（Pergamonmuseum）、奧林匹克運動場（Olympiastadion）。

二、布蘭登堡邦（Brandenburg）

（一）波茨坦（Potsdam，邦都）：無憂宮（Schloß Sanssouci）、西施琳宮（Schloß Cecilienhof）。

（二）許瑪赫滕哈格納（Schmachtenhagener）：休閒農場（Oberhavel Bauernmarkt）。

三、下薩克森邦（Niedersachsen）

　　（一）哥廷根（Göttingen）：哥廷根大學（Georg-August
　　　　　Universität Göttingen oder Universitätsstadt Göttingen）。

　　（二）哥斯拉（Goslar, UNESCO World Cultural Heritage）：
　　　　　皇帝宮（Kaiserpfalz）、聖 Cosmas 與 Damian 新教市場
　　　　　教堂（Ev.-Luth. Marktkirche St. Cosmas und Damian）。

四、圖林根邦（Thüringen）

　　艾爾福特（Erfurt，邦都）：EGA，艾福特園藝展（Erfurter
　　Gartenund－Ausstellung）、秋海棠花園（Begoniengarten）。

五、黑森邦（Hessen）

　　（一）法蘭克福（Frankfurt am Main oder Frankfurt a. M. oder
　　　　　Frankfurt/M）：羅馬人的山丘（Römerberg）、皇帝（室）
　　　　　大教堂（Kaiserdom）。

　　（二）卡塞爾（Kassel）：卡塞爾大學（Universität Kassel）、威
　　　　　廉山丘宮廷公園（Schloß Wilhelmsthal）。

　　（三）維芩豪森（Witzenhausen）。

　　（四）漢明登（Hann.〔Hannoversch〕Münden）。

　　（五）魯德斯海姆（Rüdesheim am Rhein）。

六、萊茵蘭－法爾茲邦（Rheiniland-Pfalz）：

　　（一）科赫姆（Cochem/Mosel）：遊覽莫瑟爾河。

　　（二）波帕爾（Boppard am Rhein）：遊覽萊茵河。

　　（三）掃爾海姆（Saulheim）：民宿（Hotel &Weinstube Lehn）。

七、拜恩（巴伐利亞）邦（Bayern〔Bavaria〕）：

　　符茲堡（Würzburg）：官邸（Residenz, UNESCO World Cultural
　　Heritage）、聖・琪里安大教堂（St. Kiliansdom）、新大教堂
　　（Neumünster）。

八、巴登一符騰堡邦（Baden-Württemberg）：

（一）斯圖加特（Stuttgart，邦都）：霍亨翰大學（Universität Hohenheim）與德意志農業博物館（Deutsches Landwir-tschaftsmu-seum）、梅賽德斯—奔馳博物館（Mercedes-Benz Museum）、電視塔（Fernsehturm）。

（二）蒂蒂湖新市（Titisee-Neustadt）：遊湖。

（三）布雷特瑙（Breitnau）。

（四）歐芬堡（Offenburg）。

（五）海德堡（Heidelberg）：德意志製藥學博物館（Deutsches Apotheken-Museum, Im Heidelberger Schloß）。

„Die Philosophen haben die Welt nur verschieden interpretiert, es kommt aber darauf an, sie zu verändern." —Karl Marx (1818-1883)

　　每屆暑假，福爾摩莎上一群群手拎大包小包的觀光客，像急著去投胎似的，殺向世界各地。區區小我也匯入這般洪流，追隨旅遊高手瀏覽大千世界。人類文明的發展並非一直在進步，憂國憂時者當不定期反思，平日所有的打拼是否有實質的意義？暫時切斷複雜的人際關係，逃離政客惡鬥醜聞的精神污染，不啻為明心見性的心靈享受。

　　「運氣是上帝刮來的風」，今日的德國與美、日並列全球三大生產力強國，乃長期努力的結果。四十餘年以前即已著手環保工作，保持「三生」——生活、生產與生態的平衡。化學工業享譽世界，疇昔從馬鈴薯中提煉酒精，現在則用馬鈴薯製作塑膠袋。德國工人上午只去一次 WC，而中國工人可能會去八次，似乎皆罹患尿失禁。工作時數短，而國強民富，工作時數長，卻使經濟衰退，國家邊緣化，其中蹊蹺，不言而喻。

　　每周工作三十二小時，擬縮短為二十八小時，即上班四日，周休三日。德人熱愛旅遊，追逐日光，前往南歐及地中海區度假，易罹患皮膚癌。所得稅上繳百分之四十八，失業者可月領一千馬克，目前德東地區的收入為德西地區的百分之八十，統一已近十一年，至今仍未能拉平。全國失業率達百分之十三，何以未出現嚴重的社會問題？因百分之八十的國民擁有房地產，婦女在生產後可三年不工作，職位仍保留，享有醫療免費的待遇。

　　無產階級是最守紀律的階級，農民僅占總人口的百分之三至百分之四，成為貴族式的農業，百分之九十的農產品靠進口，政府補貼差額，使其價廉物美，降低家庭開銷。工人的月薪約在七千至八千馬克之間，一九九〇年統一前後，東德共產黨集體分贓，八百億馬克落入私人口袋，可謂一夜致富。

　　德人不喜黑色食物，可能與骯髒、帶來厄運有關（黑色似乎是女巫專用的色彩），早晚吃冷食，中午為熱食，主食為馬鈴薯，講究自然健康。中國人饑餓了數千年，所以殫精竭慮研究烹調，使「吃」成為中華文化的結晶。朝鮮族飲冷水、進冷食，腸胃機能異於他族。地理環境產生文化差異，本無絕對的優劣，多理解，少批評，自可消弭因認知失調而產生的誤會。瑞士、日本、德國的女男平均壽命獨步世界，飲食習慣與生活規律扮演關鍵作用，凡熱愛塵世，不願提前進入「天人合一」境界的朋友，不妨精心鑽研之。

　　巧克力標明營養成分，但食用者是否仔細看過？德式餐飲用鹽過量，奇鹹無比，勢必影響腎臟的功能。威震武林的啤酒多達五千餘種，是故中年男子多出現啤酒肚。可惜本尊從小不沾煙酒（與道德及信仰無關），除葡萄酒外，無緣品嚐各地的名酒。唯對煙味極為敏感，老遠就能聞到香味，德國與中國大陸至少有二點雷同，即均屬人口巨人及抽煙大國，公共場所多不禁煙，一路上吸了不少二手煙。臺

灣與高度開發國家相比，自然矮了半截，但外籍友人對臺灣的禁煙規定讚譽有嘉，臺北捷運的硬體設施亮麗光鮮，確實具有國際水準，雖然部分車站內外猶如二個世界，但禁煙、禁飲食、無塗鴉，仍讓老外豎起大拇指。

　　週六及週日，禁止貨車上高速公路，路面有柏油及水泥二種，總長度已達十三萬六千公里。內線車速無上限，可用「風馳電掣」一詞形容，摩托車亦可上高速公路（與日本相同），騎士需全副武裝，多著皮衣，臺灣的飆車族可真會爽到死。遊覽車司機一日工作十二小時，每二小時需休息二十分鐘，時速上限一百公里，每日亦有里程限制，警察隨時突檢記錄器，若違規則罰款五千馬克（折合新臺幣八萬元）。

　　臺灣的開車族痛恨交通警察，以為彼等常藉拖吊車輛賺取外快，而此一行業在德國亦大興，每拖一次罰七百馬克（折合11,200元）。柏林的地鐵始建於一九〇二年，今已長達二百五十公里，火車分頭等艙及經濟艙，有一節車廂可放腳踏車。建築物的外觀不可隨意改變，招牌及霓虹燈需批准方可懸掛。因雨量有限，高緯度國家多無騎樓，德國亦然。

　　腳踏車專用道與人行道並列，在中國大陸則是植樹區隔，短程距離實在無須開車，並可得減肥的功效，臺灣的官大人們不妨脫下保持身分地位的西裝，騎腳踏車上班，不僅可節省能源、減少汙染，亦可展現平易近人的民主風範，何樂而不為？學者視官吏如糞土，有朝一日，若能像部分歐洲國家，大官們不帶保鑣，搭公車、電車或地鐵上下班，且無遭人暗殺之虞，才是真正落實民主政治。

　　歐洲許多著名的大學皆無 campus，多成人文淵藪的大學城（university city），高等學術殿堂與市井小民毗鄰而居，莘莘學子當更能思索如何將學理實踐的問題。此地的 Academia Sinica，離群索居，

不食人間煙火，亦不知民間疾苦，高踞 ivory tower 的頂端，睥睨天下。

教育部實施大學評鑑制度，猶如推行九年國民義務教育，是否能真正提昇教育的品質？其評鑑的指標頗多可議之處，如計算校地及建築物的樓板面積，東華、暨南國際、中正諸大學的面積在二百公頃以上，私立大學則以東海名列前茅，德國的霍亨翰大學校地達一千餘公頃，居全德第一，學生只有四千二百多人，若遷來臺灣亦穩坐天下第一。而對師資的評比，學歷重於著作，因此文法學院必遜於理工學院。哥廷根大學及柏林洪保德大學，各「生產」三十位左右的諾貝爾獎（Nobel prizes）得主，在咱們這裡可能會不予計分。

孔老夫子再世，因其無博士學位，無法在大學裡講授儒家思想；孫中山復活，若選修三民主義，可能會被死當，因其演講稿已被國、共兩黨改得面目全非；而高行健亦無資格在中文系任教。至於高等教育的經費則令人咋舌，如洪保德大學一年經費為十五億馬克（折合新臺幣240億元），每一位教授的購書款高達二十萬美元，學生有三萬五千人。而柏林科技大學（Technische Universität）擁有七萬名學生，堪稱名符其實的「大」學。

在歐洲的浙江人，以來自溫州及青田者較多。德國總人口之中，約有十分之一為外來者，以七百萬土耳其人獨占鰲頭，成為光頭黨（新納粹分子）攻擊的對象。由於人口呈現負成長，高齡化迅速，近年以來接納以中國人及印度人為主的亞洲裔移民，以柏林為例，就麋集不少越南人。

旅遊區銀髮族充斥，未見孕婦及貓咪，兒童亦少見。兩次世界大戰奪走上千萬熱血青年的生命，故人口結構圖非金字塔狀，亦非穀倉狀，而是不規則的鋸齒狀。歷史對年長者而言，不啻為一場夢魘，紀念陣亡及失蹤將士的碑文隨處可見。臺灣沈淪在本土化對抗國際化的泥沼之中，殊不知全球化（globalization）已取代民族主義（nationalism），成為世界的主流思潮。英法、德法、德俄、中日諸國的青年朋友已水乳交融，打成一片，忘卻「世仇」為何物矣。

斯圖加特擁有百分之六十的綠地，被冠上 "city between wood and vineyard" 的頭銜，一九五六年建立世界第一座電視塔，高二百一十六點六公尺，居民的富有冠於全國。當地的 local guide 見寡人身著白領藍色上衣，手提黑色發亮的斂財皮包，再加上慈眉善目、剛毅木訥（其實是面善心惡），以為是來自臺灣的天主教神父，在參觀電視塔時竟將門票收回，因敬重神職人員可免費招待，看來朕當繼續冒充下去，到處招搖撞騙，以浪跡天涯。

梅賽德斯—奔馳博物館典藏豐富，使愛車族眼睛發火，而 „Benz" 一詞可音譯為「賓士」、「笨死」，不可單獨使用，應稱 „Mercedes-Benz"，係 Karl Benz 博士與 Gottlieb Daimler 研發的 Mercedes 汽車，今因併廠改稱 „Daimler Chrysler"。該館不收門票，每年的訪客平均達四十二萬多人次，紀念品店中販售的各種汽車模型價廉物美，蒐集狂至此可能會使荷包大失血。唯其標榜的 „Service ein Leben lang"（終生服務）令人印象深刻。

各地的玩具及紀念品多係 "Made in China"，花費大把銀子卻買到「匪」貨，而大眾化的觀光區「共匪」無所不在，早期來自「匪」區的「匪」幹考察團，一律西裝筆挺，動作刻板，據悉晚上尚需開檢討會，坦白有無做下對不起黨和人民的事情。不過，旅遊畫冊多出現中文簡體字版，繁體字版則罕見，臺胞一向不喜購書，甚至連地圖都不看，曾有導遊戲問昨日去過何處？結果答對者甚鮮。「上車睡覺，下車尿尿，沿途買藥，回飯店ㄅㄨㄚˇ 　ㄍㄧㄠˋ」的奇特行為持續至今，勿忘「一頭豬環遊世界回來還是一頭豬」（有侮辱豬仔的豬格的嫌疑），德國諺語亦云「什麼人玩什麼鳥」，離開國門即背負國家的 image，理應自我約束，勿因放浪形骸而損人不利己，臺灣的國際形

象一向欠佳,觀光客的惡劣行徑實推波助瀾、責無旁貸。

　　赴歐旅遊感到最不方便之處即是尋找「方便」之處,除學校及車站之外,多需付費。不過,男生比較容易解決,只要是人煙稀少的荒郊野外,即可速戰速決,並可吸收日月精華,堪稱一舉二得。昔日臺灣各地的公廁亦收費,偶或提供衛生紙,遭人非議,今已少見。

　　高度開發國家深知「消費刺激生產」的謬誤,保護綠地、減少汙染、節約資源的措施無所不在。大幅的透明玻璃皆貼上鳥形圖案,以提防鳥兒誤打誤撞。地面有綠色團塊,則需小心可能會踩到青蛙。希特勒(Adolf Hitler, 1989-1945)曾試圖禁止狩獵,因不忍心目睹被傷害的動物,卻對被絕滅的劣等民族(undesirable)無動於衷。帝國大元帥戈林(Reichsmarschall Hermann Wilhelm Göring, 1893-1946)酷愛打獵,卻飼養母獅作寵物,心理學家和算命仙為之氣結。

　　德人多有潔癖,窗明几淨,賞心悅目,然在電車軌道及人行道上,偶見臺胞熟悉的字紙垃圾,內心備感欣慰。曾有老外撰文批評新加坡的過於整潔,令人窒息,卻喜愛臺灣遍地髒亂,充滿了生命力,如果能存活的話必有強大的免疫力,故選擇臺灣成家立業。同理,臺灣的駕駛執照應具有國際水準,抄小路、走捷徑、鑽騎樓、超車的技術世界一流,越往南走,才知紅綠燈只是充當裝飾品而已。

　　„Deutschland ist schön-wir zeigen es!" 廿一世紀世界各國經濟利益的競爭,已凌駕意識型態的鬥爭之上。國會大廈的透明圓頂成為觀光的熱門景點。每日從上午九時開放至午夜十二時,參觀者絡繹不絕,除可反射日光節約能源以外,尚象徵民主政治應具相當的透明度,超大的電梯竟可容納四十八人。

　　腓特烈大王(Friedrich II, der Große, 1712-1786)乃德國之靈魂,而德人的民族性以忠誠、勇敢和勤儉著稱。全球經濟掌握在百分之六的資本家手中,普羅階級不論如何打拚,似乎不易翻身。同屬圓顱方

趾的兩足生物，但生活的品質卻有天壤之別。

　　洋人眼中的中國，主要停格在大清帝國以前，乃文化中國的概念，從奇特的文字、中國菜、陰陽五行、風水、寺廟寶塔、萬里長城，到秦始皇兵馬俑、珍玩骨董、超多的人口，皆感覺新奇。但對時下的中國頗有藐視之意，共產黨雖標榜無神論，卻將其本身視為新宗教的教主，堅持絕對真理，貪汙腐化，黨同伐異。至於臺灣，警察滿街跑，鐵門窗無所不在，灰塵與垃圾齊飛，攤販製造的髒亂成為都會奇景，新加坡同屬華人社會，竟能建設成「東方的瑞士」，吾人大概需要幾個世代，才能弄到處處皆花園（包括墳場）的地步。

　　全程未發生任何不愉快之事，大概與平日多積陰德，數日行一善（非日行一善）有關。其實，除遊山玩水以外，觀察團員之行徑亦饒富趣味。軍隊、學校、教會、監獄，甚至市場皆為社會的縮影，旅行團何嘗不如此。團員來自產、官、學三界，有人出口成章、字字珠璣，有人語言乏味（面目尚不致可憎），可治療失眠症。有人一打開話匣子，則如滔滔江水，根本無法插嘴；有人則沈默得出奇，從未聆聽其聲音。

　　專業知識造就吾人特殊的性格，建築師分析建築物的營造法式，鞭辟近裡，牧場場主專注經營理念，家政教授精通生活細節，官老爺則聲如洪鐘，高談闊論。亦有行徑更為怪異者，一路採購貓卡片、貓飼料，到處尋找「夜總會」，猛拍「陰宅」，記憶死人的姓名比活人的名字更清晰，每次出國的大行李因填塞太多廢紙（書籍、地圖）而超重等等，咳！咳！就是在下啦！

　　臺灣每年出國的人數已超過總人口的四分之一，量變必會帶來質變，但對國中以下的學生而言，除徒增向同學炫耀的素材之外，實無太大的意義。而高中以上者，因稍具基本的常識，裨益世界觀（Weltanschauung）的建構，旅遊雖所費不貲，卻仍有正面的功效，

端賴是否能秉持一顆 open mind，以塑造人格深度。

世界雖大亦很小，若從天文學的角度觀之，地球不過是浩瀚宇宙中的一粒微塵，咱們窮極一生亦無法遍歷所有的角落。因此，旅遊文學日益受歡迎，藉作者的生花妙筆，透過想像，可浸潤於身歷其境的樂趣之中。

警察眼中只有好人與壞人，精神科醫師視人群只有正常人和不正常人二種；殯儀館老闆則只見活人及死人，而教師心中的學生區分為可造就者和不堪造就者。至於旅遊探險家，當四海為家，涵泳成為世界公民（citizen of the world）。每次旅遊歸來，趁殘餘記憶尚活潑鮮明之際，見諸文字，非為名利，只不過是為心影屐痕留下忠實的記錄而已。

後記

感謝王教授俊豪對行程規畫貫注的心血，以及與夫人鄭女士惠方的即席翻譯，減輕張領隊蘊清不少的負擔，理應對分小費；王秘書長志文每晚召開中常會，討論軍國大事，化解隱藏的危機，功不可沒；張秘書錦娟女士重操舊業，擔任後宮總管，圓滿完成黨中央交付的任務，希望未來能繼續為人民服務；各位專家學者臨場的精闢解說，使團員們眼界大開，增長不少見聞。

明年是否續辦「埃及瘦身之旅＋神鬼傳奇探險團」、「義大利神鬼戰士觀摩團」、「希臘古建築考察團」、「北歐福利國家學習團」、「荷比法戶外遊憩活動團」、「英國鬼屋體驗團」等？吾人當齏骨粉身，全程相隨。

慕尼黑德意志博物館參觀記

　　德意志博物館位於德國面積最大的自由邦（Freistaat）——拜恩（Bayern，英文名 Bavaria，中譯為巴伐利亞）首府慕尼黑（Munich，德文名 München，中譯為明興）的伊薩河（Isar，乃多瑙河支流）的沙洲小島上。為世界上自然科學類規模最大的博物館，展覽路線長達十六公里，可瀏覽數日，持國際教師證（International Teacher/Professor Identity Card）者，免購門票。北京市的「中國人民革命軍事博物館」（The Military Museum of the Chinese People's Revolution, C. P. R. M. M.），共有二十個展覽廳，需步行五公里才能看完，但與德國佬相比，簡直是小巫見大巫。

　　入口處庭園有一琳瑯滿目的書店兼紀念品店，應預留時間採購。而該館的圖書館以收藏豐富的科技史書籍著稱，總計達七十萬冊，尚有四千九百種期刊，以及一七五〇年以前出版的五千冊珍本書籍。每年的訪客達一百五十餘萬人次，展覽面積為五十平方公里，典藏品有六萬種，展示品則有一萬六千種。從帆船、潛水艇、飛機、飛彈之類的科技產品，至鹽礦與煤礦的實景，

德意志博物館外貌

圖片：https://zh-yue.wikipedia.org/wiki/%E5%BE%B7%E6%84%8F%E5%BF%97%E5%8D%9A%E7%89%A9%E9%A4%A8。

其領域可謂上至天文，下至地理。而名人廳（Hall of Fame）中科學家和發明家（如：谷騰堡、哥白尼、克卜勒、萊布尼茲、高斯、歐姆、克虜伯、西門子、亥姆霍茲、拜爾、倫琴、普朗克、愛因斯坦）的雕像更令人見賢思齊，肅然起敬。

象徵火藥（黑色）、血液（紅色）、火焰光輝（黃色）的德國國旗，不是隱含戰鬥氣息嗎？而該館和軍事科學有關的收藏品甚豐，幾可單獨設館，唯未見陸戰武器，其因不詳。

展示飛行的物品佔滿三層樓，分航空學（Aeronautics）及太空學（Astronautics）兩大部分。其內涵如下：

一、航空學

（一）一樓（舊廳）

1. 自然界中的飛行（Flight in Nature）

2. 風箏（Kites）

3. 氣球與飛船（Balloons and Airships）

4. 早期的飛行（1918年以前）（Early Days of Flight, until 1918）

5. 氣體動力學（Aerodynamics）

6. 飛行機械學（Mechanics of Flight）

（二）一樓（新廳）

1. 螺旋槳飛機與活塞飛動機推進器（Aircraft with Propeller/Piston Engine Propulsion）

2. 民航機（Civil Aviation）

3. 軍用機（Military Aviation）

4. 活塞式飛機發動機（Piston-type Aircraft Engines）

（三）地面樓

1. 空中運輸（Airline Traffic）

2. 滑輪氣體發動機（Turbine Aero-Engines）

3. 滑翔機（Gliders）

4. 噴射機（Jet Aircraft）

5. 直升機（Helicopters）

6. 飛機結構與材料（Aircraft Structure and Materials）

Me262戰鬥機

（四）第一中層樓（新廳）

1. 飛行管制與航空術（Flight Control and Navigation）

2. 空運管制（Air Traffic Control）

（五）第二中層樓（新廳）

1. 航空醫學、逃生與安全（Aviation Medicine, Rescue and Safety）

2. 模型機技術（Model Aeroplane Technology）

單引擎雙人座偵查雙翼機

二、太空學（二樓）

（一）太空與太空旅行（Space and Space Travel）

（二）火箭學與太空飛行技術的肇始（The Beginnings of Rocketry and Spaceflight Technology）

（三）太空載具的推進系統（Pro-pulsion Systems for Space Vehicles）

上圖：https://wikimapia.org/44639/cn/%E5%BE%B7%E6%84%8F%E5%BF%97%E5%8D%9A%E7%89%A9%E9%A4%A8#/photo/4261679。

下圖：https://img.bigfang.tw/2017/09/1504270007-ed4f8f85560d90e49bacfef370a92ba5.jpg。

（四）發射載具與發射場（Launch Vehicles and Launching Sites）

（五）人造衛星與太空探測火箭（Satellites and Space Probes）

　1. 首枚人造衛星與探測火箭（The First Satellites and Probes）

　2. 地球探測與氣象觀測（Exploration of the Earth and Weather Observation）

　3. 通信衛星（Communication Satellites）

　4. 行星探測（Exploration of the Planets）

（六）有人駕駛太空飛行（Manned Spaceflight）

（七）太空技術（Space Technology）

　而關於航海學（Marine Navigation）的展示品陳列在地面樓和地下室之中，其內涵如下：

一、地面樓

（一）大帆船（Sailing Ship）

（二）船與水上運動（Boats and Aquatic Sports）

（三）客輪（Passenger Ship）

（四）漁船「瑪麗亞」號（Fishing Wherry "Maria"）

（五）貨輪（Cargo Ship）

（六）貨物管理技術（Cargo-handing Technology）

（七）內陸航行（Inland Navigation）

二、地下室

（一）船尾馬達（Outboard Motors）

（二）船艦原理（Ship Theory）

（三）船艦推進（Ship's Propulsion）

（四）造船學（Shipbuilding）

（五）駕駛橋（Navigating Bridge）

（六）上層甲板（Promenade Deck）

（七）船員的工作（Seamen's Work）

（八）統艙（Steerage）

（九）航海（Navigation）

（十）漁業（Fishery）

（十一）軍艦（Warships）

（十二）潛水艇（Submarines）

（十三）水下武器（Underwater Weapons）

（十四）潛水器具（Diving Appliances）

現針對軍用武器部份，再詳述之。

第一次世界大戰期間，首次將飛機運用在戰場上，擔任偵察、戰鬥與轟炸的任務。館中展示三架軍機：Fokker Dr. I, Fokker D VIII 戰鬥機與 Rumpler C IV 偵察機（1917使用）。至第二次世界大戰，德國空軍（Luftwaffe）的機型與戰績享譽世界，軍事迷參觀至此可能會陷入高度亢奮的狀態。主要的展示品有：Junkers Ju 52運輸機，一九三二年開始生產，至大戰末期量產達五千架，兼具軍用及民用功能；著名的 Bf-109，乃傑出的飛機設計師梅塞許密特（Willy Messerschmitt, 1898-1978）的代表作，通稱 Me-109，縱橫沙場十年，大戰初期只有英國的噴火式（Spitfire）戰鬥機足以匹敵，為納粹空軍空戰英雄們的最愛，如歷史上最偉大的空戰英雄哈特曼（Erich Hartmann, 1922-1993）即使用此種戰機，創下擊落敵機三百五十二架的輝煌記錄。

Ju52運輸機

圖片：https://www.themanual.com/wp-content/uploads/sites/9/2018/02/deutsches-museum.jpg。

　　另外還有幾種著名的德製飛機，例如 Bf-108 為一九三四年速度最快的旅遊機，Fieseler Storch 軍用聯絡機以能低速飛行而著稱，Me-262 A-la 為世界最早服役的噴射戰鬥機，而 Me-163B 更是世界少見的火箭戰鬥機。

　　還展出戰後西德空軍使用的 F-104G 星式戰鬥機；Entwicklung-sring-Süd（南方發展集團公司）研製的 VJ101C 垂直起降式超音速戰鬥機；VFW-Fokker 集團的 VAK191 戰鬥轟炸機等著名飛機。

　　在展出的飛彈部份，無疑以 V1 與 V2（原稱 A4 火箭）最為著名。第二次世界大戰末期，希特勒透露正在研發秘密的「神奇武器」（Wunderwaffen, Wonder Weapons），將可扭轉戰局。實際上，大戰初期即已在波羅的海一個覆蓋茂密樹林的島嶼 Peenemünde 上展開測試。一九四二年五月，盟軍的偵察機拍到某種長程火箭正在進行試驗，故將其列入最高優先應予摧毀的目標。一九四三年八月，英國皇家空軍（RAF）出動龐大的機群將其炸毀。而盟國空軍繼續轟炸位於法國加來（Calais）與瑟堡（Cherbourg）之間的火箭發射場和鐵塔。

　　一九四四年六月十二日（D-Day 之後第六日），第一枚 V1 飛彈從法國 Pas-de-Calais 海岸發射，攻擊倫敦。V1 乃小型無人駕駛噴射推進飛機，時速可達四百哩，攜帶一噸炸藥，倫敦人稱此種聲音奇特的飛機為「低飛炸彈」。至六月二十日，總計有八千枚 V1 突襲倫敦，雖然有許多被戰鬥機及高射砲擊落，至少有六百三十枚在空中爆炸，但仍造成五千四百七十九人死亡、四萬人受傷，並且摧毀七萬五千幢建築。

　　三個月之後，希特勒宣佈更複雜和更具毀滅力的 V2 將上場，一九四四年九月八日，第一枚 V2 攻擊契斯威克（Chiswick），係深入地下之後爆炸。V2 乃超音速火箭，是從荷蘭的基地發射。長四十八呎，直徑五點五呎，重十三噸，彈頭裝置一噸炸藥，攜帶四噸液態酒精燃料與五噸液態氧。火箭發動機可發出五萬二千磅推力，至六十萬馬力，

時速三千五百哩，射程達二百二十五哩，高度可至一百一十六哩，不易發現、聽到和中途攔截。總計有一千枚 V2 攻擊英國，其中有六百枚落在倫敦，造成一萬人傷亡。

假如兩種飛彈能更早投入戰場，則戰局可能會改觀。戰後美蘇兩國的洲際彈道飛彈

Me262戰鬥機

（Intercontinental ballistic missile）的研發和太空發展計畫受其影響。如著名的布勞恩男爵（Freiherr Wernher von Braun, 1912-1977），原為 V1 與 V2 飛彈計畫的技術總監，後至美國參與人造衛星的研發工作，曾負責 Jupiter-C 火箭研發。在一九五八年將 Explorer-1 射入軌道。一九六○年，擔任阿拉巴馬州（Alabama）Huntsville 馬歇爾太空飛行中心（George C. Marshall Space Flight Center）的主管，發展土星（Saturn）火箭計畫，並對美國的登陸月球行動貢獻卓著。

綜上所述，該館既然以「德意志（或德國）博物館」命名，所以主要以典藏 "Made in Germany" 的器物為主體，雖然有培養愛國心，暗示「德意志超過世界的一切」（Deutschland über alles in der Welt）的意涵，但絕對無法否認，德國人（或德語民族）在世界科技領域確實有巨大的影響力。

圖片：https://www.baike.com/wikiid/7248098214321356833?anchor=ljayf9xa118w。

臺灣蘭嶼達悟族獨木舟

郵票上的德意志博物館標
誌，紀念成立五十周年

汽車展示廳

左上圖：https://itravelblog.net/29617/。

下圖：https://www.filmlocations-bayern.com/searchlocation/German-Museum-Transport-
Centre/。

輯三
附錄

遨遊伊朗及其歷史文化

基本小檔案

一、國名：伊朗伊斯蘭共和國（Islamic Republic of Iran），簡稱伊朗，意為「雅利安人的家園」，一五○一年之前稱波斯。中世紀，西方通常稱呼伊朗為波斯（Pers）或波爾西斯（Persis），波斯原為伊朗西南部一個省份的希臘語名字。一九三五年，伊朗政府要求，統一以伊朗稱呼這個國家，一九四九年，伊朗政府又要求將國名改回波斯。有「歐亞陸橋」、「東西方空中走廊」之稱。

二、面積：一百六十四萬八千一百九十五平方公里，共有三十一個行省，三百二十四個縣，八百六十五個區，九百八十二個市，二千三百七十八個鄉。

三、人口：八千九百萬，波斯人占百分之六十六，亞塞拜然占百分之二十五，庫（爾）德人占百分之五，土庫曼人，其他的少數民族有俾路支人、阿拉伯人、亞美尼亞人、猶太人、亞述人。

四、國旗：一九○七年，採用三色旗，從上往下，由綠、白、紅平行的長方形組成，白色長方形上下兩邊各有十一個「真主偉大」的阿拉伯文書法體，猶如加上花邊，中央的徽章，有兩個相對的新月，中間有一把刀。真主偉大出現二十二次，上下各有十一句，係紀念伊斯蘭革命勝利日，太陽曆一三五七年十一月二十二日（公元1979年2月11日），又紀念霍梅尼在巴曼之月

第二十二日返國。綠色象徵伊斯蘭教，白色象徵和平友誼和安寧，紅色象徵烈士的鮮血。長寬的比例為七比四。

五、國徽：由四彎新月、一把寶劍和一本《古蘭經》組成的圓形圖案，三者巧妙地構成阿拉伯

兩伊戰爭為國捐軀者的紀念室

文單詞真主的名字阿拉，圓形又象徵地球。

六、國歌：〈伊朗萬歲〉，一九七九年以前，國歌為〈國王萬歲〉，伊斯蘭革命勝利初期，採用〈啊，伊朗〉為臨時國歌。〈伊朗萬歲〉的歌詞為「你在地平線上出現，東方的太陽。相信正義的人們，眼光明亮。（勝利的）巴赫曼月，我們光輝的信仰。伊瑪目，您的宣言，『獨立自由』，銘刻在我們心上。烈士們的吶喊，在全世界迴響。伊斯蘭共和國，天長地久，地久天長。」

七、國語：波斯語，有二千五百年歷史。

八、格言：「獨立，自由，伊斯蘭共和國」。

九、官方格言：大讚辭「真主偉大」。

十、國花：玫瑰，伊朗是玫瑰的故鄉，品種繁多，有紅、白、黃、黑玫瑰，以及粉底鑲白色或黃色的雙色玫瑰，甚至同一花枝上長著三種不同顏色的玫瑰。

十一、曆法：伊朗本身的曆法，稱為太陽曆或伊斯蘭曆（阿富汗亦使用）。伊朗採用古代阿維斯塔曆的月份名稱，每個月分都是祆教（拜火教）神祇或天使的名字，阿富汗的月份採用黃道十二宮的名字，太陽曆以春分日為一年之始，首六個月三十一日，後五個月三十日，最後一個月平年二十九日，一年為三百六十五日，每隔四年置一閏年，閏年在第十二個月份加一

日，該年即為三百六十六日。太陽曆與西曆相差六百二十一
年。所有伊斯蘭國家，通行伊斯蘭陰曆，在伊朗，兩者並行。
十二、政治體制：政教合一，為神權政體國家（另有汶萊、阿富汗
伊斯蘭酋長國、沙烏地阿拉伯、梵蒂岡）。伊朗最高領袖又
稱伊朗革命領袖，乃終身職，由神職人員組成的專家會議，
共八十八名男性議員，任期八年，每年舉行兩次會議，選舉
產生最高領袖，亦可罷免之。由十二人組成的憲法監督委員
會（其中六人由最高領袖任命），批准議員候選人，每六個
月召集一次，評估最高領袖。總統為第二號領導人，由全民
普選產生，無軍事統帥權。

簡史

一、埃蘭王國：公元前二十八世紀。
二、米底王國：公元前七二八至五五九年，雅利安人建立的第一個
王朝，為伊朗高原文明的發源地。
三、波斯帝國：阿契美尼德王朝，公元前五五九至三三〇年，居魯
士大帝、大流士一世任內，國勢鼎盛，疆域橫跨歐亞非三洲。
四、希臘化時代：塞琉古王朝與帕提亞（安息）王朝，公元前二五
六至二二六年。
五、薩珊王朝，公元前二二四年至西元六五一年：將瑣羅亞斯德教
（祆教）作為國教，另誕生摩尼教。
六、阿拉伯伊斯蘭帝國：奧馬亞王朝（白衣大食），六六一至七五
〇年。阿巴斯王國，七五〇至一二五八年，「百年翻譯運動」。
七、蒙古人征服和統治：一二一九至一三七〇年。
八、伊兒汗國：一二五六至一三三五年。

九、帖木兒帝國：一三七〇至一五〇七年。

十、薩非王朝：一五〇二至一七三六年。卡札爾王朝：一七九六至
　　一九二五年。

十一、巴列維王朝：一九二五至一九七九年。

十二、伊斯蘭革命：一九七九年，全民公決，百分之九十八的選民
　　　同意成立伊斯蘭共和國，可分為霍梅尼時期和哈梅內伊時期。

主要城市

一、德黑蘭：首都，亦即「暖坡」，有「潔淨之城」之稱，北方十
　　公里處有古城列伊，十三世紀初，蒙古人入侵毀之，德黑蘭取
　　而代之，成為卡札爾王朝的首都。人口近九百萬人，是全國的
　　交通樞紐，最大的工業中心及文化教育中心，有伊朗科學院、
　　伊朗工程技術大學、德黑蘭大學、德黑蘭醫科大學。有三個國
　　際機場：東方的道尚塔佩機場，西方的梅赫拉巴德機場，南方
　　的穆爾蓋堡機場。

伊朗傳統服飾

　　（一）伊朗國家藝術博物館

　　（二）考古博物館

　　（三）珠寶博物館

　　（四）古列斯坦王宮，又名玫瑰宮，
　　　　　有鑽石宮、明鏡殿、大理石
　　　　　殿、通風樓。

　　（五）居魯士之門，又名自由之門。

　　（六）奧朝迪紀念塔，又名國王紀念
　　　　　塔、自由紀念塔、阿札迪塔。
　　　　　一九七一年，為紀念波斯帝國

成立二千五百週年而建，耗資六百萬美元，高五十公尺，正面有二千五百塊各式石頭，共有一萬五千種不同的形式。地下室有博物館，廣場面積五萬平方公尺，國慶日在此舉行盛大的閱兵儀式。

（七）南郊有霍梅尼墓，外觀如大清真寺，金碧輝煌，四座尖塔高九十一公尺，因霍梅尼享壽九十一歲。出殯時，據悉群眾高達一千萬人。

二、馬什哈德：什葉派聖城之一，有「殉教之地」、「伊朗的精神首都」、「費爾多西（詩人）之城」之稱。每年有二千萬人（外國人二百萬）朝聖及旅遊，是伊朗旅遊業樞紐，飯店數量占全國百分之五十五。伊朗第二大汽車生產中心。

三、伊斯法罕：「伊斯法罕，半個世界。」建城二千五百餘年，絲綢之路南路要站，為伊朗第二大城，最大的紡織工業中心。

（一）伊瑪目清真寺，為世界上最偉大的建築之一，占地面積一萬七千平方公尺，為雙層（層距十五公尺）拱頂清真寺，大門鍍銀，高五十四公尺，南側的拱頂高五十四公尺，鍍金或鍍銀，拱頂上的尖塔正對著聖地麥加。

（二）伊瑪目廣場，西側有阿里卡普宮，高四十八公尺，有七層，六樓為音樂廳，以螺旋樓梯相通。

（三）八重天宮。

（四）四十柱宮：入口處有二十根木製細長柱子，加上在水池

亞茲德－阿米爾恰赫馬格
清真寺

中的倒影，一共是四十根。

（五）三十三孔橋：乃十一座橋樑之一，乃雙層石造拱橋，長二九七點七六公尺，寬十三點七五公尺，最大跨度五點六公尺。

（六）郝久古橋：被譽為伊斯法罕省最優秀的橋樑，有二十四個拱門，長一百三十三公尺，寬十二公尺。

四、大不里士：古都，世界地毯編織城市。

五、設拉子：波斯文明發源地，有「玫瑰和夜鶯之城」及「詩人的故鄉」之稱。東北六十公里處，有阿契美尼德王朝的一座行宮——波斯波利斯，歷時一百二十年建造。著名的景點有卡里姆汗堡、古蘭經門、燈王之墓、天堂花園、哈菲茲墓——十四世紀最受歡迎的詩人，位在莫薩拉花園中。是詩人、文學、美酒（1979年禁酒）和花卉之城，是全國遊客最多的古蹟。尚有首座太陽能發電廠。

六、亞茲德：瑣羅亞斯德教神廟（火神廟）。

七、庫姆：「宗教之都」，什葉派聖城，有法蒂瑪聖靈。

八、阿巴丹：石油城。

花絮

一、軍事

（一）共和國軍隊：有四個軍種，陸、海、空、防空軍，共五十五萬人。

（二）革命衛隊：宗教色彩濃厚，戰鬥力較強，共十二萬五千人。

二、最高峰：厄爾布爾士山脈達馬萬德山，高五千六百七十一公尺。

三、五寶：石油、地毯、黑魚子醬、開心果、藏紅花。

四、大餅（饢）：有一百二十多個關於饢的諺語，如「不要在鄰居的烤爐裡烤自己的饢」（凡事要靠自己）。

五、自來水可直接飲用，公共活動區（如公廁、路邊），免費提供，水比汽油昂貴。

六、女子十歲以上，必須要用頭巾遮蓋頭髮，男子禁止赤裸上身、穿短褲。

七、每戶發放油票（非郵票），免費加油，據悉用不完。

八、中東各國最早有地鐵的國家。

九、中、小學免費教育，高等院校有三百四十六所。

十、足球隊是第一支參加世界盃的亞洲球隊。

十一、民族性：敬老尊賢，款待外賓，追求社會的正義和公平。霍梅尼頒布教法，允許同志接受變性手術，可以結婚。

十二、星期六至星期三工作，星期四至星期五休息，星期四下午及星期五不營業。

十三、跳火節：每年最後一個星期三（太陽曆）（公元三月中旬）舉行，會帶走病魔和不幸。

十四、開心果、椰棗、藏紅花產量世界第一。

十五、能源大國：石油儲量及產量均為世界第二，天然氣儲量為世界第二，僅次於俄羅斯。

大伊朗（Greater Iran）

自興都庫什山至土耳其安那托利亞中部，從中亞橫跨伊朗高原至波斯灣。

伊斯法罕-伊瑪目清真寺

伊斯法罕三十三孔橋

伊朗的世界遺產

文化遺產

一、恰高‧占比爾（1979）──金字形神塔。

二、波斯波利斯（波斯城）（1979）。

三、伊斯法罕的伊瑪目廣場（1979）──長五百公尺，寬一百六十公尺，面積八萬九千六百平方公尺，規模僅次於中國北京天安門廣場。

四、塔赫特蘇萊曼（2003）。

五、帕薩爾加德（2004）──居魯士二世（大帝）陵墓。

六、巴姆及其文化景觀（2004）──全球最大的土坯建築群。

七、蘇丹尼耶（2005）。

八、貝希斯敦（2006）──銘文是以三種不同的楔形文字寫成。

九、伊朗的亞美尼亞修道院群（2008）──聖達陡隱修院、聖斯德望隱修院、佐佐爾小堂。

十、舒希達歷史水利系統（2009）──集中世紀伊斯蘭建築元素的大成，被譽為「創作天才的鉅作」。

十一、阿爾達比勒市的謝赫薩菲‧丁聖殿與哈內加建築群（2010）。

十二、大不里士歷史巴扎建築群（2010）。

十三、波斯園林（2010）。

十四、伊斯法罕聚禮清真寺（2012）──伊朗最古老的清真寺之一，宣禮塔的高度乃全國第一。

十五、貢巴德，卡武斯高塔（2012）——是巨大的磚製陵墓高塔，高五十三公尺，直徑約十七公尺，塔壁厚約三公尺，有奇異的聲學特性。

十六、古列斯坦宮（花園宮）（2013）。

十七、被焚之城（2014）——是青銅時代人類定居點的考古遺址，有五千年歷史，占地二十五公頃的墓地，包含二萬五千至四萬個古墓。曾經被燒燬三次，有世界上第一個義眼、第一次腦部手術、第一個動畫概念。

十八、梅滿德文化景觀（2015）——有三百五十座有人居住的洞穴，其歷史可追溯至一萬二千年前。

十九、蘇薩（2015）——漢摩拉比法典在此出土。

二十、波斯坎兒井（2016）。

二一、亞茲德歷史城區（2017）——亞茲德乃「純潔」、「神聖」之意，有「風塔之城」、「自行車之城」之稱。祆教火神廟，自四七〇年以來，一直燃燒，未曾中斷。

二二、瓦爾斯地區的薩珊王朝考古遺址（2018）。

二三、伊朗縱貫鐵路（2021）——一九三八年竣工，全長一千三百九十四公里。

二四、豪拉曼／烏拉瑪納特文化景觀（2021）。

自然遺產

一、盧特沙漠（2016）——有「空寂的沙漠」之稱，為鹽化沙漠，表面溫度高達攝氏七十點七度，可烘小麥，是全球最乾燥與最熱之地。沙丘高三百公尺，是世界上最高的沙丘之一。

二、希爾卡尼亞森林（2019）。

超級大國 —— 俄羅斯一瞥

「俄羅斯是無法用理性來了解的，也不能用一把普通的碼尺來測量的。」

—— 詩人 Fyodor Tyutchev（1803-1873）

地理集錦

一、有「北極熊」、「戰鬥民族」之稱。

二、全球面積最大的國家，一千七百零七萬五千四百平方公里，東西九千公里，南北四千公里，橫跨十一個時區，占世界陸地面積八分之一，世界上唯「二」（另一個是土耳其）橫跨歐、亞兩洲的國家，是美國的兩倍半，僅略小於北美洲，四分之一在歐洲，四分之三在亞洲。

三、世界最大聯邦制國家，北半球最大國家，歐洲與亞洲最大國家，東歐最大國家。面臨三個大洋，瀕臨十二個海，海岸線三萬七千六百五十三公里。

四、「不東不西，不是東西」，亞洲人視俄羅斯為歐洲國家，歐洲人視俄羅斯是蒙古人的後裔。早期在臺灣某大學的外語學院將俄文系列入東方語文學系的一組。

五、國界二萬零一十七公里，有十四個鄰國。

六、人口一億四千五百五十萬（世界第九位），百分之七十七住在歐洲，共有一百八十多個民族，俄羅斯人占百分之八十三，地

廣人稀，少數民族之中，有六個人口超過一百萬人，韃靼人有五百多萬，是人數最多的少數民族。

七、山峰：

（一）位於黑海與裏海之間的大高加索山脈主峰，厄爾布魯士山，海拔五千六百四十二公尺，是全國及歐洲第一高峰。

（二）烏拉爾山，是歐、亞兩洲的分界線，位於俄羅斯平原與西西伯利亞平原之間，呈現南北狹長走向，綿延二千五百公里，寬四十至一百五十九公里，大部分山峰海拔不超過五百公尺。「烏拉爾」即「黃金之地」，又有「石帶」之稱，以盛產白金和各種寶石（尤其是綠寶石）著稱。

八、河川：長度超過十公里者，有十二萬條，一千公里以上者，有五十多條（其中有四十條在西伯利亞和遠東地區）。

（一）伏爾加河：象徵俄羅斯民族與文化，長三千六百九十公里，有二百多條支流，是全球最長的內陸河川，亦為俄羅斯及歐洲最長和水量最豐富的河川，注入裏海，總人口有一半居住在流域上，總面積一百三十八萬平方公里，佔俄羅斯平原三分之一強，被譽為「母親河」。有運河與波羅的海、白海、亞速海、黑海、裏海相通，稱為「五海之河」。

（二）葉尼塞河：長四千一百三十公里，是俄羅斯水量最大、最壯麗的河川。

（三）鄂畢河、勒那河：長度均在四千公里以上。

九、湖泊：有二百多萬個，面積在一百平方公里以上者，有一百多個，星羅棋布，其中淡水占世界四分之一。

（一）裏海：與哈薩克斯坦、伊朗交界，面積三十七萬一千平方公里，為全球第一大湖，亦為全球最大的鹹水湖，是俄羅斯最重要的內陸漁場。

（二）貝加爾湖：是世界第一深湖，最深處達一千六百二十公
尺，平均深度七百三十公尺，面積三萬一千五百平方公
里，布里亞特語意為「天然之海」。有三百六十六條河
川注入其中，水生動、植物有一千八百種，其中有特殊
物種（如海豹）。中國古稱北海，西漢蘇武曾在此牧羊。

（三）拉多加湖：面積一萬八千四百平方公里，是歐洲第一大
湖，湖中有數百個小島。

十、運河：世界上最長的運河系統：伏爾加河—波羅的海，航道全
長二千四百三十公里。

十一、森林：覆蓋面積八百六十七萬平方公里，占國土百分之五十，
乃世界第一。

十二、礦產：世界最大石油和天然氣輸出國，天然氣儲量占世界百分
之三十以上，居全球第一，石油儲量占世界百分之十三，煤儲
量居世界第二位，水利資源居世界第二位。

國名

公元九世紀，在建立以基輔為中心的古羅斯國家過程中，逐漸形
成俄羅斯人的祖先 —— 古羅斯部族人，從此成為此後國家名稱的來
源。俄羅斯族名在中國史籍中最早出現於元、明之際，跟俄羅斯接觸
最多的是蒙古人，稱彼等為「羅斯」或「羅剎」，用蒙古語拼讀俄文
"ROCCIA" 時，必須在 "R" 前面加一個元音 "O"，才能發出 "R" 這個
捲舌音。大清帝國將蒙古語 "OROCCIA" 轉譯成漢語時，變成「斡羅
斯」或「鄂羅斯」，《大清一統志》使用俄羅斯譯名。清高宗乾隆年
間，官修《四庫全書》，正式統一為俄羅斯或俄國。上海人稱為羅宋，
有羅宋人、羅宋湯、羅宋麵包。日文譯為露西亞（象徵太陽出現，露
水將被蒸發）。

國旗

　　傳說，一六九七年，彼得大帝出訪時，依據荷蘭國旗所設計，長寬比例為三比二，由上而下，採用白、藍、紅（泛斯拉夫顏色），三條等寬色條水平排列，其象徵意義有兩種解讀：一、白色代表上帝，藍色代表沙皇，紅色代表人民；二、代表俄羅斯幅員遼闊，國土跨越寒帶、亞寒帶、溫帶，三個氣候帶。一九一七年十月革命後，取消三色旗。一九二〇年，蘇維埃政府採用新國旗，自左至右，由藍、紅兩種色條構成，紅色內有一顆五角星和交叉的鐵鎚與鐮刀。一九二二年，蘇聯成立，改為一面紅旗，左上角有金色的五角星、鐵鎚和鐮刀。一九九一年十二月二十五日，蘇聯解體，又恢復三色旗。在古羅斯，白色代表高尚，藍色代表忠誠、純潔，紅色代表美好、勇敢。

國徽

　　一九九三年十一月三十日正式採用，呈現方形的紅色盾牌，上有一隻金色的展翅雙頭鷹（原為十五世紀，拜占庭帝國君士坦丁一世的徽章），一頭望著西方，一頭望著東方，象徵歐、亞兩大陸的統一，以及各民族的聯合，背靠背，吐出舌頭，頭上有一大二小，共三頂彼得大帝的皇冠，由帶子連接，象徵團結，左爪托著一個金球，右爪握著一根權杖，象徵皇權。胸前是一枚小盾牌，內有披著藍袍，騎著白馬的銀甲騎士，即俄羅斯主保聖人聖喬治，手持長矛刺向龍身。此國徽曾是十月革命之前，莫斯科公國的國徽。一九九三年，葉利欽總統頒布公告採用之。

國歌

　　沿用蘇聯國歌的曲調，重新填詞，歌名為〈俄羅斯 ── 我們神聖的祖國〉。蘇聯解體之後近十年間，並無合法的國歌。一九九三年，葉利欽總統下令停止使用舊國歌〈蘇聯頌〉，將俄國十九世紀的歌劇〈伊萬・蘇薩寧〉中的〈愛國者之歌〉定為代國歌，但不僅有調無詞，且旋律複雜。普京執政，主張沿用早已深入人心的蘇聯國歌的曲調，並向全國徵集歌詞。曾兩度為蘇聯國歌作詞（史達林和赫魯雪夫時期）的著名詩人、作家謝爾蓋・米哈爾科夫的〈牢不可破的聯盟〉，脫穎而出。二○○○年十二月三十一日，普京簽署關於〈俄羅斯聯邦國歌歌詞〉的命令，俄羅斯有合法的國歌。

國花

　　葵花。

莫斯科勝利廣場二戰紀念碑

簡史

一、八八二年：基輔羅斯，基輔成為古俄羅斯國的中心，係來自北歐的瓦良格人建立。

二、九八八年：從拜占庭帝國接納東正教會，拜占庭與斯拉夫文化結合，成為日後的俄羅斯文化。

三、十二世紀：封建割據時期。

四、一二四○－一五○二年：金帳汗國（即欽察汗國）。

五、一四八○年：莫斯科大公國獨立。

六、一五四七年：伊凡四世（伊凡雷帝）改大公稱號為沙皇，對外自詡「第三羅馬」。

七、一七二一年：彼得一世改國號為俄羅斯帝國，元老院授予彼得一世「全俄羅斯皇帝」頭銜，後成為世界史上領土第三大的帝國。

八、一九一七年十一月七日：成立俄羅斯蘇維埃社會主義共和國。

九、一九二二年十二月三十日：與白俄羅斯、烏克蘭、南高加索聯邦（後撤銷），組成蘇維埃社會主義共和國聯盟（簡稱蘇聯）。

十、一九九○年六月十二日：發表俄羅斯主權宣言。

十一、一九九一年十二月二十五日：蘇聯解體，改稱俄羅斯聯邦，採共和制的民主聯邦，俄羅斯聯邦獨立，成為蘇聯唯一的繼承國。

行政區畫

八十九個。

三個聯邦直轄市。二十四個自治共和國。四十八個州。九個邊疆區。四個自治區。一個自治州（猶太自治州）。

政治體制

採聯邦制與半總統制，總統任期六年，由人民直接選舉產生，可連選連任一次（2008年，修憲之前為四年）。

俄羅斯七大奇蹟

一、伊爾庫茨克州及布里亞特共和國：貝加爾湖。

二、堪察加邊疆區：間歇泉谷，世界第二大間歇泉集中地，谷地長約六公里，有九十個間歇泉和眾多溫泉，須搭直升機觀賞。

三、伏爾加格勒州：馬馬耶夫山崗和高八十五公尺的「祖國母親在召喚」巨像。

四、聖彼得堡：彼得霍夫宮，由彼得大帝設計，作為夏宮使用，被譽為「俄羅斯的凡爾賽宮」。

五、莫斯科：聖瓦西里主教座堂。

六、科米共和國：曼普普納岩石群，高三十至四十二公尺，被風雪風化而成，有「俄羅斯七巨人」、「科米共和國石柱」之稱。

七、卡巴爾達－巴爾卡爾共和國與卡拉恰伊－切爾克斯共和國：厄爾布魯士山，西峰海拔五千六百四十二公尺，東峰海拔五千六百二十一公尺。

金環與銀環

金環又名大金環線、金環古城，從莫斯科出發，往東北方繞一圈之後，返回莫斯科的歷史文化旅遊路線，包括五個州，八個城鎮。一九六七年，蘇聯作家尤里・貝奇科夫，被〈蘇維埃文化報〉，派往蘇斯達爾採訪旅遊業的發展，逐漸形成金環。

　　銀環又名銀項鍊，是俄羅斯文化部和旅遊署，提出以聖彼得堡為中心，俄羅斯西北部重要的歷史文化名城、古蹟群的合併，以發展觀光。

主要城市

一、莫斯科：俄羅斯首都，莫斯科州首府，歐洲人口最多的城市，有一千四百六十餘萬人，占全國人口十分之一。俄羅斯面積最大城市，達一千零八十一平方公里，東西長三十公里，南北長四十公里，一一四七年建城，十五至十八世紀初曾為俄羅斯首都。全國最大鐵路樞紐，因有運河溝通伏爾加河、白海、波羅的海、黑海、裏海，有「五海港口」之稱，以紅場克里姆林宮為中心，呈現環形放射狀布局。曾主辦一九八○年夏季奧運會。綠化面積達百分之四十多，為世界第一，擁有近百座公園、植物園和街心花園，以及數十個自然森林區，被譽為「森林中的首都」。

（一）克里姆林宮：俄語意為「內城」，城堡長七百公尺，寬四十公尺，高六公尺。始建於一一五六年，主體建築建於十四至十七世紀，建築群呈現不等邊三角形，有二十多座塔樓，最高建築為伊凡大鐘塔樓，占地二十七萬五千平方公尺。北角是古兵工廠，現為兵器博物館，藏品達五萬多件，如皇冠、純金權杖、象牙寶座、鑽石寶庫。東側有一座三角形的黃色建築，從列寧、史達林、赫魯雪夫，至普京，作為俄羅斯聯邦的總統府。大克里姆林宮是整個克里姆林宮的主體建築，一九五九至一九六一年，修建克里姆林宮大會堂，擁有八百套房間、六

千個座位的會議廳和兩千五百個座位的宴會廳，有「第二大劇院」之稱。

（二）紅場：是莫斯科的心臟，俄語意為「美麗的廣場」，位在克里姆林宮東牆外，東西寬一百三十公尺，南北長六百九十七公尺，總面積二萬四千七百五十平方公尺。十五世紀九○年代，在火災之後的空曠地修建，古稱特羅伊茨廣場，十七世紀改稱紅場，曾為市集和刑場，今作為舉行大型慶典和閱兵的場地。到莫斯科旅遊，一般均從紅場開始。

（三）列寧墓：是莫斯科道路的起點，其他城市皆起自郵政大樓。

（四）聖瓦西里大教堂，全名為護城河上至聖聖母代禱主教座堂，位於紅場南側。十四世紀，沙皇伊凡四世修建，因瓦希里葬於此地而改名，是為紀念伊凡四世遠征喀山汗國凱旋而建。共有九座教堂，中間的大教堂被八座小教堂環繞，分別用聖徒的名字來命名。

（五）國家歷史博物館：位於紅場北側，建於一八四七至一八八三年，典藏歷史文物四百多萬件，外觀以紅色為主，屋頂有八個相連的白色尖頂。

（六）國營百貨商店：位於紅場東側，莫斯科最大的百貨公司，建於一八九○至一八九三年，長達二百四十二公尺，有銀白色的外觀，頂部用圓拱形玻璃做天窗，利用陽光做日間照明。

（七）羅蒙諾索夫國立莫斯科大學：是俄羅斯歷史最悠久、規模最大的高等學府，一七五五年，依據學者羅蒙諾索夫的倡議而建。一八一二年，被拿破崙軍隊焚毀，現址建

於一九五三年，位於莫斯科西南部的麻雀山上。中央主
樓共三十二層，高達二百四十公尺，頂部是穗形環圍繞
的五角星，兩翼為十八層高的大樓，頂部裝有大鐘。擁
有五千多名教師，學生四萬人（含大學生、研究生及留
學生）。

（八）莫斯科地鐵：是世界上規模最大的地鐵之一，被公認為
世界上最漂亮的地鐵，享有「地下的藝術殿堂」美稱。
一九三五年五月十五日，蘇聯政府基於軍事考量，修建
地鐵，耗時僅三年完成，全長約三百公里，共有九條
線，包括八條輻射線和一條環形線，有一百五十多個站
臺，四千多列地鐵列車運行，每天運送的乘客達九百多
萬人次，占全市客運量百分之四十五，時速最高達九十
公里。地鐵站的建築造型多元，華麗典雅，使用數十種
石材，配上浮雕、雕刻、壁畫、燈飾，讓旅客猶如置身
富麗堂皇的宮殿之中。

二、聖彼得堡：位於芬蘭灣東岸、涅瓦河口三角洲，列寧格勒州首
府，第二大城，第一大港，有「北方威尼斯」之稱。一七〇三
年，彼得大帝在涅瓦河三角洲的札亞奇島（兔島）上，為彼得
－保羅要塞奠基，後逐漸發展成為城市，稱聖彼得堡，一七一
二年，遷都聖彼得堡，一九一四年，改稱彼得格勒，一九二四
年，列寧逝世後改稱列寧格勒，一九九一年一月六日，恢復原
稱。是俄國革命的搖籃，也是僅次於莫斯科的第二大工業中
心，二戰期間，曾被德軍圍困九百天。共有四十餘個小島，運
河縱橫，共有四百多座橋樑。有一千多處名勝古蹟。

（一）冬宮：建於一七五四至一七六二年，為巴洛克式建築。
葉卡捷琳娜二世女皇於一七六四年，在冬宮內建立艾米

塔吉博物館，又名隱士盧美術館，艾米塔吉源於法語，意為「隱居之所」、「幽靜之地」，一八五二年對公眾開放，以古文字學研究和歐洲繪畫藝術品聞名，是與倫敦大英博物館、巴黎羅浮宮、紐約大都會博物館齊名。右側是冬宮廣場，中心有用花崗岩修建的亞歷山大柱，高

冬宮王座大廳

四十七點五公尺，紀念戰勝拿破崙，旁邊有著名的海軍部大廈。

（二）夏宮：有「俄羅斯凡爾賽宮」之稱。

（三）奧羅拉（Aurora）巡洋艦：歷經兩次世界大戰，一九一七年，被列寧以鳴砲作為革命行動的暗號。

三、新西伯利亞：位於鄂畢河畔，第三大城，為新西伯利亞州首府，一八九三年建成，是著名的科學城。

四、葉卡捷琳堡：位於烏拉爾山東麓，為斯維爾德洛夫斯克州首府，一七二三年建成，是烏拉爾地區最大城市及工業中心。是連接歐、亞兩洲的重要城市。

五、伏爾加格勒：位於伏爾加河沿岸，是伏爾加格勒州首府，始建於一五八九年。一九二五年四月十日，改稱史達林格勒，一九六一年，更名伏爾加格勒。

六、摩爾曼斯克：位於北極圈內，是世界最北的最大城市，每年有一個半月是黑夜，有兩個月是白晝，受北大西洋暖流影響，港灣終年不凍。

觀光亮點

一、西伯利亞鐵路：第一亞歐大陸橋，一八九一至一九一六年修
　　建，總計九千二百八十八公里，是世界上最長、橫跨時區（九
　　個）最多的鐵路，從莫斯科至海參崴，全程需時八日。

二、死亡谷：位於堪察加半島上，瀰漫大量的毒氣，入侵的動物會
　　致命。

三、三大藝術瑰寶
　　（一）馬戲團：「俄羅斯的驕傲」、「俄羅斯民族通往世界的橋
　　　　　樑」。
　　（二）古典芭蕾。
　　（三）歌劇。

四、西方三大珍饈
　　（一）魚子醬（caviar，法文）。
　　（二）松露。
　　（三）鵝肝。

節日

一、一月一日：新年，比聖誕節受重視。

二、一月七日至一月十三日：東正教聖誕節，稱聖誕老人為嚴寒爺
　　爺、嚴寒老人。

三、一月十九日：洗禮節，即耶穌受洗日。

四、二月底至三月初：謝肉節，又名送冬節或狂歡節，是一年中最
　　熱鬧的節日。

五、三月八日：國際婦女節，男子要為女子準備禮物，鮮花是首選。

六、三月底至四月初：復活節，每年春分後，第一次月圓的第一個星期日，復活節之後第八週，進行一週的狂歡，後七週之內禁止殺生和葷食。

七、五月一日：勞動者團結日，原國際勞動節。

八、五月九日：勝利日，原衛國戰爭勝利日，紀念二戰戰勝德國的節日，常舉行閱兵或遊行。

九、六月十二日：國慶日，紀念一九九一年，俄羅斯從蘇聯分離出來，又稱獨立日，但不舉行慶祝活動。

十、十一月七日：和睦和解日，原十月革命紀念日及蘇聯國慶日。

十一、十二月十二日：憲法日，慶祝一九九三年採用新憲法，與十二月十二日提交全民公決，一九九四年九月，葉利欽總統頒命令，將該日訂為憲法日。

社交禮儀

俄羅斯人使用麵包和鹽歡迎客人，認為鹽能驅邪消災，視鏡子是神聖之物，打碎鏡子象徵靈魂的毀滅。見面時，貼面頰兩次，先右後左，長輩吻晚輩三次，先左後右再左，晚輩吻長輩兩次。禮物以鮮花、酒、藝術品和書最受歡迎，尊重婦女，視為一種美德。喜歡喝酒，但沒有勸酒的習慣。除婚禮和生日之外，一般不送白花，平時送花一定要送單數，送雙數是忌諱，只有弔唁時才送偶數，探病時，不能送白、紅、黃顏色的花，象徵友情的枯萎。

風俗

送給孩子出生之後的產婦四種禮物：麵包、鹽、雞蛋和火柴。嬰

兒出生第八日接受洗禮，在教堂進行，父母不能在場，係由神父和教父母主持。現在的洗禮儀式在國立嬰兒宮進行，生父母可以參加。

婚禮在結婚登記宮（又名婚禮宮）舉行，儀式結束之後，新郎新娘由親友陪伴，前往陣亡將士墓園瞻仰和獻花，表達對先烈的敬意，並遊覽城市名勝，此種傳統出現於蘇聯時期，至今並沒有隨著蘇聯的解體而消失。

喪禮時，抬靈柩者一般為男性，死者的頭要跟車頭同樣方向，很重視墓碑的修飾，墓碑本身即是藝術品，名人公墓，通常成為觀光點。

禁忌

俄羅斯有「左主凶，右主吉」，勿用左手握手或傳遞物品，在任何場合切忌用手指指指點點。對女性不可說「妳發福了」，也不可問「你去哪兒」，俄羅斯人認為是在打聽個人的隱私。手帕和刀不能當作禮品，手帕象徵離別，刀象徵斷交或打架。勿在橋上或橋下告別，意味著永遠離去。忌諱十三，認為七是完整的吉祥數字，意味著幸福和成功。認為馬能驅邪，會給人帶來好運，不喜歡黑貓，認為牠晦氣，視兔子是怯懦的動物。

與莫斯科地陪合影，曾在草民任教的中國文化大學學習中文（攝於遊艇上）

俄羅斯的世界遺產

　　共三十項（2022）：文化遺產十九項，自然遺產十一項。

一、莫斯科，克里姆林宮和紅場：十五世紀末至十六世紀初，建城
　　牆與塔樓。

二、莫斯科，科羅緬斯克的耶穌升天教堂：一五三二年，為紀念伊
　　凡四世王子誕生而建。

三、莫斯科，新聖女修道院：建於十六世紀二〇年代，乃貴族與富
　　裕家庭女子，當修女的首選。

四、莫斯科州，謝爾吉耶夫鎮，謝爾蓋聖三一大修道院：是俄羅斯
　　東正教教會的精神中心，乃最大的男修道院，是莫斯科和全俄
　　牧首公署所在地。

五、聖彼得堡：聖彼得堡歷史中心及其相關古蹟群。

俄羅斯的宗教聖地——謝爾基聖三一教堂

六、列寧格勒州，斯特魯維地理探測弧線：是人類首次精確測量子
　　午線長短之地，可掌握地球確切大小與形狀，為地球科學和地
　　形繪圖學發展的里程碑，北起挪威哈默菲斯特，南至黑海，共
　　穿越十個國家，長二千八百二十公里。

七、普斯科夫州，普斯科夫學派教堂建築。

八、諾夫哥羅德州，諾夫哥羅德及其周圍的歷史古蹟。

九、加里寧格勒州，庫爾斯沙嘴：為長九十八公里的沙丘，先史時
　　代即有人居住。

十、卡累利阿共和國，基日島的木結構教堂（奧涅加湖）：兩座十
　　七至十八世紀修建的木製教堂（主顯聖容教堂、代禱教堂），
　　一八六二年，修建木製八韻角鐘樓。

十一、卡累利阿共和國，奧涅加湖和白海的岩刻：為六至七千年
　　　前，三十三處的岩刻。

十二、阿爾漢格爾斯克州，索洛維茨基群島的歷史建築群。

十三、沃洛格達州，費拉邦多夫修道院遺址群：始建於一三九八
　　　年。

十四、雅羅斯拉夫爾州，雅羅斯拉夫爾城歷史中心：始建於十一世
　　　紀的木製要塞。

十五、弗拉基米爾州，弗拉基米爾和蘇茲達爾歷史遺跡。

十六、科米共和國，科米原始森林：位於烏拉爾山脈，廣達三萬二
　　　千萬平方公里。

十七、韃靼斯坦共和國，喀山克里姆林宮：一五五二年，沙皇伊凡
　　　四世征服喀山汗國首都喀山，在韃靼人的要塞建立克里姆林
　　　宮。

十八、韃靼斯坦共和國，保加爾歷史與考古遺跡：是伏爾加韃靼人
　　　的朝聖之地。

十九、韃靼斯坦共和國，斯維亞日斯克島聖母升天大教堂與修道院。

二十、克拉斯諾達爾邊疆區，西高加索山。

二一、阿爾泰共和國，金山：阿爾泰山。

二二、達吉斯坦共和國，德爾本特城堡、古城及要塞：地處歐亞戰
略要地，公元前一千年，即建立控制交通要道的防禦工事，
是俄國歷史最悠久的城市。

二三、伊爾庫次克州，布里亞特共和國，貝加爾湖：是世界上最深
（1700公尺）及最古老（2500萬年）的湖，擁有全球兩成未
結冰的淡水。

二四、外貝加爾邊疆區，外貝加爾風景。

二五、克拉斯諾亞爾斯克邊疆區，普托拉納高原：是西伯利亞東西
植被的交會地帶，人煙罕見。

二六、圖瓦共和國，烏布蘇盆地。

二七、薩哈（雅庫特）共和國，勒那河柱狀岩自然公園：為高可達
二百公尺。

二八、楚科奇自治區，弗蘭格爾島自然保護區：生物多樣化的程
度，高居北極島嶼首位。

二九、勘察加邊疆區，勘察加火山：活火山密集。尚有大量冰川，
克柳切夫火山，海拔四千八百三十五公尺，是西伯利亞最高
山，亦為歐亞大陸海拔最高的活火山，是原住民心中的聖
山，視為神創造世界之地。

三十、濱海邊疆區，中錫霍特山脈。

夏宮

夏宮內景

聖彼得堡冬宮前的亞歷山大廣場

左上圖：https://www.sundaytour.com.tw/zh-tw/attractions/detail.php?pid=112#&gid=null&pid=1。

右上圖：https://www.spb-guide.ru/img/22688/tancevalnyj-zal-v-bolshom-dvorce-petergofa-168777big.jpg。

認識法國與法國人

基本小檔案

一、國名：法蘭西共和國（La République française, The Republic of France）。"Frank" 在日耳曼語系中，乃「自由的」之意，今 "France" 源自拉丁文 "francia"，即「法蘭克人之國」之意。

二、面積：五十五萬一千六百零二平方公里（不含海外領地），居歐洲第三（次於俄羅斯、烏克蘭），為西歐第一大國。

三、人口：六千五百六十三萬人（2022年），為世界第六大移民國。

四、國旗：著名的三色旗，從左至右分別為藍、白、紅三色，長與寬之比為三比二，寬度比為三七比三十比三三。原為法國大革命時，巴黎國民自衛隊隊旗，白色（百合）代表國王，象徵地位神聖，紅、藍兩色代表巴黎市民，又象徵法國王室和法國大革命。

五、國徽：無正式國徽，係採用大革命時期的紋章，作為國家的標幟。採橢圓形造型，中有古羅馬高級執法官使用的束棒（法西斯，fasces），兩側以橄欖枝和橡樹枝裝飾，象徵永久的和平，纏繞的飾帶上有法文「自由、平等、博愛」，整個圖案由帶有古羅馬軍團勳章的綬帶環飾。

六、國歌：為著名的〈馬賽曲〉，原為大革命時期的戰歌。一七九二年四月，軍官李爾應史特拉斯堡市長之約，創作〈萊茵軍戰歌〉，因馬賽志願軍高唱此歌投入革命，後被稱為〈馬賽曲〉。

七、國語：法語，是聯合國六種（中、英、法、俄、西班牙、阿拉伯）官方語文之一，乃外交及上流社會的用語。

八、國慶日：七月十四日，「巴士底日」。

九、格言：「自由，平等，博愛（同胞愛）」（Liberté, Égalité, Fraternité）。

十、國花：香根鳶尾，如起舞的彩蝶，象徵光明與自由。

十一、國鳥：公雞（高盧雞），因有報時的本領，又具勇敢和頑強的性格。

十二、國石：珍珠。

十三、宗教：百分之六十四天主教，百分之二十八無信仰，是穆斯林、猶太教徒和佛教徒人數最多的歐洲國家。

十四、行政區畫：共有十三個大區（region）（原有22個大區），九十六個省（1792年起），五個海外單省大區，五個海外行政區，一個地位特殊的海外屬地。

「豐功偉績」

一、一六四三年至一七五九年為世界第一強國，十七世紀鼎盛時期，被稱為「大世紀」（Grand Siècle, 1610-1723），國土面積達一千萬平方公里，僅次於西班牙帝國。

凱旋門

圖片：https://immian.com/wp-content/uploads/20180724002834_14.jpg。

二、世界第七大經濟體（次於美、中、德、日、英）。

三、世界最大葡萄酒生產國，最大葡萄酒消費市場。

四、穀物出口居世界第二（次於美國）。

五、核電設備能力（有57座核電廠）、石油加工技術居世界第二
　　（次於美國），核電占全國總發電量百分之七十五，比重居世
　　界第一。

六、世界第二大核能生產國（次於美國）。

七、航空與太空工業居世界第三（次於美、俄）。

八、世界最大的化妝品生產國之一。

九、歐盟最大的農業生產國。

十、歐洲第一大藥品生產國。

十一、世界第一大旅遊接待國（2019年，有九千萬人）。

十二、空中巴士（客車）公司與美國波音公司，並列為世界兩大客機
　　　製造商。

地理資訊

　　國土呈六邊形，從東至西，從北至南，長九百五十公里，是世界
上最不閉塞的國家之一。瀕臨大西洋與地中海，地形西北低，東南
高，以平原為主。國土三分之一為耕地，四分之一為牧場，林地覆蓋
率百分之三十。而巴黎盆地（又名北法平原），是歐盟經濟最發達的
核心地帶。

　　最高峰：白朗峰（法、義邊界），法文「白山」之意，海拔四千
八百一十公尺。

　　四大河川：羅亞爾河（長1,010公里），隆河，塞納河，加倫河。

簡史

一、舊石器時代晚期，已有人類居住。鐵器時代，塞（凱）爾特人（Celt）定居，羅馬人稱為高盧人（Gauls），稱此地為高盧。

二、公元前五八年至五二年，凱薩大將征服之，羅馬共和國入主，形成獨特的高盧－羅馬文化，奠定法語基礎。

三、五世紀，法蘭克人克洛維建立法蘭克王國，遷都巴黎，法蘭克人與高盧人融合，形成法蘭西人。

四、八〇〇年，查理曼（查理大帝，卡爾大帝），受教皇加冕稱帝。

五、八四三年，分成三個國家，奠定德、義、法三國的雛形，而西法蘭克王國即法國之始。

「三朝兩帝五共和」：

一、九八七年，卡佩王朝，改國名為法蘭西。腓力二世兼併封建領地，收復英國的占據地，被譽為中世紀最偉大的法國統一「建築師」。

二、一三二八年，瓦盧瓦王朝，腓力六世。

三、一三三七至一四五三年，英法百年戰爭，晚期出現民族英雄貞德。

四、一五八九年，波旁（包本）王朝，亨利四世、路易十三、路易十四（「太陽王」、「朕即國家」）、路易十五、路易十六。

五、一七八九年，法國大革命爆發。

六、一七九二年，第一共和。

七、一八〇四至一八〇九年，法蘭西共和國；一八〇九至一八一五年，法蘭西帝國，第一帝國，拿破崙。

八、一八四八至一八五二年，第二共和。

九、一八五二至一八七〇年，第二帝國，拿破崙三世。

十、一八七〇至一九四〇年，第三共和，殖民地面積為本土的二十
　　倍，僅次於大英帝國。

十一、一九四六至一九五八年，第四共和。

十二、一九五九年至今，第五共和，戴高樂—馬克宏。

重要城市及特色

一、巴黎（巴黎省）：由八個省組成的大巴黎，又稱巴黎區域或巴
　　黎大區，正式名稱是法蘭西島，「島」指巴黎盆地。歐洲大陸
　　最大的城市，亦為最大的文化與金融中心，歐洲生產總值最高
　　的都會區，世界會議之都，法國的心臟，有「花都」之稱，聯
　　合國教科文組織、經濟合作與發展組織總部皆在此。是世界時
　　裝業中心，「夢幻工業」——香水，被視為國寶。北郊有戴高
　　樂機場，南郊有奧利機場，全國最大內河港，有三百零三個地
　　鐵車站。主要景點有：凱旋門；香榭麗舍大道，意為「田園樂
　　土」，原為跑馬大道，長一千八百八十公尺，寬八十至一百二十
　　公尺，與北京市王府井大
　　街結為「姊妹街」；羅浮
　　宮，典藏四十萬件文物，
　　占地四十五公頃，呈 U 字
　　型，長六百八十公尺；艾
　　菲爾鐵塔，是現代鐵塔的
　　鼻祖，建於一八八九年，
　　使用七千公噸的一萬五千

艾菲爾鐵塔

圖片：https://cdn-imgix.headout.com/blog-content/image/9ead73c770c985c17e2f969da09fb
013-See%20the%20Eiffel%20Tower.jpg。

多個金屬構架和二百五十萬個鉚釘；龐畢度文化藝術中心，有「文化工廠」之稱，分五個部分：國家現代藝術博物館、音樂音響研究所、大眾信息圖書館、工業製造中心、文化促進處；蒙馬特爾，有巴黎唯一的登山纜車，小山丘上屹立白色的聖心大教堂，有著名的紅磨坊。

二、凡爾賽（伊夫林省）：凡爾賽宮建築面積十一萬平方公尺，略小於北京故宮（十五萬平方公尺），長五百八十公尺，最著名的鏡廳，長七十三公尺，寬十點五公尺，高十二點三公尺。

三、沙隆（馬恩省）；香檳酒貿易中心，四五一年，匈（奴）人在附近的卡塔洛尼原野被擊敗。

四、史特拉斯堡（下萊茵省）：全國第二大河港，有歐洲宮，是歐洲議會所在地。

五、夏特（歐赫羅亞省）：聖母大教堂，是法國四大哥德式教堂之一，中世紀最傑出的建築之一。

六、奧爾良（羅瓦黑省）：「貞德之城」，有聖女貞德紀念館。

七、布赫吉（榭赫省）：為法國的地理中心，公元前五十二年，凱薩至此，稱此地是高盧最美的城市之一。

八、敦克爾克（北部省）：是全國人口最多的省份，法國第三大港，有「歐洲十字路口」之稱，以一九四〇年，英法軍隊大撤退而聞名，有法國最大的格拉沃利訥核電廠。

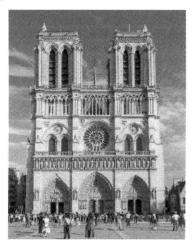

巴黎聖母院

九、布洛涅（加來海峽省）：法國最大的漁港。

十、加來（加來海峽省）：法國最大的客運港，位於加來海峽最狹
　　窄之處，晴天可見相距三十餘公里處，英國的港城多弗，英法
　　海峽隧道（又名歐洲隧道），高速列車「歐洲之星」，跨越海峽
　　的車程僅需兩個多小時。

十一、亞眠（索姆省）：有「小威尼斯」之稱，主教堂是法國最大的
　　　教堂，總面積七千七百六十平方公尺，雕塑達四千個，被稱為
　　　「亞眠聖經」。

十二、索姆省：一九一六年，第一次世界大戰，著名的索姆河戰役發
　　　生地，英國發明的新式武器戰車，首度在此亮相。

十三、瓦茲省：一九一八年十一月十一日，在東部的康邊森林空地的
　　　一節火車車廂裡，德、法簽訂停戰協定。一九四〇年，在同一
　　　節車廂裡，法國向德國投降。

十四、盧昂（濱海塞納省）：九世紀時，北歐人在此建立諾曼第公
　　　國。也是英法百年戰爭後期，貞德就義處，有聖女貞德塔和貞
　　　德博物館。

十五、聖米歇爾山（芒什省）：最大潮差達十四公尺。

十六、利曼（薩爾特省）：一九二三年，創辦二十四小時汽車大賽
　　　獎，每年六月舉辦一次。

十七、南特（大西洋岸羅瓦爾省）：「世界科幻小說之父」——儒勒·
　　　凡爾納出生地，有凡爾納博物館。

十八、聖納捷赫（大西洋岸羅瓦爾省）：有法國最大的造船廠——大
　　　西洋造船廠，一九八七年，建造世界最大的油輪——巴蒂呂
　　　號，長四百一十四公尺，五十五萬公噸。

十九、黑恩（伊勒維連省）：法國最大的產奶基地，雪鐵龍汽車公司
　　　在此。西南四十公里處的高埃特奎坦，有著名的聖西爾軍校，
　　　一八〇二年，拿破崙創建，最初設在楓丹白露，今有三個軍

校：三軍學校、技術與管理學校、聖西爾特殊軍校。

二十、佩斯特（芬尼斯提赫省）：著名的軍港，戰略核潛艇基地，第一艘核動力航空母艦——戴高樂號，即在此建造。

二一、洛里昂（莫爾比昂省）：亦即「面向東方」，全國第二大漁港，為擁有漁港、軍港、商港、客運港、遊艇港的「五港之城」，有二戰中，德國人建造的潛艇基地，今為法國使用。

二二、卡納克（莫爾比昂省）：有著名的石陣，數千根高一到六公尺的天然巨石，猶如石頭大軍。

二三、紹恩羅亞爾省：南部的克呂尼修道院，建於九一〇年，曾在歐洲各地擁有三千座下屬修道院，數萬名修士，曾是歐洲文化中心，基督教文化的代名詞，被譽為「世界之光」。一〇八八至一一三〇年，建羅馬式長方形大教堂，長一百七十七公尺，在梵蒂岡聖彼得大教堂建造之前，一直是世界上最大的教堂，在法國大革命之後，幾乎全部被毀。

二四、第戎（金丘省）：有「公爵城」之稱，亦為著名的美食城，每年十一月頭兩週，舉辦盛大的國際美食博覽會，可品嘗蝸牛菜。

二五、里昂（隆河省）：凱薩以此作為征服高盧的基地，有「歐洲絲都」之稱，法國第二大城，僅次於巴黎的經濟文化中心，美食之都，溝通北歐與南歐的交通要道，世界電影誕生地，國際刑事警察組織所在地。巴黎之外，最重要的教育中心，一戰之後，用庚子賠

楓丹白露宮

圖片：https://www.lan-pu.com/wp-content/uploads/2016/03/fontainebleau_2.jpg。

款成立中法大學，先後培養四百七十多名中國學生（含勤工儉學者）。

二六、維琪（阿列耶省）：為全球最大的礦泉療養地，有「礦泉城女王」之稱。二戰時，法國戰敗投降，貝當元帥在此成立德國的傀儡政府──維琪法國。

二七、克萊蒙費宏（多姆山省）：「輪胎之都」，米其林公司總部在此。一〇九五年，教皇烏爾班二世在此舉行宗教會議，決定發動十字軍東征（侵）。

二九、多多涅省：東南部韋澤爾峽谷，拉斯科岩洞，有「狩獵時代的羅浮宮」之稱，省內古堡有一千多個，居全國第一。

二九、利摩日（上維埃恩省）：法國的瓷都，生產全國一半的瓷器，有國家陶瓷博物館，一萬件藏品。

三十、普瓦捷（維埃恩省）：七三二年，鐵鎚查理率法蘭克重騎兵，擊敗從西班牙北上的阿拉伯軍隊，史稱普瓦捷之戰，解除伊斯蘭教對西方基督教的威脅。

三一、吉倫特省：法國面積最大的省份，全球最大的高級葡萄酒產地，東西一百三十公里，南北一百零五公里，占地一千六百一十平方公里，有三千多個葡萄園，二萬多葡萄農，最貴者一瓶達四千美元以上。在阿卡榮附近海邊，有一座歐洲最大的沙丘，長二千八百公尺，高一百一十四公尺。

三二、波爾多（吉倫特省）：世界最大葡萄酒輸出港，城南的聖米歇爾教堂旁，有一聖米歇爾塔，高一百一十四公尺，是法國南部最高的古代建築。

三三、卡奧爾（洛特省）：老城區的聖艾蒂安大教堂，是法國首座圓頂教堂。

三四、格勒諾勃（伊瑟赫省）：一九六八年，第十屆冬季奧運會在此舉行。

三五、格拉斯（濱海阿爾卑斯省）：「世界香水之都」。

三六、坎城（濱海阿爾卑斯省）：與尼斯和蒙特卡洛，並稱南法三大
　　　旅遊中心。每年五月舉行為期兩周的國際電影節，最佳影片的
　　　大獎，命名為金棕櫚獎。

三七、尼斯（濱海阿爾卑斯省）：全國第二大旅遊中心，蔚藍海岸國
　　　際機場為全國第二大，有酒店一百八十家，僅次於巴黎。

三八、尼姆（加爾省）：有世界上最大的礦泉水生產商──沛綠雅泉
　　　水廠。

三九、馬賽（隆河口省）：第一大港，法國最古老的城市，已有二千
　　　五百多年歷史，新港區的第十號船塢是法國最大的船塢，長四
　　　百六十五公尺，寬六十五公尺。

四十、盧德（上庇里牛斯省）：天主教朝聖地，一八五八年，一位十
　　　四歲女孩貝娜黛特，宣稱在波河左岸的洞穴裡，多次見到聖母
　　　瑪利亞顯靈，死後被封為聖徒，地下水被視為神水，可治病，
　　　每年有二百多萬朝聖者來此。

四一、土魯斯（上加倫省）：法國第四大城，著名的飛機城，空中巴士
　　　總公司在此。長方形的聖塞南教堂，是法國現存最大的羅馬式
　　　教堂。

羅浮宮

圖片：https://i1.wp.com/www.tripresso.com/blog/wp-content/uploads/2019/09/03-1.png?w=
797&ssl=1。

四二、阿雅克肖（南科西嘉省）：拿破崙出生地，被譽為「皇帝之城」，每年八月十五日，舉行盛大的遊行，並放煙火，以慶祝拿破崙的誕辰。

花絮

一、法語國家組織，有五十餘個會員國。

二、高等教育：分綜合性大學、專業技術學院、大學校（菁英學校）三大類，全國有八十三所大學，三百多所大學校。

三、現代奧運會：奠基人古柏坦（1863-1937），在希臘國王喬治一世支持下，恢復中斷一千多年的盛會。一八九六年，第一屆奧運會在雅典舉行，一九〇〇年，第二屆在巴黎舉行。一九二四年，在法國舉辦第八屆奧運會時，增加冬季奧運會。

四、法國菜是世界上唯一可跟中國菜齊名的美食。

五、奶酪王國：有四百多種，乃世界之最，巴斯德發現乳酸菌發酵原理，與長棍麵包成為法國的象徵。

六、歐洲第一條高速鐵路：巴黎—里昂。

七、空中巴士：法、德、英、西班牙，四國聯合研發，打破美國波音公司的壟斷地位，占國際市場三分之一。有三個培訓中心：法國土魯斯（總部）、美國邁阿密、中國北京，廠房多使用機器人。二〇〇七年，A380投入營運，可載客八百五十三人，航程一萬五千公里，是載客量最大的飛機。

八、巴黎第九區，拉法葉（老佛爺）大商廈，是歐洲最大的百貨公司，建於一八九六年，擁有全球最大的香水美容用品部和男裝部。另一著名的百貨公司，是春天購物中心。

九、巴黎第十三區的唐人街，規模居歐洲之冠。

十、巴黎拉丁區，有歐洲最大的中文書店——友豐書店，「要找書，到友豐」。聖米歇爾廣場和塞納河沿岸，有著名的舊書市場。

十一、馬奇諾防線（Maginot Line）：二十世紀三〇年代，為防備德國再度侵犯，以當時的國防部部長馬奇諾命名，主要分布在摩澤爾省，以梅斯為中心，東起阿爾薩斯，西至法、比邊界，長三百九十公里。在梅斯東北三十多公里的哈肯貝格工事，是規模最大的防禦工事，有重達二百八十噸的一長排大砲，一分鐘之內，可發射四公噸砲彈（從未使用）。五千立方公尺的混凝土建築，深九十六公尺，有四公里的窄軌火車道和車站，十九個作戰單元，十公里長的道路、戰壕和坑道。

十二、史上最大規模的兩棲作戰——諾曼第登陸戰：一九四四年六月六日凌晨，數千架英、美運輸機，載運三個傘兵師，二萬三千多人，空降到諾曼第，七千多艘各類船艦，載運美、英、加拿大等國十三萬三千名盟軍及上萬輛軍車，分五個灘頭登陸，進攻德軍的大西洋長城，該日有八千多名盟軍陣亡，至八月底結束，共登陸二百多萬人。

馬奇諾防線

諾曼第奧瑪哈灘頭

左圖：https://s3.amazonaws.com/hnn-bucket/sites/default/files/171378-atlanticwall.png。

右圖：https://www.facebook.com/wilhelmchangphotography/photos/a.639172436107991.1073741826.634818723210029/792370797454820/?type=1&theater。

法國的世界遺產

文化遺產

一、夏特聖母主教座堂：立於巴黎西南約七十公里的夏特市，始建於一一四五年，一一九四年焚燬，歷經二十六年重建，是法國哥德式建築的顛峰之作。保存查理大帝取自君士坦丁堡，送給此教堂的聖母在耶穌降生時所穿的聖衣。聖母瑪利亞曾在此顯靈，是西歐重要的天主教聖母朝聖地。

二、聖米歇爾山及其海灣：在諾曼第與布列塔尼之間的沙灘上，有一岩石小島，矗立被譽為「西方奇蹟」的哥德式本篤會修道院，為紀念天使長聖米歇爾而建，建於十一至十六世紀之間，每年有三百萬遊客參訪。

三、凡爾賽宮及其園林：是路易十四至路易十六的居所，為歐洲王室官邸的典範。

四、韋澤爾峽谷洞穴群與史前遺跡：有一百四十七個舊石器時代的遺址和二十五個內有壁畫的洞穴，以一九四○年發現的拉斯科洞岩壁畫最著名，約有一百種動物圖像。

五、韋茲萊教堂和山丘：建於九世紀的韋茲萊本篤會修道院，因安置聖女瑪麗亞・馬德萊遺體，成為朝聖之地。馬德萊大教堂是十二世紀修道院式的教堂。

六、亞眠大教堂：是十三世紀最大的古典哥德式教堂之一。

七、亞爾的古羅馬建築和羅馬式古蹟：有競技場、劇場、浴場、地

道，十一至十二世紀，是地中海地區最具魅力的城市。

八、豐特奈的熙篤會修道院：由聖‧伯納在一一一九年修建。

九、楓丹白露的宮殿和園林：法文意為「藍色的泉水」，一一三七年，路易六世下令修建城堡，作為國王狩獵的行宮，十六世紀，弗朗索瓦一世擴建成「新羅馬城」，王室的婚喪大典常在此舉行。一八一二年，羅馬教皇被拿破崙囚禁在此，一八一四年，拿破崙在此簽字退位。一九四五至一九六五年，西方盟軍司令部設在此，宮牆外留下「北大西洋公約組織」標記。

十、奧朗日的古羅馬劇場和凱旋門：劇場坐落在隆河河谷，正面長一百零三公尺，凱旋門建於公元十至二十五年。

十一、薩蘭萊班大鹽場到阿爾克‧塞南皇家鹽場（敞鍋鹽的生產）：位於貝桑松附近，始建於路易十六在位的一七七五年，至一九六五年，停止生產，鹽有「白金」之稱。

十二、加爾唐普河畔聖薩萬的教堂：聖薩萬——梭爾——加爾坦佩教堂，以「羅馬式西斯汀教堂」而聞名，內有十一世紀至十二世紀的壁畫。

十三、南錫的斯坦尼斯拉斯廣場、卡里埃爾廣場和阿利揚斯廣場：建於一七五二年至一七五六年。

十四、加爾橋：始建於公元前夕的羅馬式水渠，共有三層，高約五十公尺，長約二百七十五公尺。

十五、斯特拉斯堡：從大島到新城，位於伊勒河圍繞的朗德島（大島），是阿爾薩斯首府的歷史中心，為典型的中世紀城鎮。

十六、漢斯的聖母大教堂、聖雷米修道院和塔烏宮：建於十三世紀，是傑出的哥德式建築之一，修道院供奉開啟法國國王受洗儀式的聖雷米主教（440-533）的遺體。

十七、巴黎塞納河畔：羅浮宮、艾菲爾鐵塔、協和廣場、聖母院、聖

禮拜堂，而豪斯曼廣場和林蔭大道，影響十九世紀末和二十世紀，全球的城市規畫。

十八、布爾日大座堂：全名布爾日·聖·艾蒂安大教堂，建於十二世紀末至十三世紀末。

十九、亞維農歷史中心：教皇宮、主教聖堂和亞維農橋，是十四世紀，羅馬教皇的居所，對基督教化的歐洲發揮領導作用。

二十、米迪運河（南方運河）：長三百六十公里，建於一六六七年至一六九四年，船隻在地中海與大西洋之間穿梭往來，有三百二十八個人工建築（橋樑、隧道、船閘、溝渠）。

二一、卡爾卡松歷史要塞城市：自羅馬時期起就有防禦性聚落，後成中世紀要塞城市的傑出典範。

二二、里昂歷史遺跡：公元前一世紀由羅馬人創建，曾是高盧三朝首都。

二三、法國聖雅各朝聖之路。

二四、法國與比利時鐘樓：建於十一至十七世紀，二十三座位於法國北部，三十二座位於比利時，象徵自由，可與要塞和鐘塔媲美。

二五、聖艾米倫區：羅馬人將葡萄栽培技術傳入，形成獨特的景觀，位於朝聖之路上。

二六、普羅旺斯中世紀集鎮：城市結構保存完好。

二七、勒阿弗爾（奧古斯特·佩雷重建之城）：二戰遭到轟炸，一九四五年至一九六四年，進行重建。

二八、波爾多月亮港：除巴黎之外，是法國受保護建築最多的城市。

二九、沃邦防禦工事：包括十二個防禦建築及設施群落，佈署在法國西部、北部及東部的邊境上，路易十四時期修建，為西方軍事建築上，典型的古典防禦工事的最高成就。

三十、阿爾比主教城：位於塔恩河畔，有宏偉的主教宮殿——貝爾比宮。

三一、阿爾卑斯山區史前干欄建築：共有一百一十一處遺跡，其中五
　　　十六處位於瑞士，是公元前五千年至五百年的小型定居點。

三二、北部加來海峽採礦盆地：面積十二萬公頃，有一百零九個獨立
　　　組成部分，如：礦井、升降設施、渣堆（有些占地90多公頃，高
　　　140多公尺）、煤礦運輸設施、火車站、工人房屋、村莊。

三三、肖維岩洞：蓬達爾克彩繪洞穴，位於瓦隆蓬達爾克附近，岩畫
　　　可追溯至距今二千年至三萬六千年前，為人類已知最早的史前
　　　藝術，深二十五公尺，長約五百公尺，面積九萬平方呎，被碎
　　　石掩埋，一九九四年，被法國三位探險家發現，但未開放。故
　　　知名度不如十九世紀發現的拉斯科岩洞。另建仿造的洞穴及複
　　　製的壁畫，二〇一五年開放，有四百五十幅壁畫，十四種動
　　　物，中有五十三幅動態圖畫，包括冰河時代的罕見物種和未發
　　　現的物種，具3D動畫技術。

三四、香檳區文化景觀：從十七世紀早期至十九世紀工業革命初期，
　　　釀製氣泡葡萄酒的產地，有葡萄種植園、山丘及香檳大道。

三五、勃艮第葡萄園風土：位於第戎市以南，尼伊村山坡和伯納村山
　　　坡。

三六、柯比意建築作品：挑選十七個地點，分布在七個國家，乃跟過
　　　去決裂，所發明的新建築語言，對現代主義運動有傑出貢獻。

三七、法屬波利尼西亞：塔普塔普阿泰：位於波里尼西亞山腳的賴阿
　　　特阿島，約有一千年的歷史。

三八、哥杜昂燈塔：一六一一年竣工。

三九、尼斯，蔚藍海岸的冬季渡假小鎮。

四十、敘利到沙洛間的羅亞爾河谷。

自然遺產

一、科西嘉島：波爾多灣：皮亞納窄峽灣、基羅拉塔灣、斯康多拉保護區。

二、新喀里多尼亞潟湖：珊瑚礁多樣性和相關的生態系統：有六個海洋生物群落，是全球最大的三個珊瑚生態系統之一，有結構最為多樣的珊瑚礁。

三、海外大區留尼旺省：留尼旺島的山峰、冰斗和峭壁：與國家公園相鄰，占地十餘萬公頃，占全島面積百分之四十。

四、奧弗涅大區：多姆山鏈－利馬涅斷層構造區：位於法國中部，是西歐裂谷的代表性部分，出現於三百五十萬年前，阿爾卑斯山形成之後。

五、喀爾巴汗山脈及歐洲其他地區的原始山毛櫸林。

六、法屬南部和南極洲領地和海域：位在南印度洋，海域上的「綠洲」約有六千七百萬公頃，為全球面積最大的遺產，也是全球鳥類和海洋哺乳動物密度最高的地區之一。

複合遺產

庇里牛斯——珀杜山：跨法國與西班牙的國界，以珀杜山（海拔3352公尺的石灰質山）頂峰為中心，周圍三萬零六百三十九公頃，在西班牙境內是歐洲兩個最大最深的峽谷。

備選文化遺產

一、第一次世界大戰陣亡將士墓地及紀念地（西歐）。

二、一九四四年諾曼第登陸灘頭。

1 加爾省，靠近勒穆蘭的加爾橋
2 聖米歇爾山
3 庇里牛斯-珀杜山
4 哥杜昂燈塔
5 亞眠大教堂

圖1：https://upload.wikimedia.org/wikipedia/commons/thumb/4/42/Pont_du_Gard_BLS.jpg/ 2560px-Pont_du_Gard_BLS.jpg。

圖2：https://upload.wikimedia.org/wikipedia/commons/thumb/a/a5/Der_Mont-Saint-Michel_. jpg/2560px-Der_Mont-Saint-Michel_.jpg。

圖3：https://upload.wikimedia.org/wikipedia/commons/thumb/f/fa/Cirque_de_Soaso_et_massi f_du_Mont-Perdu.jpg/1920px-Cirque_de_Soaso_et_massif_du_Mont-Perdu.jpg

圖4：https://upload.wikimedia.org/wikipedia/commons/b/b6/Cordouan.jpg。

圖5：https://upload.wikimedia.org/wikipedia/commons/6/60/Cath%C3%A9drale_Notre-Da me_d%27Amiens-3420.jpg。

漫談英國人和英國歷史文化

基本小檔案

一、國名：大不列顛暨北愛爾蘭聯合王國（The United Kingdom of Great Britain and Northern Ireland）。

二、簡稱：聯合王國（U.K.），英國（英吉利）。

三、「英倫三島」之謬誤：清朝首位訪歐之官員斌椿，在其《乘槎筆記》中，誤將大不列顛島視為兩個島（英格蘭、蘇格蘭），加上愛爾蘭島，故名「英倫三島」。

四、曾有「世界工廠」、「日不落（帝）國」之稱（1914年殖民地比本土大111倍。1921年佔世界22%土地），乃「戶外運動之鄉」。

五、面積：二十四萬三千六百一十平方公里，尚有十四處海外領土。共有五千五百個島嶼。

六、人口：六千六百三十六萬（2019年）。

七、大英國協（共和聯邦，英聯邦，Commonwealth of Nations）：共有五十四個成員國，每四年舉行一次運動會。

八、國旗：為著名之米字旗，長寬比例為二比一，一八〇一年採用。通稱為 "Union Jack"，"Jack" 是海軍用語，指懸掛在艦首之旗幟。正式名稱是 "Union Flag"，意為「聯合旗幟」。有英格蘭之白底紅色正十字旗（代表英格蘭守護神聖喬治）、蘇格蘭之藍底白色斜十字旗（代表蘇格蘭守護神聖安德魯）和愛爾蘭之白底紅色斜十字旗（代表愛爾蘭守護神聖派特里克）合併而成。

九、國徽：即英王徽，上有古法文格言「惡有惡報」，飾帶上則有「天有上帝，我有權利」。

十、國歌：〈神佑女王〉（God Save Our Queen），十八世紀使用，若統治者為男性，則將 "Queen" 改為 "King" 即可，為世界知名度最高之國歌之一。

十一、國語：英語，威爾斯北部使用威爾斯語，蘇格蘭西北高地、北愛爾蘭部分地區使用蓋爾語（Gaelic）。

十二、格言：「我權天授」（God and my right）。

十三、國花：玫瑰，一二七二年，愛德華一世時，成為王室之標記。

十四、國鳥：紅胸鴝，有「上帝之鳥」之稱，乃專吃昆蟲之益鳥，有強烈之地區性，一九六〇年，經公民投票選定為國鳥。

簡史

一、上古時代，大不列顛島只有塞（凱）爾特人（Celt）部落，並無國家，「不列顛」乃塞爾特語「雜色多彩」之意，部分不列顛人遷居法國，將本土稱為大不列顛。

二、羅馬共和時期末，凱薩將軍遠征大不列顛。公元四十三年，成為羅馬帝國之行省，統治達四百年之久。

三、羅馬人撤軍之後，日耳曼民族之盎格魯──薩克遜人開始大舉入侵，七世紀初形成七個小國。八二七年，威塞克斯國王埃格伯特統一七國，建立英格蘭王國。

四、一〇六六年，諾曼第公爵征服者威廉登基，鞏固英格蘭之統一，先後出現八個王朝：（一）諾曼王朝：一〇六六至一一五四年（二）金雀花王朝：一一五四至一三九九年（三）蘭開斯特王朝：一三九九至一四六一年（四）約克王朝：一四六一至一

四八五年（五）都鐸王朝：一四八五至一六〇三年（六）司徒
亞特王朝：一六〇三至一七一四年（七）漢諾威王朝：一七一
四至一九〇一年（八）溫莎王朝：一九〇一年至今。

五、一二八四年，英格蘭控制威爾斯公國。一五三五年合併。

六、一六〇三年，英格蘭和蘇格蘭成為共主邦聯。一七〇七年，合
併為大不列顛王國。

七、一八〇一年，大不列顛王國與愛爾蘭王國合併。一九二一年，
愛爾蘭南部二十六郡脫離英國，北愛蘭六郡留在聯合王國內。

英國之最

一、最高峰：蘇格蘭本內維斯山（Ben[山] Nevis），高一千三百四
十四公尺。

二、最長河川：塞汶河，長三百五十四公里，第二長河：泰晤士
河，又名倫敦河，長三百四十六公里。

三、最大湖泊：北愛爾蘭內伊湖（Lough Neagh），面積三百九十六
平方公里。

四、最大教堂：利物浦大教堂，縱深二百公尺，歷時七十四年，一
九七八年完工。

五、最高教堂：索茲斯柏立大教堂，尖塔高一百二十三公尺，一二
二〇年始建。

歐洲之最

一、最深湖泊：蘇格蘭尼斯湖（Loch Ness），深二百七十公尺，有
水怪出沒。

二、最大修道院遺址：噴泉修
　　道院遺址。
三、最大機場：倫敦希斯洛機
　　場。

白金漢宮

世界之最

一、第一座鐵橋：一七七九
　　年，鐵橋谷之鐵橋。
二、最早之地鐵：倫敦地鐵，一八六三年一月十日通車，總長度四
　　百零二公里。
三、最大哥德式建築：倫敦國會大廈（西敏宮）。
四、有人居住最大之古堡：溫莎堡，占地五萬平方公尺，長五百一
　　十公尺，寬一百六十公尺，有上千個房間。
五、歷史最悠久和規模最大之綜合廣播業者：英國廣播公司
　　（BBC），一九二二年成立。
六、最大社會科學圖書館：倫敦政治經濟學院，英國政治經濟圖書
　　館，藏書四百萬冊，學術期刊三萬三千六百種。
七、最大書店：倫敦 Foyle 書店。
八、有色冶金之都：斯旺西。

圖片：https://scontent.ftpe4-1.fna.fbcdn.net/v/t1.6435-9/134851292_230380615339231_216
3959742746255995_n.jpg?_nc_cat=107&ccb=1-7&_nc_sid=5f2048&_nc_ohc=HZJ4qPolCJ
MQ7kNvgGigmFM&_nc_ht=scontent.ftpe4.fna&oh=00_AYDTmuHi8PkrvPnhOer1-Ufz4
EcaG12yWLnJ6aw-ye9_tw&oe=667A5639。

主要景點

一、英格蘭

　　（一）大倫敦：由三十二個自治市和倫敦城組成，一世紀建城，十六世紀末為歐洲貿易中心和世界最大城市，十八世紀為世界第一大港與國際貿易中心，總面積一千五百八十平方公里。

　　　　1. 白金漢宮：始建於一七○三年，有六百多個房間。

　　　　2. 唐寧街十號首相官邸，有首席捕鼠大臣。

　　　　3. 杜沙夫人蠟像館。

　　　　4. 海德公園，面積一點四平方公里，有著名之「演說者之角」（Speaker's Corner），旁邊有肯辛頓花園，面積一點一平方公里。

　　　　5. 溫布頓（Wimbledon），網球運動聖地，始於一八七七年。世界網球四大賽：英國、法國、美國、澳大利亞。若能在一個年度內贏得這四個錦標賽之冠軍，便可獲得「大滿貫」（the grand slam）之榮譽稱號。共有十八個草地球場，中心賽場可容納一萬三千名觀眾，場邊有溫布頓草地網球博物館（Wimbledon Lawn Tennis Museum）。

　　　　6. 伊頓公學（Eton College）（私立中學），一四四○年創辦，產生二十名首相。

　　（二）伯明罕：英國第二大城，有「英格蘭之大心臟」之稱。

　　（三）普利茅斯：一六二○年，一百零二名清教徒乘五月花號（長27公尺，重180公噸），前往美洲。

二、蘇格蘭：「古堡之鄉」

倫敦塔

（一）愛丁堡：有「北方雅
　　　典」之稱，是英國第
　　　二旅遊名城。

（二）格拉斯哥：蘇格蘭第
　　　一大城。

（三）威士忌（Whisky，蓋
　　　爾語「生命之水」之
　　　意）產生地，源自煉金術士之誤用。

（四）風笛（bagpipe）產生地。

（五）高爾夫球（golf）發源地，聖安德魯斯為高爾夫球聖地。

（六）男士穿直摺花格裙（kilt）。

三、威爾斯：「歌詠之鄉」，"Welsh"原為「蠻族」（Wealeas）之意。

四、北愛爾蘭：首府貝爾法斯特（Belfast），乃蓋爾語「沙灘渡口」
　　之意。二十世紀初，世界最大遠洋客輪泰坦尼克號（Titanic）
　　（長271公尺，重4.6萬公噸）在此建造。

民族性

一、無成文憲法，三百年來無內戰，政權和平轉移，君主立憲政體
　　成為世界之典範。

二、以紳士（gentleman）與淑女（lady）之素養及風度著稱，講究
　　儀表，乃基本之禮貌。

三、喜談天氣，「請，謝」為口頭語，沉默寡言，輕聲細語，幽默
　　詼諧，尊重個人自由，不喜擁抱。

圖片：https://upload.wikimedia.org/wikipedia/commons/thumb/2/2c/Tower_of_London_vie
wed_from_the_River_Thames.jpg/1920px-Tower_of_London_viewed_from_the_River_Tha
mes.jpg。

四、勿問「去哪兒？吃過飯嗎？」乃個人隱私。送禮時要說"I hope
you'll like it."勿太謙虛。

五、重視公平比賽（fair-play），將此種精神帶到球場和政壇上。

六、重視傳統，保守，漸進，務實，寬容，嗜好賭博（賽馬、球
賽）。

七、上午茶（elevenses），十一點。下午茶（low tea），三點半至五點。

八、靠左走，「馬路」之典故。

花絮

一、英國有十四個國家公園，英
格蘭西北部之湖區（Lake
District）是英國最大之國家
公園，面積二千三百平方公

蘇格蘭野貓

里，其中之凱西克乃鉛筆之發源地。

二、利物浦為披頭四（士）之家鄉，在艾伯特碼頭，有披頭四樂隊
展覽館（The Beatles Story）。

三、倫敦有「世界鬼都」之稱，故有罕見之鬼屋主題旅遊，旅客須
先寫好遺囑，以預做準備。

四、英國是桌球、羽毛球、足球、板球、馬球、英式橄欖球之發源
地。

五、世界三大儲備貨幣：美元、歐元、英鎊。

六、世界四大骨董中心：倫敦、巴黎、維也納、紐約。

圖片：https://s.yimg.com/ny/api/res/1.2/S.UxRsIc2pSo5RzvtM8kqw--/YXBwaWQ9aGlna
GxhbmRlcjt3PTk2MDtoPTY1MTtjZj13ZWJw/https://media.zenfs.com/ko/youthdailynews_
517/9e83bd0be20a7e6eb852a95d14ec9dd1。

1 西敏寺
2 牛津大學
3 劍橋大學

圖1：https://tsnio.com/wp-content/uploads/pixnet/2351f9e1ec0bf8470dfcc880067f4e95.jpg。

圖2：https://aleague.org/image/ckfinder/images/20220521002247.jpg。

圖3：https://image.cdn-eztravel.com.tw/jEYDffAMKy4QKTjIsuwFFqf86uxf6P3gnXmP2n15D5g/g:ce/aHR0cHM6Ly92YWNhdGlvbi5jZG4tZXp0cmF2ZWwuY29tLnR3L2ltZzy9WRFIvVUtfNTE0NjM0NTY2LmpwZw.jpg。

英國的世界遺產及其他

英格蘭

一、杜倫的城堡和大教堂（文，1986）

二、鐵橋峽谷（文，1986）

三、巨石陣、埃夫伯里和相關遺址（文，1986）

四、斯塔德利皇家公園包括方廷斯修道院遺址（文，1986）

五、布倫亨宮（文，1987）

六、巴斯城（文，1987）

七、羅馬帝國的邊界（文，1987, 2005）：英國的哈德良長城（文，1987），德國的上日耳曼－雷蒂安邊牆（2005），英國的安東尼長城（2008），與德國共有。

八、西敏宮、西敏寺和聖瑪格麗特教堂（文，1987）

九、坎特伯里大教堂、聖奧古斯丁修道院和聖馬丁教堂（文，1988）

十、倫敦塔（文，1988）

十一、格林尼治海岸地區（文，1997）

十二、德文特河谷工業區（文，2001）

十三、多塞特和東德文海岸（自，2001）

十四、索爾泰爾（文，2001）

十五、英國皇家植物園：裘園（文，2003）

十六、利物浦——海商城市（文，2004登錄，2021除名）

十七、康沃爾和西德文礦業景觀（文，2006）

十八、英格蘭湖區（文，2017）

蘇格蘭

一、聖基爾達島（雙，1986, 2004, 2005）

二、愛丁堡的老城與新城（文，1995）

三、奧克尼的新石器時代遺址（文，1999）

四、新拉納克（文，2001）

五、福斯橋（文，2015）

威爾斯

一、圭內斯郡愛德華國王的城堡和城牆（文，1986）

二、布萊納文工業景觀（文，2000）

三、龐特基西斯特水道橋及運河（文，2009）

四、威爾斯西北部板岩景觀（文，2021）

北愛爾蘭

巨人堤道及其海岸（自，1986）

屬地及其他

一、皮特肯群島——亨德森島（自，1988）（南太平洋）

二、特里斯坦——達庫尼亞－戈夫島和伊納克塞瑟布爾島（自，1995, 2004）（南大西洋）

三、百慕達——百慕達的聖喬治古城及要塞（文，2000）（北大西
　　洋）

四、歐洲溫泉療養聖地（文，2021，與德、法、義大利、奧地利、
　　捷克、比利時共有）

　　共有文化遺產二十七項，自然遺產四項，雙重遺產一項。為歐洲
排名第五（第一名義大利五十八項，第二名德國五十一項，第三名法
國、西班牙各四十九項，第五名英國三十三項，第六名俄羅斯三十
項）。

部分遺產簡介

一、巨石陣（圓形石林）：神秘指數第一，直徑三十公尺，部分石
　　頭高六公尺。附近有麥田（怪）圈（穀物圈，crop circle），以
　　及傳說中著名的亞瑟王（King Arthur）王宮 Camelot 所在。

二、巨人之路：有四萬根直徑四十五釐米黑色實心石柱，乃平頂六
　　角形，最高達十二公尺，長八公里，為五千萬年前火山爆發的
　　岩漿凝聚而成。

三、西敏寺：一〇六五年始建，為哥德式建築，正面有兩座高六十
　　八公尺的方形塔樓，縱深一百五十六公尺，共有四十位國王在
　　此加冕登基，二十餘位國王在此長眠，喬叟、拜倫、雪萊、哈
　　代、狄更斯、牛頓、達爾文隨侍左右。

四、倫敦塔：具多功能，曾當作宮殿、堡壘、國庫、鑄幣廠、軍械
　　庫、天文臺、監獄、刑場、避難所、公共檔案辦公室。湯瑪
　　斯·莫爾、安妮·寶琳在此被斬首，納粹德國副元首海斯曾關
　　押在此。

五、裘園：此一皇家植物園乃世界最大的植物園，占地一百三十二

公頃,擁有五萬種植物(占世界七分之一)。另有野生動物保護區、二十六個專業花園(中國風景園、日本風景園、玫瑰園、杜鵑園、柏園、竹園)、數十座大型溫室(以溫帶植物室最大,曾為世界第一,另有威爾斯王妃溫室)。尚有經濟植物博物館、標本館(收藏700萬份植物標本)、圖書館(典藏50餘萬冊,90多種語文的圖書)。最著名者為千年種子庫,收藏二萬四千種種子,乃世界第一。

其他

一、不列顛博物館(大英博物館):一七五三年成立,藏品八百餘萬件,其中中國文物有兩萬餘件,不售門票。

二、大英圖書館:隸屬於大英博物館,典藏品達一億七千萬件,其中有一千四百萬本書籍,有四百餘種語文。

三、大笨(本)鐘:一八五九年完工,高九十七點五公尺,直徑七公尺,重十三點五公噸。

四、牛津大學城:始於一一六七年,有三十五個學院,產生二十五位首相,Bodleian 圖書館,藏書五百萬冊,為英國第二大圖書館。

五、劍橋大學城:始於一二〇九年,產生六十餘位諾貝爾獎得主,一七四九年,牛頓在劍河上留下木造數學橋,未使用釘子,其奧秘至今未解。

揭開文明古國──埃及神秘的面紗

基本小檔案

一、國名釋義：阿拉伯埃及共和國（The Arab Republic of Egypt），
有「金字塔之國」、「棉花之國」之稱。公元前十世紀前後，希
臘商船航行至尼羅河孟菲斯一帶進行貿易，孟菲斯人信仰創造
神普塔（Ptah），希臘人受其影響，將孟菲斯稱 "Aigyptos"，乃
對首都孟菲斯（Hekaptah）的誤讀，本意為古埃及語「普塔神
之家」。古埃及人自稱為 "Kemet"，意為「黑土之國」，又稱
「紅土」。阿拉美語（Aramaic）稱 "Mişr"，乃「遼闊之國」之
意。

二、國旗：長與寬之比為三比二，自下而上由紅、白、黑三個平行
相等的橫長方形組成，白色部分中間有國徽圖案。紅色象徵革
命，白色象徵純潔和光明的前途，黑色象徵過去的黑暗歲月。

三、國徽：為一隻金色的薩拉丁雄鷹。金鷹昂首挺立，舒展雙翼，
象徵勝利、勇敢和忠誠，是埃及人民不畏烈日風暴、在高空自
由飛翔的化身。鷹胸前為盾型的紅、白、黑三色國旗圖案，底
部座基飾帶上有阿拉伯文「阿拉伯埃及共和國」。

四、國歌：〈我的祖國，我的祖國，我的祖國〉，一九七九年，被定
為國歌，歌詞中有「埃及！大地的母親，我的雄心和希望。尼羅
河給予人類的幸福，無法計算，無法估量」的頌詞。

五、國花：蓮花，又名荷花，被譽為「埃及之花」，古代有紅、

白、藍三種蓮花。白蓮花又稱睡蓮、「埃及的百合花」，學名睡蓮；藍蓮花被稱為「阿拉伯蓮花」，寓意愛情、生命、輪迴與復活。

六、國鳥：鷹。

七、國獸：貓。

八、面積：一百零一萬平方公里，其中百分之九十六點五為沙漠，百分之三點五為耕地和居住區，水域占百分之零點六。國土接近正方形，海岸線長兩千四百五十公里，是臺灣的二十八倍。

九、人口：一億零四百六十餘萬（2023年）。

十、族群：埃及人（包括阿拉伯人和科普特人）、努比亞人（Nubian）、貝都因人（Bedouin）和柏柏爾人（Berber）。

十一、語言：官方語言為阿拉伯語，另有科普特語（從古埃及語演變而來），尚通行英語與法語。

十二、宗教：百分之九十為伊斯蘭教遜尼派，百分之十為科普特（Copt）基督教。

十三、行政區畫：共有二十七個省，分為省、地區、市、城區、鄉五級。下埃及七個省，上埃及十個省，運河三個省，西奈半島兩個省，西部兩個省，北部一個省，中部一個省，南部一個省。

十四、四大地理區：

（一）尼羅河河谷和三角洲：指開羅以北的下埃及，尼羅河流至開羅以北，一分為二，東支流杜姆亞特河，西支流拉希德河，注入地中海，形成扇形沖積平原。東西寬兩百五十公里，南北長一百七十公里，沖積層厚十五至二十三公尺，面積兩萬五千平方公里，只占全國總面積的百分之四，人口卻占百分之九十九，是世界上人口最稠密的地區之一。若加上河谷，總面積可達三萬三千七百平方公里。

（二）西部沙漠：尼羅河河谷以西，是利比亞沙漠的一部分，
　　　內有大沙海（Great Sand Sea）。「沙漠之舟」──駱駝
　　　是唯一的交通工具。

（三）東部沙漠：尼羅河河谷以東。

（四）西奈半島：為多山的平原。

十五、最大湖泊：納瑟湖（水庫）（Lake Nasser），是非洲最大的人工
　　　湖，長五百五十公里，最大寬度三十五公里，總面積五千兩百
　　　五十平方公里。埃及名稱紀念納瑟（Gamal Abdel Nasser, 1918-
　　　1970）總統，蘇丹稱為努比亞湖（Lake Nubia）。

簡史

一、前王朝時期（3150 B.C.E.）。

二、早王朝時期（3150-2686 B.C.E.）：第一、二王朝。

三、古王國時期（2686-2181 B.C.E.）：第三至六王朝，又名「金字
　　塔時期」。

四、第一中間時期（2181-2040 B.C.E.）：第七至十王朝。

五、中王國時期（2040-1802 B.C.E.）：第十一、努比亞王朝、十二
　　王朝。

六、第二中間時期（1802-1550 B.C.E.）：第十三至十七王朝。

七、新王國時期（1550-1070 B.C.E.）：第十八至二十王朝，又名
　　「帝國時期」。

八、第三中間時期（1070-664 B.C.E.）：第二十一至二十五王朝，
　　亞述人、波斯人入侵。

九、後期（664-332 B.C.E.）：第二十六至三十王朝。

十、希臘化（大希臘、泛希臘）時期（332-305 B.C.E）：阿吉德王
　　朝，（305-30 B.C.E.）：托勒密王朝。

十一、羅馬帝國時期（30 B.C.E. −四世紀）。

十二、四至七世紀：併入東羅馬帝國。

十三、七世紀：阿拉伯人入侵，建立帝國（632-1258），六四一年，
　　　　開始阿拉伯化。

十四、九六九年：法蒂瑪王朝，首都建在開羅。

十五、十二世紀：普遍使用阿拉伯語，薩拉丁建立阿尤布王朝。

十六、一二四九年：馬木路克軍團指揮官統治。

十七、一五一七年：土耳其人征服，成為鄂圖曼帝國的行省，乃「黑
　　　　暗時期」。

十八、一七九八至一八〇一年：拿破崙佔領。

十九、「近代埃及之父」：穆罕默德・阿里（1805-1848在位），推行埃
　　　　及現代化。

二十、一八八二年：英國軍隊佔領。

二一、一九一四年：成為英國的保護國。

二二、一九二二年二月二十八日：英國被迫承認埃及獨立。

二三、一九五二年：以納瑟為首的自由軍官組織，推翻法魯克王朝。
　　　　一九五三年，成立埃及共和國。

主要城市與景點

一、開羅省：開羅（El Qâhira）：阿拉伯世界及非洲第一大城及文
　　　化中心，為城市省，有四百餘座清真寺，故稱「千塔之城」，
　　　人口約七百七十八萬。公元前三一〇〇年，米尼斯統一上、下
　　　埃及，在尼羅河兩岸建立新都「白城」，古希臘人稱為孟斐斯，
　　　故開羅已有五千年歷史。六四一年，阿拉伯將領攻佔東羅馬帝
　　　國的巴比隆堡，建立富斯塔特，乃開羅的發祥地，稱為開羅之

母,即舊開羅。法蒂瑪王朝建新都,因火星閃耀,命名為卡希拉(al-Qāhira),阿拉伯語意為「勝利」,即開羅。九七三年,定為首都。

（一）埃及博物館（Egyptian Museum）,又名埃及國家博物館,收藏三十萬件古文物,只展出六萬三千件,一九〇一年建造,埃及人稱為法老博物館、考古博物館,中國人戲稱為三頭（石頭、木頭、骨頭）博物館。鎮館之寶——圖坦卡門文物,共有一千七百件,棺材有八層,四層鍍金,人形內棺長一點八公尺,厚一點五公尺,重一百一十公斤,黃金面罩使用22k 黃金打造,黃金棺材與黃金寶座,精美絕倫,蓋世無雙,享譽世界。

（二）埃及文明國家博物館：位於開羅－福斯塔特,曾為伊斯蘭化之後的第一個首都。

（三）阿慕爾・本・阿綏清真寺：又名旗手清真寺、古老清真寺,乃眾清真寺之冠。六四一年至六四二年建立,是埃及與非洲的第一座清真寺。

（四）艾哈邁德・伊本・圖倫清真寺：位於舊城南方什卡爾山的高地上,內院長九十公尺,是埃及最大的清真寺。建於八七六至八七九年,是碉堡型建築,北面有埃及唯一的外螺旋梯的宣禮塔。

（五）愛哈爾清真大寺：位於舊城,建於九七〇年,愛知哈爾是穆罕默德法蒂瑪的稱號「佳麗（al-Zahra)」。面積一點二萬平方公尺,有九座大門,十三座高壇,禮拜大殿及庭院同時容納五萬人禮拜。阿尤布王朝（1171-1250）時,成為遜尼派教育中心,今為官方最高宗教機構所在地。

（六）蘇丹‧哈桑清真寺：位於舊城，建於一三五六年，其中有一座宣禮塔，高八十一點六公尺，為開羅第一高塔，占地七千九百平方公尺。

（七）舊城區：長四公里，寬兩公里，從法蒂瑪王朝到馬木路克王朝的五、六百年間，一直是伊斯蘭世界的中心，有中世紀色彩，稱為伊斯蘭城市開羅。

（八）薩拉丁城堡：位於東郊穆蓋塔姆山上，為十二世紀時，薩拉丁為抵抗十字軍東侵而修建，收復被十字軍佔領八十八年的聖城耶路撒冷。城牆高七至十公尺，厚二至二點五公尺，是埃及在中世紀最大、最堅固的城堡，內有穆罕默德‧阿里清真寺（四大清真寺之一）、軍事、警察、馬車、珍寶宮、花園博物館。

（九）開羅塔：位於尼羅河中宰馬立克島南部，乃「千塔之冠」，是現代開羅的標誌。一九六一年建立，高一百八十七公尺，使用兩百五十萬塊米黃色磁磚，塔身為圓柱形，入口處上方鑲有高八公尺，寬五公尺的埃及國徽銅鷹。

（十）米納‧豪斯賓館：一九四一年十一月下旬，蔣介石、羅斯福、邱吉爾在此召開著名的開羅會議，發表〈開羅宣言〉，商討對日本作戰的大計。

二、南西奈省：聖凱瑟琳地區，摩西下山修行處。

三、伊斯梅利亞省：伊斯梅利亞市為其省會，蘇伊士運河的中樞，有「運河新嫁娘」、「沙漠綠寶石」之稱，蘇伊士運河管理局所在，有三萬多名員工，有李西普故居和蘇伊士運河大學（1975年創辦）。以東十公里的夏捷拉高地，乃露天博物館，原為以色列巴列夫防線中部的前線指揮部。

四、東部省：有尼羅河三角洲最大的遺址——桑哈杰爾（塔尼斯），有「北方的底比斯」之稱，以阿蒙神廟為主體。

五、謝赫村省：省會謝赫村，耶穌一家為避難，逃到埃及時曾逗留此地，後修建聖母教堂，保存一塊印有耶穌腳印的石頭。

六、亞歷山大省：亞歷山大（亞歷山卓、亞歷山大港、亞歷山大里亞）為第二大城，有「第二首都」、「埃及的夏都」、「地中海的明珠」之稱，全國最大的紡織業中心。以奠基者亞歷山大大帝命名，曾是托勒密王朝的首都，大希臘時代最大的都市，僅次於羅馬。

（一）亞歷山大圖書館：上古時代規模最大、影響最深遠的圖書館，托勒密一世（305-283 B.C.E.在位）創建，藏書最高時達七十萬餘卷，後毀於羅馬軍隊與穆斯林手中。新館建於一九九五至二〇〇〇年，耗資兩億美元，占地四點五萬平方公尺，圖書館占地兩萬平方公尺，書架總長兩百四十公里，可容納八百萬冊圖書，閱覽室有三千五百個座位，共有八層，地上五層，地下三層。外形呈圓柱狀。直徑一百六十公尺，高三十五公尺，屋頂為圓形斜切面，象徵太陽神照亮現代文明世界之光。

（二）亞歷山大國家博物館：二〇〇三年開放，主要展示從海底發掘的文物。

（三）皇家珠寶博物館：原為法魯克國王的行宮，面積四千一百八十五平方公尺，珍品是一頂鑲有兩千一百五十九顆寶石的白金皇冠，以及一副用金銀和鑽石裝飾的國際象棋。

（四）蒙塔扎宮（夏宮），又名哈萊姆利克宮。

（五）拉斯廷宮（冬宮）。

（六）龐培柱：使用紅花岡岩雕成，高三十公尺，底部直徑三公尺，頂部直徑二點五公尺，重五百公噸。二九三年，為紀念羅馬皇帝戴克里先在此分糧賑濟災民而立，但被誤傳是紀念羅馬將軍龐培，因為其親信將其骨灰置於龐培柱頂上。西方人稱之為龐培柱，阿拉伯人稱為薩瓦里石柱，在阿拉伯語中是「騎士」或「桅杆」之意，被視為是亞歷山大的標誌。

七、蘇伊士省：省會蘇伊士，位於扼蘇伊士運河南口，東南方近郊有摩西泉。一九六七年，六五戰爭持續六年，一九七三年十月戰爭，守城百日，未被以色列軍隊佔領。

八、塞得港省：省會塞得港，紀念埃及總督賽意德（1854-1863年在位）而命名，有塞得港國家博物館和軍事博物館。

九、布海拉省：拉希德，舊名羅塞塔，乃象形文字的發祥地。一七九八年，拿破崙遠征埃及，一七九九年，法軍駐防在拉希德，士兵發現黑色石碑，長一百一十四公分，寬七十二公分，厚二十八公分，是公元前一九六年為慶祝托勒密五世加冕一周年而頒布的一則公告，一八二二年，法國學者商博良（1790-1832）破譯，埃及學（Egyptology）誕生，古埃及歷史復活。

十、馬特魯省：

（一）阿萊曼：阿萊曼戰役所在，第二次世界大戰有三個轉捩點：亞洲戰場──中途島海戰；歐洲戰場：史達林格勒戰役；北非戰場：阿萊曼戰役。一九四二年十月二十三日深夜，英軍（蒙哥馬利）與德軍（「沙漠之狐」隆美爾）、義軍開戰，十二天之後結束，阻擋德義聯軍企圖奪取蘇伊士運河。一九四三年五月，德、義軍被肅清。今保留英軍與德軍二戰陸戰主戰場及英國協軍人墓地。

（二）馬特魯港：有隆美爾博物館，原為隆美爾指揮所，位於
一座小山上的洞穴裡。

（三）錫瓦綠洲：低於海平面二十四公尺，長八十公里，寬九
至二十八公里，有太陽神阿蒙神廟，因預言靈驗而聲名
遠播，亞歷山大大帝曾至此。

十一、吉薩省：省會吉薩，有著名的三大金字塔：胡夫、哈夫拉、門
卡烏拉金字塔。

（一）開羅大學：主校園在此，一九○八年創辦，是埃及和阿
拉伯世界歷史中最早的現代（非宗教）大學，共有三十
九個學院，乃研究埃及學的重鎮，有阿拉伯世界的「哈
佛」之稱。

（二）大埃及博物館（Grand Egyptian Museum, Giza Museum）：
全球最大的考古博物館，距離吉薩三大金字塔兩公里，
占地四十八萬平方公尺，為吉薩高原總體規劃的一部
分，將展出圖坦卡門面具等五萬件文物，造價十億美
元，二○一二起造，至今尚未完工。

（三）孟菲斯：古都，中王國時期，遷都南方的底比斯（今盧
克索，又名烏格蘇爾）。孟菲斯後被基督徒和穆斯林大
肆破壞而沒落。以南的代赫舒爾，有兩座金字塔——折
角金字塔和紅色金字塔，比吉薩金字塔古老。

（四）十月六日城：位於開羅市中心以西三十二公里處，作為
衛星城，紀念一九七三年十月六日，埃及軍隊強渡蘇伊
士運河，與以色列開戰的紀念日。一九七九年，薩達特
總統頒布法令建立。一九八一年十月六日，在紀念反擊
戰八周年閱兵時，薩達特遭到暗殺。今為埃及重要的教
育（有九所高等院校）和科技事業中心，亦為非洲足球
聯合會的所在地。

（五）賽加拉：墓城，位於吉薩南部十公里處，有十五座金字
塔和許多古墓，其中的階梯金字塔，建於公元前二六五
〇年，高六十公尺，是金字塔的開山鼻祖。位於賽加拉
西北三公里處的阿布西爾，有五十七座金字塔。

十二、法尤姆省：位於開羅西南一百餘公里處，乃「水鄉澤國」之
意，是埃及沙漠中最大的綠洲，乃引進尼羅河河水，人工建
造，公元前二八〇〇年即已開發。原為沼澤，今為糧倉，乃埃
及的縮影。最大的城市——法尤姆，有「埃及的威尼斯」之
稱，北方的加尤湖為著名的觀光區。

十三、明亞省：約瑟、瑪利亞和耶穌曾逃至此地避難，留下聖蹟和傳
說，有「上埃及新娘」之稱。耶穌全家藏在山洞裡，忒爾山成
為聖地。

十四、紅海省：占全國面積五分之一，省會古爾代蓋，是紅海之濱最
大的城市、港口和度假休閒勝地。本省北部南杰拉萊山麓，有
埃及和基督教世界最早的修道院——聖安東尼修道院。聖安東
尼（251-355），開創隱修制度，被譽為「修道制之父」，其弟
子在四世紀時創辦修道院。

十五、盧克索（烏格蘇爾）省：「世界上最大的露天博物館」、「封存
的歷史」，此地出土的文物，約佔世界上古時期文物總量的百
分之三十三，是埃及的旅遊中心。

（一）卡納克神廟：埃及最大的神廟，古時稱 "Ipet Sout"，意
為「世界的中心」。長三百六十六公尺，寬一百一十公
尺，歷經五十餘位法老擴建，內有阿蒙大神廟，共有十
座塔門，以及羊頭獅身大道。第一庭院占地八千平方公
尺，是埃及最大的神廟院。柱廳有「藝術世界奇觀」之
稱，長五十五公尺，寬一百一十公尺，面積六千平方公

尺，縱橫排列十六行巨大的圓型石柱，共一百三十四根，其中中央兩排十二根柱子，高二十三公尺，直徑三點四公尺，需六、七人合抱，頂端呈現傘狀花蕾，從水中開出花朵，象徵生命的誕生。

（二）盧克索神廟：始建於公元前十四世紀，長兩百六十公尺，寬五十六公尺。有一根方尖碑豎立在巴黎協和廣場上。

（三）人面獅身大道：長兩千七百公尺，寬七十五公尺，連接卡納克神廟和盧克索神廟，兩側有一千零五十七座人面獅身像和公羊獅身像。

（四）國王谷：位於尼羅河西岸七公里處，山谷深兩公里，為防盜，在此地修建「永恆的住所」，成為第十八至二十王朝，五百餘年間法老的墓地，有六十二個陵墓，只開放十八個。以圖坦卡門墓最夯，另有大量的皇親國戚、祭司寵臣、權貴富紳的墓地。官方名稱：The Great Field，全名：The Great and Majestic Necropolis of the Millions of Years of the Pharaoh, Life, Strength, Health in The West of Thebes.

（五）哈特謝普蘇特神廟：第十八王朝，是埃及史上唯一的女法老，也是有史以來首位最偉大的女王，意即「最高貴的女士」。靠山崖修築，共分三層，中間有坡道上下連接，下層有花園和噴泉，中世紀時，被基督教徒用作修道院，後被沙塵埋沒，十九世紀末，才重見天日。跨越第十八、十九、二十王朝，共有一百多個墳墓。

十六、阿斯旺省：

（一）阿斯旺：埃及的南大門，科普特語「市場」之意，南方十二公里處，有世界七大水壩之一的阿斯旺壩，寬六百

公尺，高一百一十一公尺，體積相當九十二座吉薩金字
塔。分低壩（又名阿斯旺舊壩、小阿斯旺壩）和高壩
（又名阿斯旺高壩），低壩為英國人在一八九八年至一
九〇二年修建。

（二）聖島──菲萊島：有「古埃及國王寶座上的明珠」之
稱，長四百五十公尺，寬一百五十公尺，因會被阿斯旺
高壩淹沒，一九七二年開始搬遷古蹟，持續八年，耗資
三千萬美元。

（三）阿布・辛貝勒神廟：乃重視世界遺產之始，位於阿斯旺
西南兩百八十公里處，距蘇丹邊界五十公里，是埃及最
南端的景點。第十九王朝法老拉美西斯二世所建，在位
六十七年，是埃及歷史上統治時間最長者。四尊巨像高
二十公尺，東北處有阿布・辛貝勒小神廟，六尊石像高
十公尺，其中有兩尊是王后納菲泰麗石像，是古埃及唯
一為王后建造的神廟。二十世紀五〇年代中期，因修建
阿斯旺高壩，神廟將遭淹沒，聯合國教科文組織在一九
六〇年發起搶救神廟運動，往西北遷移一百八十公尺，
向上移位六十公尺，一九六四至一九六八年遷移，有五
十餘國和地區參與，捐款四千兩百萬美元，大神廟被切
割成八百零七塊，小神廟被切割成兩百三十五塊，受遷
移工程的啟發，為保護古蹟，教科文組織在一九七二年
十一月十六日，通過〈保護世界文化和自然遺產公
約〉。匪夷所思的太陽節奇觀，陽光一年有兩次照亮神
殿的神像，一為拉美西斯二世的生日──二月二十一
日，二為登基日──十月二十一日，陽光進入六百公尺
深的神廟，持續二十分鐘之久。但在遷移之後，時間有
出入，是今人的智慧與科技遜於古人的實例。

十七、新河谷省：是面積最大的省，占全國五分之二。

花絮

一、尼羅河：全長六千六百七十公里，為世界第一長河，在埃及境內長一千五百三十二公里，古埃及人視為是往生天界的距離。「尼羅河上午乾涸，埃及下午死亡」，西方始學之父——希羅多德稱「埃及是尼羅河的贈禮」。

二、紅海：印度洋內海，南北長兩千一百公里，東西寬兩百至三百公里，面積四十五萬平方公里。因海藻大量繁殖，呈現絳紅色，故名紅海，是全球水溫和含鹽度最高的海之一，被譽為「最美的海洋」。

三、雪花石膏：非平常的建材，只有身分崇高者才能使用，因具有跟太陽神溝通的能量。

四、方尖碑：曾雕刻數百座，在埃及只剩四座，多被當作戰利品運往各國：土耳其伊斯坦布爾、義大利羅馬、梵蒂岡聖彼得廣場、法國巴黎、英國倫敦、美國紐約中央公園。

五、古代世界七大奇觀之一——亞歷山大的燈塔：公元前二八○年，托勒密二世在亞歷山大港入口處的法羅斯島東端，離岸七公尺的礁石上建燈塔，名為亞歷山大法羅斯燈塔，簡稱亞歷山大燈塔。高一百二十公尺（40層樓），加上塔基，高一百三十五公尺，可照六十公里遠，經三次大地震（1303, 1323, 1435）嚴重受損，成為廢墟。一四八○年，使用其石材在原址修築城堡，以國王卡特貝的名字命名，稱為卡特貝城堡（Citadel of Qaitbay），一九六六年，將一樓開闢為航海博物館，成為青少年教育基地。

六、曆法：首創陽曆，一年有三季，氾濫（Akhet）、耕種（Peret）、收割（Shemu），每季有四個月，每月有三十日，加上五日，分屬歐塞里斯、荷魯斯、艾西斯、納美提斯、賽特慶典之日，一年有三百六十五日。

七、象形文字：古埃及人稱文字為神文，古希臘人稱為聖書字，而象形文字早已失去象形的功能。早期有七百個符號，至公元前五○○年已達兩千個以上。

八、莎草紙（papyrus→paper）：成本高，產量低，非常原始，當中國紙西傳之後，被取而代之。一九五六年，首位非洲和阿拉伯國家駐中國大使拉加卜博士，業餘研究失傳千餘年的莎草紙，返國之後，創立拉加卜博士莎草紙研究所（亦為博物館)，使莎草紙復活。

九、貝都因人：意即「荒原居民」，是住在西奈半島的遊牧民族，逐水草而居，約有五萬人，政府對其不徵稅，並鼓勵定居。可參觀半島最大城市，北西奈省省會－阿里什的西奈民族遺產博物館。

十、人類宗教信仰的母胎，擁有已發現的上古時期文物遺跡，占世界三分之一，現存莎草紙文獻有十萬多張。

十一、蠍子王二世：傳說中，比米尼斯更早統一上、下埃及的國國王。

十二、埃及人與外族通婚是非洲國家最多者之一。

十三、埃及與衣索比亞是古代最早實行割禮的民族，影響猶太教。

十四、主食：大餅、麵包、羊肉、雞肉，嗜食甜品。視左手不潔，用餐及握手只使用右手。

十五、伊斯蘭教禁酒，但生產啤酒，餐廳提供酒類。

十六、物產：

（一）椰棗：產量居世界第二，僅次於伊拉克。

　　（二）棉花：長絨棉，品質居世界第一，有「白金」之稱，具
　　　　有蠶絲的光澤，價格是平均棉價的三倍。

十七、一八五二年，修建非洲第一條鐵路。

十八、擁有阿拉伯世界最大的工業基地。

十九、新聞業：是阿拉伯國家中，出現最早、規模最大、影響最廣
　　　者。《金字塔報》是阿拉伯語世界最有影響力的第一大報。

二十、電影業：號稱「中東的好萊塢」。

二一、觀光業：非洲第一觀光大國，旅遊分為七種：文化、宗教、休
　　　閒、探險、生態、療養（礦泉浴、沙浴）、體育（潛水）旅遊。

二二、實行小學義務教育，自一九六二年起，公立高等院校全面實施
　　　免費教育。

二三、地圖上標示水井所在。

二四、「沙漠之舟」——駱駝：單峰，一次能喝下等於體重三分之一
　　　的水，可連續七日不喝水，每天行走十五至二十公里，可負重
　　　兩百公斤。

二五、阿拉伯世界：一九四五年，在埃及倡議下，成立阿拉伯國家聯
　　　盟，現有二十二個會員國（非洲10個，西亞12個)，七個觀察
　　　員國，總部設在開羅。

二六、蘇伊士運河：「亞、非、歐三大洲水運交通的咽喉」，一八五九
　　　至一八六九年竣工，曾發生三次戰爭（1956, 1967, 1973），是
　　　亞洲與非洲的分界線，無閘門，北起塞得港，南至蘇伊士城陶
　　　菲克港，長一百九十三點三公里，寬一百六十至兩百公尺，平
　　　均寬度一百三十五公尺，河底寬六十至一百公尺，深二十四公
　　　尺。呈南北直線走向，有八個主要彎道，從北到南貫穿四個湖
　　　泊：曼宰萊湖、提姆薩赫湖、大苦湖、小苦湖。船隻通過需十
　　　五小時，「兩頭並進，中間交錯」，係在大苦湖交錯，每年有一

百餘國二萬多艘船隻通過，二〇二一年，收入六十三億美元，通過船舶數量和貨運量居世界運河之首。二〇一四至二〇一五年，在運河東側開鑿一條七十二公里長的新運河。

◀傳統舞蹈

人面獅身像▶

下圖：https://www.sundaytour.com.tw/zh-tw/attractions/detail.php?pid=449。

埃及的世界遺產

一、文化遺產

（一）伊斯蘭城市開羅：位於開羅省開羅東部的老城，是世界上最
　　　古老的伊斯蘭城是之一。建於十世紀，成為伊斯蘭世界的新
　　　中心，十四世紀達到鼎盛時期，以卡利利市場為中心，有薩
　　　拉丁城堡，埃及最古老的大學──艾資哈爾大學，九七五年
　　　創立。

（二）孟菲斯及其墓地和金字塔群：位於吉薩省，從吉薩到代赫舒
　　　爾的金字塔群。

（三）阿布米那基督教遺址：位於馬特魯省，亞歷山大港西南部四
　　　十五公里，為基督教聖城遺址。一九〇五年，德國考古隊發
　　　掘，有教堂、聖洗堂、修道院、信徒客棧、浴池、陶瓷作
　　　坊。因區域農業用水影響，地下水位下降，二〇〇一年，列
　　　入瀕危名錄。

（四）底比斯古城及其墓地：位於盧克索省，是古埃及中、新王國
　　　時期的首都，是阿蒙（Amon）神之城，有卡納克（Karnak）
　　　神廟、盧克索（Luxor）神廟、宮殿、國王谷、女王谷。

（五）阿布・辛貝勒（Abu Simbel）至菲萊（Philae）的努比亞遺
　　　址：乃世界遺產之始，位於阿斯旺省阿斯旺西南兩百八十公
　　　里，距蘇丹邊界50公里，有拉美西斯二世神廟（Temples of
　　　Ramses II）。菲萊島，位於阿斯旺以南十五公里處，島長四百

五十公尺，寬一百五十公尺，有伊西斯女神聖殿（Sanctuary of Isis），被稱為「古埃及國王寶座上的明珠」。一九六〇至一九八〇年，因修建水庫，將遭尼羅河河水淹沒，進行工程浩大的遷移行動，開始保護世界遺產。

（六）聖凱薩琳地區：位於南西奈省，包括西奈（摩西）山和聖凱薩琳修道院，附近有埃及最高峰——凱薩琳山，高兩千六百三十七公尺。修道院坐落在何烈山（Mount Horeb）腳下，海拔一千兩百公尺，即摩西接受律法石板之地，為猶太教、基督宗教、伊斯蘭教的聖地。東羅馬皇帝查士丁尼一世下令修建，始建於五四八至五六五年，聖山——西奈山，高兩千兩百八十五公尺，摩西在山上接受上帝頒布的十誡。是全球仍在使用的最古老修道院和圖書館。拜占庭（東羅馬）式建築風格，長八十五公尺，寬七十五公尺，圍牆厚一點六五公尺，高十一公尺，收藏聖像和手稿，聖凱薩琳教堂大門門楣上刻著希臘語銘文：「這是通向上帝之門，正義將由此進入。」周圍有許多考古遺跡和宗教古蹟。

二、自然遺產

瓦地阿希坦（Wadi Al-Hitan）鯨谷：位於法尤姆省西部沙漠，開羅西南約一百五十公里。瓦地即乾谷，乃古生物化石場，為露天博物館，有四千萬年歷史，屬最古老，現已絕跡的古鯨亞目化石，顯示古代鯨類後肢的殘餘部分，紀錄鯨類從陸上生物演化成海洋生物的過程，數量、質量和集中程度，乃世界首屈一指。

文化生活叢書 1300014

世界遺產與文化巡禮

作　　　者	周　健
責任編輯	林以邠
實習編輯	陳立芸
特約校稿	林婉菁

發 行 人	林慶彰
總 經 理	梁錦興
總 編 輯	張晏瑞
排　　　版	林曉敏
封面設計	陳薈茗
印　　　刷	百通科技股份有限公司
編 輯 所	萬卷樓圖書股份有限公司

發　　行　萬卷樓圖書股份有限公司

臺北市羅斯福路二段 41 號 6 樓之 3

電話 (02)23216565

傳真 (02)23218698

電郵 SERVICE@WANJUAN.COM.TW

香港經銷　香港聯合書刊物流有限公司

電話 (852)21502100

傳真 (852)23560735

ISBN 978-986-478-943-6

2024 年 7 月初版

定價：新臺幣 480 元

本書為臺灣師範大學國文學系 2023 年度「出版實務產業實習」課程成果。部分編輯工作由課程學生參與實習。

如何購買本書：

1. 轉帳購書，請透過以下帳戶

合作金庫銀行 古亭分行

戶名：萬卷樓圖書股份有限公司

帳號：0877717092596

2. 網路購書，請透過萬卷樓網站

網址 WWW.WANJUAN.COM.TW

大量購書，請直接聯繫我們，將有專人為您服務。客服：(02)23216565 分機 610

如有缺頁、破損或裝訂錯誤，請寄回更換

國家圖書館出版品預行編目資料

世界遺產與文化巡禮 / 周健著. --初版. --臺北市：萬卷樓圖書股份有限公司, 2024.07

面；　公分. -- (文化生活叢書；1300014)

ISBN 978-986-478-943-6(平裝)

1.CST: 文化遺產 2.CST: 世界地理

541.27　　　　　　　　　　　112014424